スコアアップの
即効薬シリーズ

即効

はじめての TOEIC® L&R テスト 全パート徹底対策

著 メディアビーコン

新星出版社

はじめに

たった3カ月で495点から745点に！

TOEIC® L&Rテストについて、あなたは今こんな悩みを持っていませんか？

「TOEICの勉強、何から始めていいか分からない」
「忙しくてTOEICの勉強をする時間がとれない」
「早くスコアアップしたいけど、やることが多すぎてやる気が出ない」

TOEICは自分のレベルに合わせて級ごとに受験可能な英検とは違い、全てのレベルの受験者が同じ問題を解くテストです。だから、はじめての方が「難しい」と感じるのは当然。ですが、あなたがTOEICでいきなり満点近くを目指しているのでなければ、即効でスコアアップをすることは可能です。実際に私たちが指導した方は、たった3カ月で495点から745点にスコアアップしました。

私たちメディアビーコンはTOEICが流行り始める20年以上前から、多数のTOEIC教材を世に送り続けてきたTOEIC教材制作のプロ集団です。編集部全員が毎回TOEICテストを受験し、分析・研究を続けてきました。そして毎年2,000問以上のTOEICの問題を作成し、長年の研究による圧倒的な知識量をもって学習者の方へ直接指導も行っております。

直接指導を行っていく中で、多くの方からお悩み相談を受けてきました。その悩みのほとんどは先にご紹介した3つに集約されます。

「何から始めていいか分からない」
「勉強する時間がない」
「やる気が出ない」

そこで、この悩みを解決し短期間でスコアを上げる仕組みを用意したのが本書です。
正しい手順で正しい学習を進めていけばスコアは短期間で上がります。

即効でスコアアップができる３つの理由

厳選された攻略ポイント

本書では、スコアアップに繋がる攻略ポイントを厳選してピックアップしています。短期間で600〜730点を取得したいのであれば、たまにしか出題されないような問題の対策をする必要はありません。TOEIC公開テストで毎回のように出題される頻度の高い問題の攻略ポイントに集中して学習することで、効率的にスコアアップを実現することができます。

分かりやすくてやる気が出る授業動画

本書では、問題の攻略ポイントや各Partの解き方などを解説した授業動画をご用意しています。多くのTOEIC学習者の方から「やる気が出る！」「ためになる！」と好評のメディアビーコンのTOEICコーチが、丁寧に分かりやすく解説しています。本と合わせて学習を進めていただいてもいいですし、学習を終えた後に復習として活用することもできます。忙しくて勉強する時間がない方は、スキマ時間にこの動画を見ることから始めてください。

本番前に実践できる「模擬試験」

本書には、模擬試験が１セット分付いています。本書で学習をした後に模擬試験を解くことで、定着度を測ることもでき、本番前の模擬練習にもなります。つまり本書を活用すれば、TOEICの基礎的な知識や攻略ポイントを学ぶところから、模擬試験で実践するところまで、全て１冊で完結できるということです。さあ、目標のスコア達成に向けてワクワクしながら一緒に勉強を進めていきましょう！

メディアビーコン

本書を手に取っていただいた皆さんにお伝えしたいことを動画にまとめました。ぜひQRコードを読み取ってご覧ください。

もくじ

┌─ ★別冊 ─────────────────┐

● 模擬試験　問題

● 各Part攻略ポイントまとめ

● 重要単語・表現リスト

└─────────────────────────┘

▼掲載写真クレジット一覧
〈本冊〉1章
　基礎知識 ©zinkevych/stock.adobe.com
　即効薬1. ©gpointstudio/stock.adobe.com
　即効薬2. ©xartproduction/stock.adobe.com
　即効薬3. ©Iglenas/stock.adobe.com
　即効薬4. ©Alena Petrachkova/stock.adobe.com
　実戦問題1. ©Wavebreak Media/stock.adobe.com
　実戦問題2. ©sin_ok/stock.adobe.com
　実戦問題3. ©NDABCREATIVITY/stock.adobe.com
　実戦問題4. ©Yulia/stock.adobe.com
〈別冊〉模擬試験
　Directions ©Yakobchuk Olena/stock.adobe.com
　1. ©Viacheslav Yakobchuk/stock.adobe.com
　2. ©vithun khamsong/EyeEm/stock.adobe.com
　3. ©Elisa/stock.adobe.com
　4. ©Dima/stock.adobe.com
　5. ©Jason/stock.adobe.com
　6. ©Mangostar/stock.adobe.com

本書の構成と使い方

各Partの学習の流れ

①各Partについて知る

攻略法を学ぶ前に、まずはTOEIC® L&Rテストの各Partのことをよく知る必要があります。どんな問題なのか、どんな流れで進むのかを、ここで確認しましょう。また、特有の問題や頻出の問題などがあるPartは、基礎知識に続けて説明ページもご用意しています。

■ 基礎知識
問題形式や問題数、目標正解数など、そのPartの基本的な情報を学びます。

基本データ　　　　　　　　　　　　　　　　　　　　解説動画の
QRコード

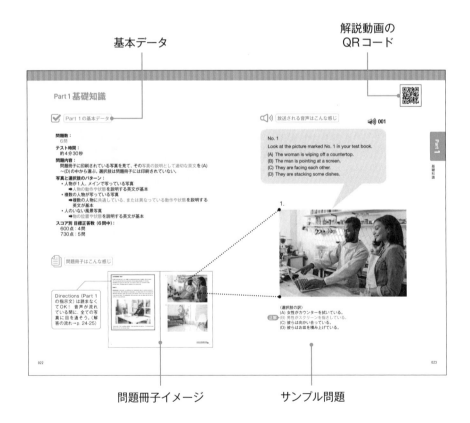

問題冊子イメージ　　　　　　　　サンプル問題

■解答プロセス

試験が進んでいく流れや解答の進め方を学びます。
試験を受けながらどのタイミングで何をすべきか、確認しておきましょう。

実際の試験の流れ

解説動画の
QRコード

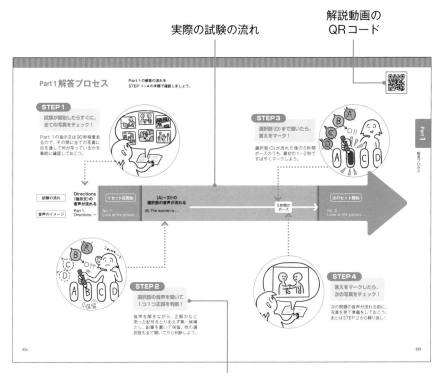

どのタイミングで
何をすべきかを解説

各Partの学習の流れ

②攻略ポイントを学ぶ

Partの基本情報を頭に入れたところで、攻略ポイントを学んでいきます。実際に問題を解いてみて、その問題をもとに攻略ポイントの解説を読んで解法を理解しましょう。

■即効薬(攻略ポイント)解説

問題タイプ別の攻略ポイントを学習します。
すぐにスコアアップにつながる攻略ポイントを厳選しているので、1つずつ頭に入れていくだけで効率的にスコアアップが目指せます。

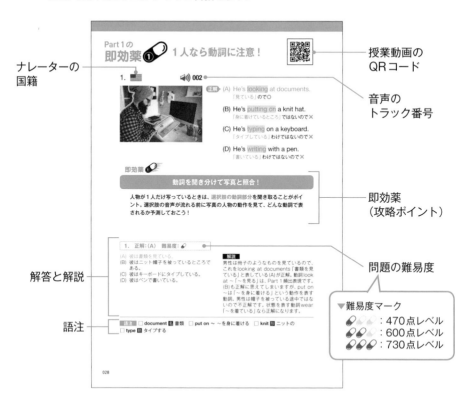

ナレーターの国籍

授業動画のQRコード

音声のトラック番号

即効薬(攻略ポイント)

問題の難易度

解答と解説

語注

■ 授業動画について

攻略ポイントについて解説した、TOEICコーチによる授業動画をご用意しています。
右上のQRコードを読み取っていただくと、動画のページに飛ぶことができます。

QRコードを
スマホで読み取る!

本書で収録している全ての動画をまとめた再生リストもございます。
そちらもご活用ください。

動画の再生リストは
こちらから

授業動画はこんな感じ!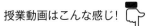

各Partの学習の流れ

③基礎的な知識をインプット

■ 知識の底上げサプリ

学んだ攻略ポイントをさらに活かすための知識をまとめています。
頻出の単語や表現、文法の基礎情報などを確認して、自分の知識を底上げしましょう。

各Partの知識の底上げサプリ　一覧

Part 1
・Part 1で出てくる物(名詞)
・Part 1で出てくる動作や状態

Part 2
・会話の定型表現
・正解になりやすい応答

Part 3&4
・Part 3頻出の設問文
・Part 4頻出の設問文

Part 5
・語尾で見分ける品詞
・品詞の種類と働き
・動詞問題のポイント:「主語」「時制」「態」
・Part 5に頻出の前置詞と接続詞
・代名詞

Part 6
・Part 6で頻出の「つなぎ言葉」
・文書の意味を取るために重要な代名詞

Part 7
・キーワードの言い換えパターン
・文書種類別　内容パターン
・同義語問題で問われる多義語
・「クロス問題」の3つのポイント

④練習

■ 実戦問題

基礎知識や攻略ポイントを学んだ上で、新しく問題を解きます。学習したことを意識しながら、解き方を体に染み込ませていきましょう。

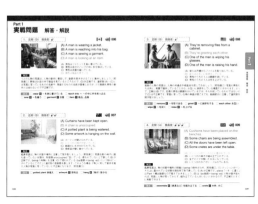

問題ページに続いて、解答解説のページが始まります。
答えと解説を見て、しっかりと復習をしましょう。

音声のご利用方法

本書は、音声を聞くことができます。以下のいずれかの方法でご使用ください。

❶ ホームページから

パソコン・スマートフォン・タブレット等の端末から、下記のサイトにアクセスしてください。

お好きなトラック番号を再生いただくか、リンクから音声ファイルを一括ダウンロードしてご利用ください。

https://www.shin-sei.co.jp/TOEIC_completeguide/

❷ スマートフォン用アプリabceedから

AI英語教材アプリabceed（提供：株式会社Globee）でも、本書の音声をご利用いただけます。

App StoreまたはGoogle Playからアプリをダウンロードしていただき、「見つける」メニューから本書名を検索してご利用ください。

https://www.abceed.com/

※一部機種によっては再生できない場合があります。
※ご利用の端末がインターネットに接続されている必要があります。
※スマートフォン・タブレットでご利用いただく場合、Wi-Fiに接続した状態でのご利用を推奨いたします。
※なお、上記サービスの内容は予告なく変更・終了する場合がございます。あらかじめご了承ください。

0章

TOEIC® L&R テストとは？

まずはTOEICというテストを
よく知ることが大切です。
問題形式や受験の流れを学びましょう。

📄 各Partの問題形式

TOEIC® L&R（Listening & Reading）テストは、リスニングとリーディングの2つのセクションに分かれています。

その中で、リスニングセクションはPart 1～4、リーディングセクションはPart 5～7に分かれており、それぞれ100問で計200問のテストです。なお、解答形式は全てマークシート方式です。

リスニングは約45分、リーディングは75分あり、間に休憩などはないので注意しましょう。

● リスニングセクション　時間 ⏰ 約45分間　問題数 ✏️ 100問

Q. 1 ～ Q. 6	**Part 1　写真描写問題**	▶ 詳しくは**22ページへ**
	✏️ 6問 ⏰ 約4分30秒	問題冊子に印刷されている写真について、その状況を適切に説明している英文を4択から選ぶ問題。
Q. 7 ～ Q. 31	**Part 2　応答問題**	▶ 詳しくは**42ページへ**
	✏️ 25問 ⏰ 約8分	最初に聞こえてくる質問や発言に対して、会話の受け答えとして適切な応答を選ぶ問題。全パートの中で唯一3択から解答する。
Q. 32 ～ Q. 70	**Part 3　会話問題**	▶ 詳しくは**66ページへ**
	✏️ 39問（13題） ⏰ 約10分	2人または3人の会話を聞いて、その会話の内容に関する3つの設問に答える問題。各設問では、4つの選択肢のうちから1つを選ぶ。
Q. 71 ～ Q. 100	**Part 4　説明文問題**	▶ 詳しくは**68ページへ**
	✏️ 30問（10題） ⏰ 約15分	1人の人物による放送文を聞き、その内容に関する3つの設問に答える問題。各設問では、4つの選択肢のうちから1つを選ぶ。

リーディングは自分で時間配分を決める必要があります。
時間内に全問解き終えるためには、下の表に記載している
目安時間を意識して各Partの問題を解きましょう。

● リーディングセクション　時間 🕐 75分間　問題数 ✏ 100問

Q. 101 ～ Q. 130	Part 5　短文穴埋め問題	▶ 詳しくは**122ページへ**
	✏ 30問 🕐（目安）10分	空所を含んだ短い英文を読んで、空所に入る語句として適切なものを4つの選択肢から選ぶ問題。文法と語彙の知識が問われる。
Q. 131 ～ Q. 146	Part 6　長文穴埋め問題	▶ 詳しくは**154ページへ**
	✏ 16問 🕐（目安）10分	4つの空所を含む長い英文を読んで、空所に入る語句として適切なものをそれぞれ4つの選択肢から選ぶ問題。空所に入るものが語句ではなく文の場合もある。Part 5と同じく文法や語彙の知識が必要だが、文脈を読み取る力も必要になる。
Q. 147 ～ Q. 200	Part 7　読解問題	▶ 詳しくは**180ページへ**
	✏ 54問（15題） 🕐（目安）55分	文書を読んで、その内容に関する複数の設問に答える問題。各設問に選択肢は4つ。複数の文書から情報を読み取って答える問題もあり、英文を理解した上で、情報を処理する能力が問われる。

TOEIC®テストのQ&A

Q TOEIC® L＆Rテストとは？

A TOEIC® L＆Rテストは英語でのコミュニケーション能力を測るテストで、アメリカの非営利テスト開発機関であるETSによって開発・制作されています。個人で申し込む一般向けのテストは「公開テスト」と呼ばれ、企業や団体主催のテストは「IPテスト」と呼ばれています。

TOEICのスコアは大学での単位認定の条件や就職での応募条件、企業での昇格の条件としても利用されており、受験者は大学生やビジネスパーソンが多いです。

Q いつ、どこで受験できる？

A 公開テストは、基本的に年に約10回（各月に1回ずつ程度）実施※されています。地域によって回数の少ないところもあるので、TOEIC公式サイト（https://www.iibc-global.org/toeic.html）にアクセスして、受験予定の地域での試験日程を確認してください。

なお、地域は選べますが試験会場は選べません。住所をもとに最寄りの会場に振り分けられますが、申し込みが遅いと遠い会場になることがあるので早めに申し込みましょう。

※新型コロナウイルスの影響で、午前と午後の2部制をとり、1日に2回試験が実施されるようになりました。（2022年12月現在）試験日程について、今後変更される可能性がありますので、TOEIC公式サイトで最新情報を確認してください。

Q どうやって申し込む？

A 公開テストは、TOEIC公式サイトから申し込みをすることができます。初めて申し込みをする方はまず会員登録（無料）が必要です。申し込みの受付は試験日の約2カ月前から始まり、受付期間が1週間ほどで締め切られる回もあります。申し込み忘れに注意しましょう。

受験料は7,810円（税込）です（2022年12月現在）。受験した回の1年後の同月〜3カ月間の公開テストは、「リピート受験割引制度」というものを利用して割引価格7,150円（税込）で受けることができます。

支払いも終えて申し込みが無事完了したら、受験票は試験日の約2週間前に送られてきます。

※会員登録や申し込み、支払いの具体的な方法については、TOEIC公式サイトをご確認ください。

Q テスト結果はいつ、どこで見れる？

A 試験日から30日以内に、テスト結果を掲載した「公式認定証」が郵送されてきます。申込時に設定をしておけば、「公式認定証」が届く約1週間前に公式サイトでの結果確認も可能です。

テスト結果は合格・不合格ではなく、リスニング5〜495点、リーディング5〜495点、トータル10〜990点の5点刻みのスコアで評価されます。

Q 過去問はある？

A TOEIC® L&Rテストは問題冊子の持ち帰りが禁止されており、いわゆる「過去問題集」のようなものも発売されていません。その代わりに、本番の試験を制作しているテスト開発機関（ETS）が作った問題が入った『公式TOEIC® Listening & Reading問題集』が発売されています。音声も、本番と同じナレーターによって収録されています。

本書でTOEICの知識や攻略法を学習した上で、公式問題集の問題を解いて実力試しをしてみると良いでしょう。

🕐 試験当日の流れ

万全な状態で受験するために、試験当日の流れを事前にシミュレーションしておきましょう。また、忘れ物をしないように前日までに持ち物を確認しておくと余裕が持てますね。

■ 持ち物リスト
- ☐ 受験票：証明写真を添付し、署名をしたもの
- ☐ 写真付きの本人確認書類：運転免許証、学生証、パスポート、マイナンバーカードなど
- ☐ 筆記用具：HBの鉛筆またはシャープペンシル、消しゴム
- ☐ 腕時計：教室に時計がない場合もあるため必ず持参

※ウェアラブル端末などは禁止

午前の部	午後の部	会場に到着して受付
9:25 〜	14:05 〜	試験会場の入り口に、試験を受ける部屋の案内が張り出されています。受験票に記載された受験番号をもとに、割り当てられた部屋に向かいましょう。 部屋の入口で受付が行われます。係員に受験票と本人確認書類を見せて、受付完了です。 ⚠ 受付時間は、午前の部は9:55、午後の部は14:35までです。遅れると受験できなくなるので、余裕を持って会場に到着しましょう。

⬇

午前の部	午後の部	入室して試験前の準備
〜 9:55	〜 14:35	入室したら、自分の受験番号が書かれたカードの置いてある席に座ります。 机の上には、解答用紙と「TOEIC® Listening & Reading公開テストの受験のしおり」が置かれています。解答用紙に受験番号や氏名などを記入して、裏面のアンケートの回答も済ませておくと良いです。 ⚠ 午前の部は9:55、午後の部は14:35を過ぎると、試験終了まで退室できなくなります。お手洗いなどはそれまでに行っておきましょう。

⬇

9:55頃 〜	14:35頃 〜	**試験官とCD音声によるアナウンス**
		試験官が受験案内を始め、CD音声による受験の注意事項が流れます。このときにリスニング問題の音のチェックが行われるので、音声が聞き取りづらい場合は試験官に伝え、ボリュームを上げる、席を変えるなどの対応をしてもらいましょう。

10:05頃 〜	14:45頃 〜	**本人確認と問題冊子の配布**
		試験官が席を回って、本人確認と受験票（写真が付いている面）の回収を行います。本人確認書類と受験票を机の上に用意しておきましょう。
		全員の確認が終わったら問題冊子が配布されます。問題冊子の表紙に受験番号と氏名を記入して、試験開始まで待ちます。
		⚠ 問題冊子はシールで閉じられていますが、試験開始の合図があるまでは開いてはいけません。

10:20	15:00	**試験開始**
		試験開始のアナウンスが流れたら、シールを切って問題冊子を開きます。リスニングセクションの説明が流れて、試験が始まります。
		⚠ リスニングの時間にリーディングの問題を解くことは禁止されています。
		⚠ リスニング、リーディングともに、問題用紙や解答用紙所定欄以外への書き込みはしてはいけません。

11:05頃	15:45頃	**リスニング終了 ➡ リーディングへ移る**
		リスニングセクションが終了したら、すぐにリーディングの問題に進みましょう。試験官によるアナウンスはありません。

12:20頃	17:00頃	**試験終了**
		試験官から試験終了のアナウンスがあったら、解答を止めて筆記用具を置きます。試験官が席を回って、解答用紙と問題冊子を回収します。その後は、試験官の指示に従って退室しましょう。

📊 スコアアップの5原則

1.
**相手を
知るべし！**

▶ まずはTOEICの特徴と傾向を把握しておくことが大きな一歩。問題形式といった基本情報に加え、TOEICに出る語彙や表現、問題タイプなどを知っておくと効果的。本書にはスコアアップに即効性のある知識を詰め込んでいます。この1冊をやり込み、テストのポイントをしっかり押さえましょう！

2.
**己を
知るべし！**

▶ 自分の英語のレベルや苦手を把握してから、具体的な勉強の計画・方針を立てていきましょう。
自分の分析ができていないと、「毎日何時間も勉強しているのに点数が上がらない」という状況になりかねません。正しく効率のいい勉強をするために、必ず自己分析をすることが大切です。

3.
**明確な目標を
決めるべし！**

▶ 「いつまでに何点」という明確な目標とともに、なぜ英語学習を続ける必要があるのか、何のためにTOEICの点数を取るのかを改めて確認しましょう。
常に本来の目的を見失わないようにすると、勉強のモチベーションが維持しやすくなります。

4.
**毎日の
勉強習慣を
つけるべし！**

▶ 毎日コツコツ積み上げることがスコアアップの近道。短時間だとしても毎日勉強の時間を作ることができれば、目標の達成は早まります。勉強の計画を立てる際は、毎日続けられる範囲内で、「何を」「どこの時間で」「どのくらい」やるのかを明確にしましょう。
目標や行動計画を誰かに公言することも効果的です。

5.
**本番に近い
環境で問題を
解くべし！**

▶ 本番はいつもより緊張感もありますし、普段との環境の違いに戸惑って実力を発揮できなくなる可能性があります。そのため、普段からできるだけ本番に近い環境で問題に取り組むことが成功の秘訣です。
リスニングはイヤホンではなくスピーカーで流して解く、リーディングは時間を測って解くなどの小さな工夫も効果的です。

Part 1を
攻略しよう!

- 写真の正しい説明を選ぼう
- 写真タイプ別攻略法をチェック
- はじまりの6問、
  ベストなスタートを切ろう

Part 1 基礎知識

 Part 1の基本データ

問題数：
6問

テスト時間：
約4分30秒

問題内容：
問題冊子に印刷されている写真を見て、その写真の説明として適切な英文を(A)
〜(D)の中から選ぶ。選択肢は問題冊子には印刷されていない。

写真と選択肢のパターン：
- 人物が1人、メインで写っている写真
  ➡人物の動作や状態を説明する英文が基本
- 複数の人物が写っている写真
  ➡複数の人物に共通している、または異なっている動作や状態を説明する
  英文が基本
- 人のいない風景写真
  ➡物の位置や状態を説明する英文が基本

スコア別 目標正答数（6問中）：
600点：4問
730点：5問

 問題冊子はこんな感じ

Directions（Part 1
の指示文）は読まなく
てOK！ 音声が流れ
ている間に、全ての写
真に目を通そう。（解
答の流れ→p. 24-25）

放送される音声はこんな感じ ◀))) 001

No. 1

Look at the picture marked No. 1 in your test book.

(A) The woman is wiping off a countertop.
(B) The man is pointing at a screen.
(C) They are facing each other.
(D) They are stacking some dishes.

1.

〈選択肢の訳〉
(A) 女性がカウンターを拭いている。
正解 (B) 男性がスクリーンを指さしている。
(C) 彼らは向かい合っている。
(D) 彼らはお皿を積み上げている。

Part 1 解答プロセス

Part 1の解答の流れを
STEP 1～4の手順で確認しましょう。

STEP 1

試験が開始したらすぐに、全ての写真をチェック！

Part 1の指示文は90秒程度あるので、その間に全ての写真に目を通して何が写っているかを事前に確認しておこう。

試験の流れ	Directions (指示文)の 音声が流れる	1セット目開始	(A)～(D)の 選択肢の音声が流れる
音声のイメージ	Part 1. Directions. ～	No. 1. Look at the picture ...	(A) The woman is ...

STEP 2

選択肢の音声を聞いて1つ1つ正誤を判断！

音声を聞きながら、正解かなと思った記号をとりあえず第一候補とし、鉛筆を置いて保留。他の選択肢も全て聞いてから判断しよう。

STEP 3

選択肢(D)まで聞いたら、 答えをマーク！

選択肢(D)が流れた後の5秒間
ポーズのうち、最初の1～2秒で
すばやくマークしよう。

5秒間の
ポーズ

次のセット開始

No. 2.
Look at the picture ...

STEP 4

答えをマークしたら、 次の写真をチェック！

次の問題の音声が流れる前に、
写真を見て準備をしておこう。
あとはSTEP 2から繰り返し！

Part 1 の即効薬リスト

Part 1の
即効薬① 例題

音声を聞いて、写真についての説明として最も適切な文を(A)～(D)の中から選びましょう。

1.　　　　　　　　　　　　　　　　　🔊))) 002

1. 🔊)) 002

正解 ▶ (A) He's looking at documents.
「見ている」ので ○

(B) He's putting on a knit hat.
「身に着けているところ」ではないので ✕

(C) He's typing on a keyboard.
「タイプしている」わけではないので ✕

(D) He's writing with a pen.
「書いている」わけではないので ✕

即効薬①

動詞を聞き分けて写真と照合！

人物が1人だけ写っているときは、選択肢の動詞部分を聞き取ることがポイント。選択肢の音声が流れる前に写真の人物の動作を見て、どんな動詞で表されるか予測しておこう！

1. 正解：(A) 難易度：🖊

(A) 彼は書類を見ている。
(B) 彼はニット帽子を被っているところである。
(C) 彼はキーボードにタイプしている。
(D) 彼はペンで書いている。

解説

男性は冊子のようなものを見ているので、これを looking at documents「書類を見ている」と表している (A) が正解。動詞 look at ~「~を見る」は、Part 1 頻出表現です。(B) も正解に思えてしまいますが、put on ~は「~を身に着ける」という動作を表す動詞。男性は帽子を被っている途中ではないので不正解です。状態を表す動詞 wear「~を着ている」なら正解になります。

語注 □ document 名 書類　□ put on ~ ~を身に着ける　□ knit 形 ニットの
□ type 動 タイプする

Part 1の 即効薬 ② 例題

音声を聞いて、写真についての説明として最も適切な文を(A)〜(D)の中から選びましょう。

2.　🔊 003

Part 1の 即効薬② 複数人の共通点・相違点探し！

2. 🔊 003

(A) One of the men is taking off an apron.
2人ともエプロンを外す動作はしていないので✗

(B) One of the men is carrying boxes.
2人とも箱を運んでいないので✗

正解▶ (C) Some workers are working in the kitchen.
2人とも厨房で作業しているので〇

(D) Some workers are serving customers.
そもそもお客さんがいないので✗

即効薬②

共通点・相違点を見つけよう！

写真に複数の人物が写っているときは、**その人物たちの共通点と相違点を探そう**。ここでは「厨房で作業している」という「共通点」が正答。(A)や(B)のように、複数いるうちの1人に焦点をあてた選択肢では、「相違点」がポイントになる！

2. 正解:(C) 難易度: 🖊

(A) 男性のうちの1人はエプロンを外しているところだ。
(B) 男性のうちの1人は箱を運んでいる。
(C) 何人かの従業員が厨房で作業している。
(D) 何人かの従業員がお客さんに対応している。

解説
手前には料理が置かれており、奥にエプロンをした男性たちがいるので、これは厨房の写真だと分かります。「厨房で作業している」という男性たちの共通点が当てはまる(C)が正解です。

語注 □ take off ～ ～を外す、～を脱ぐ □ serve 動 ～に仕える

Part 1の
即効薬 ③ 例題

音声を聞いて、写真についての説明として最も適切な文を(A)～(D)の中から選びましょう。

3. 🔊 004

3. 🔊)) 004

(A) A drawer has been left open.
引き出し✕＋開いている✕

(B) A table is covered with a cloth.
テーブル○＋布で覆われている✕

正解 ▶ (C) A teapot is placed next to the vase.
ティーポットが「置かれている」○＋「花瓶の横」○

(D) A door is being cleaned.
ドア○＋掃除中✕

即効薬 ③

物の状態、場所を聞き分けよう！

人が写っていない風景写真は、**それぞれの物が「どんな状態」で「どこにあるのか」を確認**しよう。事前に写真を見て確認しておくと、音声が聞き取りやすくなる！

---

3. 正解：(C)　難易度： 🖊 🖊

(A) 引き出しが開けっ放しになっている。
(B) テーブルが布で覆われている。
(C) ティーポットが花瓶の横に置かれている。
(D) ドアが掃除されているところだ。

解説

花瓶の横に置かれたティーポットの状態を、*be* placed「置かれている」という受動態の形で表した(C)が正解。(A)(B)(D)は、物とその説明の組み合わせが正しくないので誤りです。

語注 ☐ drawer **名** 引き出し　☐ *be covered with ~* ～で覆われている　☐ cloth **名** 布
☐ vase **名** 花瓶

Part 1の
即効薬❹例題

音声を聞いて、写真についての説明として最も適切な文を(A)〜(D)の中から選びましょう。

4.

🔊 005

Part 1

即効薬

Part 1の 即効薬 ④ 無人ならbeingは不正解！

4. 🇦🇺　🔊 005

(A) The road is being repaired.
　「補修されている最中」ではないので✕

(B) The brick wall is being painted.
　「塗装されている最中」ではないので✕

(C) Some lamps are lined up in a row.
　複数の街灯○＋並んでいる✕

正解 (D) Some bicycles have been parked.
　複数の自転車○＋停められている○

即効薬 ④

人がいなければbeingは不正解！

現在進行形の受動態〈be being -ed〉は「～されているところだ」という意味。つまり、物が主語のときはその動作を行う人物が必要になる。人が写っていない写真でbeingが聞こえたら不正解と判断しよう！

4. 正解:(D) 難易度: 🖊🖊🖊

(A) 道路が補修されているところだ。
(B) れんがの壁が塗装されているところだ。
(C) いくつかの街灯が1列に並んでいる。
(D) 自転車が何台か停められている。

解説

両側の壁に沿って自転車が何台か置かれているので、これを説明した(D)が正解。(A)と(B)にあるis being -edは現在進行している動作を表していて、「今まさに～されているところ」となり、人物がいない時点で不正解です。残った(C)は、lamp「街灯」は写っていますが、1列に並んではいないので不正解です。

語注 □ **repair** 動 ～を補修する、～を修理する　□ **brick** 形 れんが造りの
□ **in a row** 1列に　□ **park** 動 ～を駐車させる

Part 1 で頻出の語彙や表現をしっかり押さえておきましょう。

■ Part 1 で出てくる物（名詞）

☐	brick	名 れんが
☐	potted plant	鉢植え
☐	ladder	名 はしご
☐	shelf	名 棚
☐	drawer	名 引き出し
☐	artwork	名 芸術品、絵画
☐	windowpane	名 窓ガラス
☐	vase	名 花瓶
☐	ceiling	名 天井
☐	stairs	名 階段

■ Part 1 で出てくる動作や状態

☐	examine	動 〜を調べる
☐	point at 〜	〜を指さす
☐	put on 〜	〜を身に着ける　★wearは「〜を着ている」
☐	take off 〜	〜を外す、〜を脱ぐ
☐	*be* displayed	展示されている
☐	*be* placed / *be* parked	置かれている／停められている
☐	face	動 〜に面している
☐	hang	動 〈絵などが〉掛かる、〜をつるす
☐	lean against 〜	〜にもたれかかる
☐	*be* occupied	使用されている
☐	assemble	動 〜を組み立てる
☐	arrange	動 〜をきちんと並べる、〜を配置する
☐	*be* lined up	並べられている
☐	stack	動 〜を積み重ねる
☐	reach for 〜 / reach into 〜	〜に手を伸ばす／〜の中に手を伸ばす

Part 1

知識の底上げサプリ

Part 1
実戦問題

ここまでで学んだことを活かして、Part 1 の問題を4題解いてみましょう。

1.   🔊 006

2.   🔊 007

3. 008

4. 009

Part 1
実戦問題　解答・解説

1.　正解：(D)　難易度：🖊　🇨🇦 🔊 006

(A) A man is wearing a jacket.
(B) A man is reaching into his bag.
(C) A man is sewing a garment.
(D) A man is looking at an item.

(A) 男性はジャケットを身に着けている。
(B) 男性は自分のバッグの中に手を伸ばしている。
(C) 男性は衣服を縫っている。
(D) 男性は商品を見ている。

解説

1人の人物の写真は、人物の動作に着目して、動詞を聞き分けることに集中しましょう。(即効薬①) 男性はお店の中で商品を見ているところなので、(D) が正解です。選択肢(A)～(C)には写真に写っているものの名前や、関連するものの名前が登場しますが、どの動詞も男性の動作とは合わないので不正解です。

語注　□ **wear** 動 ～を身に着けている　□ **reach into** ～ ～の中に手を突っ込む
□ **sew** 動 ～を縫う　□ **garment** 名 衣服　□ **item** 名 商品、品物

2.　正解：(B)　難易度：🖊 🖊　🇦🇺 🔊 007

(A) Curtains have been kept open.
(B) A chair is unoccupied.
(C) A potted plant is being watered.
(D) Some artwork is hanging on the wall.

(A) カーテンが開けられている。
(B) いくつかの椅子が空いている。
(C) 鉢植えに水がかけられている。
(D) 芸術品が壁に掛かっている。

解説

風景写真は、物の状態や場所に注意して聞き取りましょう。(即効薬③) 写真右側の椅子に誰も座っていない状態を、形容詞unoccupied「空いている、使われていない」で表した(B)が正解です。beingの有無にも注意。(C)で使われている〈be動詞＋being -ed〉という形は「～されているところだ」と進行形の受動態を表します。このような場合、「物」に対して動作を施す人物が写真に写っていないと不正解になります。(即効薬④)

語注　□ **potted plant** 鉢植え　□ **artwork** 名 芸術品　□ **hang** 動 (物が) 掛かる

3. 正解:(B) 難易度: 🔖

🔊 008

(A) They're removing files from a cabinet.

(B) They're greeting each other.

(C) One of the men is wiping his glasses.

(D) One of the men is raising his hand.

(A) 彼らは戸棚からファイルを取り出している。
(B) 彼らはお互いに挨拶をしている。
(C) 男性のうちの1人は眼鏡を拭いている。
(D) 男性のうちの1人は手を上げている。

解説

複数の人物の写真は、人物の共通点や相違点を探してみましょう。(即効薬②) 写真の男性たちは共に、笑顔で握手していることから、お互いに挨拶をしている場面だと分かります。よって、正解は(B)です。右側の男性は眼鏡をかけていますが、それを拭いているわけではないので(C)は不正解です。写真に写っている物の単語が聞こえても、動詞部分に注意して選択肢を聞き取りましょう。

語注 □ **remove 動** 〜を取り去る　□ **greet 動** 〜に挨拶をする　□ **each other** お互い
□ **wipe 動** 〜を拭く　□ **raise 動** 〜を上げる

4. 正解:(A) 難易度: 🔖🔖🔖

🔊 009

(A) Cushions have been placed on the benches.

(B) Some chairs are being assembled.

(C) All the doors have been left open.

(D) Some crates are under the table.

(A) クッションがベンチの上に置かれている。
(B) いくつかの椅子が組み立てられている。
(C) 全てのドアが開いたままになっている。
(D) いくつかのかごがテーブルの下にある。

解説

風景写真は、物の状態や場所の把握とbeingの除外がカギ。(即効薬③、④) クッションがベンチの上に置かれている状態を現在完了形で表している(A)が正解です。place「〜を…に置く」はPart 1頻出動詞なので覚えておきましょう。(B)は〈be動詞＋being -ed〉の形が聞き取れれば、写真に人物が写っておらず、組み立てている人がいないと分かるので、不正解だとすぐに判断できます。

語注 □ **assemble 動** (家具など)を組み立てる　□ **crate 名** 木枠、かご

必勝！「消去法」テクニック

Part 1やPart 2では、紛らわしい選択肢も多く、正答の選択肢を自信を持って選べない場合もあります。そこで、消去法をいかにうまく使って解くかがカギになります。ここで消去法のやり方を確認して練習し、問題を解くときの癖にしておきましょう。

流れは以下の通りです。

①選択肢（A）を聞き、正解か不正解かを判断
　↳正解だと思う、もしくは判断できない場合は、マークシート上の（A）にペン先を置いておく。
　　⚠このとき、まだマークはしない

②選択肢（B）を聞き、正解か不正解かを判断
　↳（A）よりも正解の可能性が高いと判断したら、ペン先を（B）の上に移動する
　↳不正解だと思ったら、ペン先は（A）のまま

③残りの選択肢も同様に聞き、より正しいと思える選択肢が出てきたら、その記号の上にペン先を置く
④最後にペン先を置いていた記号をマークする

選択肢を全部聞いてしまうと、気持ちが揺れて時間がかかってしまうという人もいるかもしれません。そんなときは自分の直感を信じましょう。迷ったら、一番はじめに気になったものをマークすることをお勧めします。

2章

Part 2を
攻略しよう!

- ● 応答として適切な発言を選ぼう
- ● 特に聞き取るべきポイントをチェック
- ● 1問1問呼吸を整えながら、
  25問走り抜けよう

Part 2 基礎知識

 Part 2の基本データ

問題数：
25問

テスト時間：
約8分

問題内容：
最初に聞こえてくる質問や発言に対して、応答として適切なものを(A)〜(C)の中から選ぶ。問題冊子には最初の問いかけや応答の選択肢は印刷されていない。

最初の質問や発言のパターン：
- 疑問詞（What、Why、When、Where、Who、How）で始まる疑問文
  例）When did you receive your order?（いつ注文を受け取りましたか）
- Yes/No疑問文
  例）Did you receive your order?（注文を受け取りましたか）
- 否定疑問文
  例）Didn't you receive your order?（注文を受け取らなかったのですか）
- 付加疑問文
  例）You received your order, didn't you?（注文を受け取りましたよね）
- 依頼・提案・勧誘の文
  例）Can you receive my order?（注文を受け取ってくれますか）
- 選択疑問文
  例）Did you receive your order today or yesterday?
  （注文を受け取ったのは今日ですか、昨日ですか）
- 平叙文（疑問文ではない文）
  例）I received my order.（注文を受け取りました）

スコア別 目標正答数（25問中）：
600点：20問
730点：22問

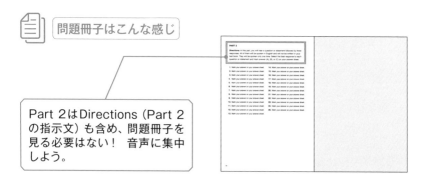 問題冊子はこんな感じ

Part 2はDirections（Part 2の指示文）も含め、問題冊子を見る必要はない！ 音声に集中しよう。

🔊 010

放送される音声はこんな感じ

No. 7

When did you purchase your laptop?

(A) That's our top priority.
(B) About two years ago.
(C) It is a store near my house.

〈質問と応答の訳〉
あなたはいつ自分のノートパソコンを買ったのですか。
(A) それが私たちの最優先事項です。
正解▶(B) 約2年前です。
(C) 私の家の近くの店です。

🔊 011

No. 8

I'd like to buy something special for Ms. Kobayashi's birthday.

(A) On August 6.
(B) I attended a special event.
(C) How about a photo album?

〈質問と応答の訳〉
コバヤシさんの誕生日に何か特別なものを買いたいのですが。
(A) 8月6日です。
(B) 私は特別イベントに参加しました。
正解▶(C) フォトアルバムはどうですか。

Part 2 解答プロセス

Part 2の解答の流れを
STEP 1～4の手順で確認しましょう。

STEP 1

STEP 1

Part 2が始まったら、
深呼吸をして集中モードを作る！

Part 2は問題冊子に何も書かれていないので、とにかく音声に集中する必要がある。深呼吸をしてリラックス状態を作っておこう。

試験の流れ	Directions (指示文)の音声が流れる	1セット目開始	(A)～(C)の選択肢の音声が流れる
音声のイメージ	Part 2. Directions. ～	No. 7. When did you ...	(A) That's ...

STEP 2

質問の最初の1語に注意＆
内容を頭の中で繰り返す！

文頭に特に注意して聞こう。聞かれている内容を忘れないように、自分の脳内で繰り返しておくのもオススメ！

When did you purchase your laptop?

いつ買った...

STEP 3

選択肢を(C)まで聞いて正解を絞る！

選択肢の音声を聞きながら、正解らしきものがあればとりあえず第一候補として、他の選択肢も聞いてから正解を判断しよう。

 STEP3 の補足 Part 2では特に、この消去法をうまく使えているかどうかで点数に大きく差がつく！

Part 2 解答プロセス

次のセット開始

5秒間のポーズ

No. 8.
I'd like to ...

STEP 4

すぐにマークして、次の問題までに深呼吸！

選択肢(C)まで流れた後にある5秒間のポーズの間にマークしよう。あまり悩み過ぎず解答して、次の問題に気持ちを切り替えることが大切！

Part 2の即効薬リスト

音声を聞いて、応答として最もふさわしいものを(A)~(C)の中から選びましょう。

🔊)) 012~019

1. Mark your answer on your answer sheet.
2. Mark your answer on your answer sheet.
3. Mark your answer on your answer sheet.
4. Mark your answer on your answer sheet.
5. Mark your answer on your answer sheet.
6. Mark your answer on your answer sheet.
7. Mark your answer on your answer sheet.
8. Mark your answer on your answer sheet.

Part 2

即効薬

Part 2 の
即効薬 ① WH疑問文：
文頭の疑問詞を聞き逃すな！

🔊 012 🇺🇸 ➡ 🇬🇧

1. When did the new restaurant open near your house?

(A) We're currently out of milk.

正解 (B) I think it was last week.

(C) It is on Everett Street.
　　↑文頭を where と聞き間違えると、こちらを選んでしまう！

あなたの家の近くに新しいレストランがオープンしたのはいつですか。
(A) 現在、牛乳を切らしています。
(B) 先週だったと思います。
(C) エヴェレット通りにあります。

即効薬 ①

文頭の when と where に注意！

問いかけ文の文頭の疑問詞をしっかりと聞き取ることが重要。その中でも when と where は聞き間違えをしやすいので注意しよう。where と聞き取ってしまった場合にひっかかってしまう、(C)のような選択肢も用意されている！

---

1. 正解:(B) 難易度: 🖊🖊

解説

When ～?という疑問文で、新しいレストランがオープンしたのはいつなのか尋ねています。それに対し last week「先週」という具体的な日時を伝えている (B) が正解です。WH疑問文の問題に正解できるかどうかは最初のたった1語で決まるので、前の問題からすぐに切り替えて必ず聞き取りましょう。

語注 □ **currently** 副 現在　□ **out of ～** ～がなくなって

🔊) 013 🇨🇦 ➔ 🇺🇸

2. How many people can the venue accommodate?

   (A) It has a lunch menu.
正解▶ (B) About 50 people.
   (C) Yes, it went really well.

   会場は何名収容可能ですか。
   (A) ランチメニューがあります。
   (B) 50人くらいです。
   (C) はい、とてもうまくいきました。

即効薬❶

Howはその後ろも大事！

文頭の疑問詞がHowの場合は、**Howの後ろまでしっかり聞き取ろう！**
How often ～？「どのくらいの頻度で～」、How long ～？「どのくらいの
期間～」、How can ～？「どうやって～できますか」など組み合わせで覚え
ておこう。

┌─────────────────────────────┐
│ 2. 正解:(B) 難易度: 🖊 │
└─────────────────────────────┘

解説

How many ～？は、数を尋ねるときに使う表現。ある会場について、収容人数がどれくらい
なのかを尋ねています。「どれくらい？」に対して、「50人くらい」と具体的な人数を答えてい
ることから、(B)が正解だと判断できます。venueやaccommodateなどの難単語はありま
すが、冒頭の疑問詞を聞き取ることができれば正解できます。

語注 ☐ **venue** 名 会場 ☐ **accommodate** 動 ～を収容できる
☐ **go well** うまくいく、順調に進む

Part 2 の
即効薬 ②

誤答の見分け方：
似た音の単語が出てきたら間違い！

🔊 014 🇦🇺 ➜ 🇬🇧

3. Should we rent a truck?

    (A) The front tire needs to be repaired.

    (B) Could you lend me that book?

正解 (C) Yes, but we have to talk with our manager.

    私たちはトラックを借りるべきでしょうか。

    (A) 前輪は修理が必要です。

    (B) その本を私に貸してくれませんか。

    (C) はい、ですが部長に話をしなければなりません。

即効薬 ②

似た音の単語が出てきたら間違い！

問いかけの文にあるrentと似た音のlendが(B)に含まれているが、これは
ひっかけ。音が似ている単語を使った選択肢は間違いであることが多い！

> **3. 正解：(C)　難易度：**🖊

解説

問いかけの文は「トラックを借りるべきか」という内容です。それに対し、Yes「はい」と答え、
まず部長に話をするべきであることを加えて説明している(C)が正解となります。
内容に関連した単語がある(A)や似た音の単語を使っている(B)に惑わされないようにしましょう。

語注　□ **rent** 動 〜を借りる　□ **front** 形 前の　□ **repair** 動 〜を修理する
□ **lend A B** AにBを貸す　□ **manager** 名 部長

🔊 015 🇨🇦 ➡ 🇦🇺

4. Who left this file about the customer survey here?

(A) In the third drawer from the top.

(B) She left the office half an hour ago.

正解 (C) I think it was Ms. Takahashi.

顧客調査についてのファイルをここに置いていったのは誰ですか。

(A) 上から3番目の引き出しです。

(B) 彼女は30分前にオフィスを出ました。

(C) タカハシさんだったと思います。

即効薬 ②

同じ語が聞こえたら間違い！

問いかけの文にある left が (B) でも出てきているが、表す意味が異なり、応答にもなっていない。このように同じ語が含まれる選択肢はひっかけであることがほとんどなので気を付けよう！

4. 正解:(C) 難易度: 🖊

解説

疑問詞 Who を使って、誰がファイルを置いたのかを尋ねています。これに対し、具体的な人物名を出して答えている (C) が応答として適切です。
(B) の動詞 left (leave の過去形) は問いかけの文でも使われていますが、問いかけの文では「～を置いていく」、選択肢 (B) では「～を出発する」という異なる意味で使われているので不適切です。同じ単語が登場するときは用法や意味が異なることがほとんどなので、注意が必要です。

───────────────────────────────

語注 ☐ **customer survey** 顧客調査　☐ **drawer** 名 引き出し

Part 2 の 即効薬 ③

否定疑問文と付加疑問文：
notや付加疑問文の文末は無視！

 016 🇺🇸 → 🇨🇦

5. Didn't you clean up the waiting room?

正解 ▶ (A) Yes, I did yesterday.
(B) Thanks for waiting for me.
(C) The storeroom and the lobby.

待合室を掃除しなかったのですか。
(A) いいえ、昨日やりましたよ。
(B) お待ちいただきありがとうございます。
(C) 保管室とロビーです。

即効薬 ③

否定疑問文のnotは無視！

否定形で始まる疑問文は、**Do you ～?** や **Did you ～?** に変換すればOK！
Did you ～? でもDidn't you ～? でも「その行為をしたのかどうか」を尋ねていることは変わらないので、notがあるからと言って考え過ぎないように。

5. 正解：(A) 難易度：🔵🔵🔵

解説
待合室を掃除したのかどうかを尋ねています。それに対し、昨日したことを伝えている(A)が正解です。Didn't you ～? で聞いていますが、聞きたいことはDid you clean up the waiting room?「待合室を掃除しましたか」と一緒です。

語注 ☐ **clean up ～** ～を掃除する、～を片付ける　☐ **waiting room** 待合室
☐ **storeroom** 名 保管室、貯蔵室

🔊)) **017** 🇬🇧 → 🇦🇺

6. The five percent discount coupon is still available, isn't it?

　(A) There are no seats available at this moment.
　(B) We still have that item in stock.

正解▶ (C) Yes, it is valid until next week.

　　5%割引券はまだ使えますよね？
　　(A) 現在、空席はございません。
　　(B) その商品はまだ在庫があります。
　　(C) はい、来週まで有効です。

即効薬

付加疑問文の文末も無視！

isn't it?の部分はしっかりと意味を取る必要はない。文末に〈否定形＋代名詞 ～?〉の形が付いていたら、「前の内容を確認しているんだな」とふんわり理解しておこう！

6.　正解:(C)　難易度: 🖊🖊

解説

～, isn't it?という付加疑問文を使って、割引券がまだ使えることを確認しています。それに対し、割引券は来週まで有効であることを伝えている(C)が正解です。代名詞itは、The five percent discount couponを指しています。

語注　□ **discount** 名 割引　□ **available** 形 利用可能な　□ **stock** 名 在庫
□ **valid** 形 有効な

Part 2

即効薬

🔊 018 🇺🇸 → 🇨🇦

7. Where can I find the produce section?

正解 (A) I'll take you there.
(B) About a few weeks ago.
(C) Sure, that sounds great.

青果売り場はどこにあるのですか。
(A) 私がご案内しますね。
(B) 数週間前くらいです。
(C) もちろんです、いいですね。

即効薬 ④

質問に素直に答えていない応答に気を付けよう！

Where「どこ」と聞かれているのに対し、場所を答えていない選択肢が正解になっている。聞かれている内容自体には答えていなくても、質問の意図に沿った応答であれば正解になることを押さえておこう！

7. 正解:(A) 難易度: 💊 💊

解説

Where can I find ~?は「どこで〜を見つけることができるのか」、つまり「〜はどこにあるのか」と尋ねる表現です。青果売り場の場所を尋ねているのに対し、その具体的な場所を教えてはいませんが、自分がその場所まで案内することを申し出ている(A)が応答として適切です。ほかに、聞かれたことに素直に答えないパターンとしては、「地図に書いてありますよ」などと情報を知る手段を伝えるパターン、「私も知りません」と答えるパターンなどがあります。

語注 □ produce 名 農産物、生産物

🔊 019 🇦🇺 ➡ 🇬🇧

8. Have you seen the instructions for the air conditioner?

正解 (A) Is there anything wrong with it?
(B) I want to book an air ticket.
(C) You can use the printer.

エアコンの取扱説明書を見ましたか。
(A) それに何か問題があるのですか。
(B) 航空券を予約したいです。
(C) プリンターを使うことができますよ。

即効薬 ④

質問返しにも注意！

ここでの応答は、**問いかけ文から相手の意図・状況をくみ取って質問で返しているパターン**。この手の問題は正確なリスニングが必要になるが、こういったものがあると把握しておくと有利になる。

| 8. 正解：(A) 難易度： 💊💊💊 |

解説

「エアコンの取扱説明書を見たか」と尋ねているので、まずこの人は取扱説明書を探していると分かります。それに対し、「取扱説明書を探しているということは、エアコンに何か問題があったのではないか」と、相手の問いかけの意図をくみ取って質問を返している(A)が正解です。itはthe air conditionerを指しています。状況を把握しないと、正解を判断するのが難しい問題ですが、消去法を使って解くこともできます。(B)は、問いかけ文にあるairと同じ単語を使ったひっかけの選択肢、(C)はプリンターの話をしているので全く関係がない応答です。

語注 □ **instructions** 名 取扱説明書 □ **book** 動 ～を予約する □ **air ticket** 航空券

■ 会話の定型表現

Part 2は会話の問題です。基本的な会話の定型表現をしっかり頭に入れておきましょう。

☐	Could[Can] you *do* ～?	～していただけますか。
☐	Why don't you *do* ～?	～してはどうですか。
☐	Why don't we *do* ～?	～しませんか。
☐	Shall we *do* ～?	～しましょうか。
☐	How about *doing* ～?	～するのはどうですか。
☐	Would you like to *do* ～?	～したいですか。／～するのはいかがですか。
☐	Would you like me to *do* ～?	（私が）～しましょうか。
☐	I'd like to *do* ～.	～したいのですが。
☐	Where can I *do* ～?	どこで～できますか。
☐	How can I *do* ～?	どうやって～できますか。
☐	Can I *do* ～?	～してもいいですか。
☐	Should I *do* ～?	（私は）～した方が良いですか。
☐	Shouldn't ～?	～した方が良いのではないですか。

■ 正解になりやすい応答

「分かりません」「確認します」といった応答は、基本的にどんな質問に対しても応答になるので正解であることがほとんどです。このタイプの応答の仕方は具体的にどんなものがあるのか、下の表で確認しておきましょう。

☐	I don't know. / I have no idea.	分かりません。
☐	I have not decided yet.	まだ決めていません。
☐	I'm not familiar with ～.	私は～についてよく知りません。
☐	I'm not in charge of ～.	私は～の担当ではありません。
☐	Please check with ～.	～に確認してください。
☐	Let me check ～.	～を確認させてください。
☐	I'm a stranger here.	ここは初めてなんです。／ このあたりのことはよく知らないんです。
☐	I just sent you an e-mail about that.	ちょうどそれについてのEメールを送りましたよ。

実戦問題

ここまでで学んだことを活かして、Part 2の問題を12題解いてみましょう。

🔊 020~031

1. Mark your answer on your answer sheet.
2. Mark your answer on your answer sheet.
3. Mark your answer on your answer sheet.
4. Mark your answer on your answer sheet.
5. Mark your answer on your answer sheet.
6. Mark your answer on your answer sheet.
7. Mark your answer on your answer sheet.
8. Mark your answer on your answer sheet.
9. Mark your answer on your answer sheet.
10. Mark your answer on your answer sheet.
11. Mark your answer on your answer sheet.
12. Mark your answer on your answer sheet.

Part 2
実戦問題　解答・解説

```
1.　正解：(B)　難易度：🟢🟢
```
🇨🇦 → 🇦🇺　🔊 020

When will the welcome party for the new employees be held?

(A) At the convention center on Seventh Street.

(B) I'll send you a schedule later.

(C) There's a nice restaurant around here.

新入社員のための歓迎会はいつ催されるのですか。

(A) 7番通りのコンベンションセンターです。
(B) あとで予定表を送ります。
(C) ここら辺に良いレストランがあります。

解説
Part 2は何よりも文頭の疑問詞を注意して聞きましょう。(即効薬①) When ～?で、新入社員のための歓迎会がいつ催されるのかを尋ねています。それに対して、具体的な日時を答える代わりに「あとで予定表を送る」と言い、それで日時を確認してほしいと暗に伝えている(B)が正解です。When ～?で始まる質問文には、具体的な日時が応答にくることももちろんありますが、このように素直に答えていないものもあります。(即効薬④) (A)も(C)も、Whenに対して場所を答えているので、消去法で不正解だと判断することもできます。

語注　□ welcome party 歓迎会　□ employee 名 社員　□ hold 動 ～を催す、～を開く
□ convention center コンベンションセンター（会議や展示会などの開催を目的に建設された施設）　□ later 副 あとで

```
2.　正解：(C)　難易度：🟢🟢
```
🇺🇸 → 🇬🇧　🔊 021

What item on the agenda should we start with?

(A) In a conference room.

(B) It took longer than expected.

(C) How to reduce the budget.

私たちは、議題について何の項目から始めるべきですか。

(A) 会議室です。
(B) 予想していた以上に長い時間がかかりました。
(C) 予算を減らす方法です。

解説
What ～?で、議題について何の項目から始めるべきか尋ねているのに対して、具体的な項目を答えている(C)が正解です。(A)は、agenda「議題」から連想されるconference room「会議室」を含む選択肢です。このような、連想を誘うひっかけも出題されます。

語注　□ item 名 項目　□ than expected 予想していた以上に　□ budget 名 予算

3. 正解：(A)　難易度：🖊

🇨🇦 → 🇺🇸 🔊 022

Did you see the new movie released last weekend?

(A) Yes, the story was very exciting.

(B) A newly released product.

(C) I moved to a new apartment.

あなたは、先週末に公開された新しい映画を見ましたか。

(A) はい、ストーリーがとても面白かったです。

(B) 新たに発売された製品です。

(C) 私は新しいアパートに引っ越しました。

解説

「先週末に公開された新しい映画を見たか」と尋ねているのに対して、Yesと肯定し、映画のストーリーの感想を述べている素直な応答の(A)が正解です。newlyやreleased、movedなど、質問文に出てくる単語や似た発音の単語が誤答に使われているので、ひっかからないように注意しましょう。(即効薬②)

語注　□ **release 動** 〜を公開する　□ **newly 副** 新たに、近ごろ　□ **product 名** 製品
□ **move to 〜** 〜に引っ越す　□ **apartment 名** アパート、マンション

4. 正解：(B)　難易度：🖊🖊🖊

🇦🇺 → 🇬🇧 🔊 023

Why hasn't the repair work started yet?

(A) About forty minutes.

(B) The schedule was postponed.

(C) No, it's on the desk.

なぜ修理作業がまだ始まっていないのですか。

(A) 約40分です。

(B) 予定が延期されました。

(C) いいえ、机の上にあります。

解説

Why 〜?で修理作業が始まっていない理由を尋ねています。これに対して「予定が延期された」と、理由を説明している(B)が正解です。Why 〜?の質問に対し理由を答えるときは、Because 〜「なぜなら〜」で答えるのが定番ですが、今回のように省略される場合もあります。押さえておきましょう。

語注　□ **repair work** 修理作業　□ **yet 副** (否定文で)まだ
□ **postpone 動** 〜を延期する

🇺🇸 → 🇨🇦 🔊 024

Your suits are ready to be picked up.

(A) Dinner will be ready in a few minutes.

(B) A double room, please.

(C) I'll visit your store this afternoon.

あなたのスーツはお受け取りの準備ができています。

(A) 夕食は、あと数分で用意ができます。
(B) ダブルの部屋をお願いします。
(C) 私は今日の午後、あなたのお店を訪ねます。

解説

「スーツの受け取り準備ができている」という発言に対し、「今日の午後、あなたのお店を訪ねる」と述べ、スーツを店に受け取りに行くと示唆している (C) が正解です。発言にある ready が (A) にも含まれており、どちらも「準備ができる」という使われ方ですが、応答になっていないので不適切です。平叙文に対する応答は、聞き取るべきポイントが予測しづらいですが、どのような場面での発言なのかを想像しながら聞くことが攻略への近道です。

語注　□ suit 名 スーツ　□ be ready to do ～する準備ができた
□ pick up ～ ～を受け取る　□ in a few minutes 数分で、すぐに

🇬🇧 → 🇦🇺 🔊 025

How was the workshop for writing yesterday?

(A) I learned a lot from it.

(B) Can we go shopping tomorrow instead?

(C) The work will be finished soon.

昨日のライティングの研修会はどうでしたか。

(A) 多くのことを学びました。
(B) 代わりに明日買い物に行けますか。
(C) 作業はもうすぐ終えられます。

解説

How ～? で、研修会の感想を聞いているのに対して「それから多くのことを学んだ」と所感を述べている (A) が正解です。it は the workshop for writing yesterday を指しています。質問文にある workshop と発音が被っている shopping や work が誤答に含まれているので、注意しましょう。（即効薬②）

語注　□ workshop 名 研修会、講習会　□ instead 副 代わりに

7. 正解：(C)　難易度：✐✐✐

🇺🇸 ➡ 🇬🇧 🔊 026

Can you book a flight for the business trip next week?

(A) An aisle seat, please.

(B) This book is about airplanes.

(C) Actually, I did two days ago.

来週の出張のために飛行便を予約してもらえますか。

(A) 通路側の席をお願いします。

(B) この本は飛行機についての本です。

(C) 実のところ、2日前に予約しました。

解説

Can you ～? で、出張のための飛行便を予約するよう、依頼しています。それに対して「2日前に予約した」と答えている (C) が正解です。質問に素直に答えていない応答を攻略するには文頭だけでなく文全体の意味を正確に理解することが効果的です。また、(B) の book のように、質問文中の単語と同じ音の単語が含まれる選択肢は、即効薬②で解説した通り誤答の場合が多いので気を付けましょう。

語注　□ **book 動** ～を予約する　□ **flight 名** 飛行便　□ **business trip** 出張
□ **aisle 名** 通路　□ **seat 名** 座席　□ **airplane 名** 飛行機

---

8. 正解：(C)　難易度：✐✐

🇨🇦 ➡ 🇦🇺 🔊 027

This photocopier isn't working again.

(A) My working shift has been changed.

(B) At the photo studio.

(C) We need to consider replacing it.

このコピー機がまた作動していません。

(A) 私の勤務シフトが変更されました。

(B) 写真館です。

(C) それを取り替えることを検討する必要があります。

解説

「コピー機が作動していない」という発言に対して、コピー機を新調する必要性を主張している (C) が正解です。it は、this photocopier を指しています。代名詞が出てきたら、それが何を指しているのか瞬時に判断できるように練習しておくと、解答の正確性が上がります。

語注　□ **photocopier 名** コピー機　□ **work 動** 作動する、動く
□ **working shift** 勤務シフト　□ **photo studio** 写真館　□ **consider 動** ～を検討する
□ **replace 動** ～を取り替える

9. 正解:(C) 難易度: 🖊

🇦🇺 → 🇨🇦 🔊 028

Are you available on Saturday afternoon?

(A) Because I'll be back on Friday night.

(B) The room is not available right now.

(C) No, I have a client meeting.

土曜日の午後は空いていますか。

(A) 金曜日の夜に戻る予定だからです。
(B) その部屋は今すぐには使えません。
(C) いいえ、顧客との会議があります。

解説
Are you available ～?は、相手の都合を尋ねる表現です。土曜日の午後の都合を聞いているのに対して、Noと否定し、予定があることを伝えている(C)が正解です。発言中のSaturday afternoonに関連したFriday nightを含む(A)や、発言中のavailableを含む(B)はひっかけの選択肢です。(即効薬②)

語注 □ **available 形** 手が空いている　□ **back 副** 戻って　□ **right now** 今すぐ

10. 正解:(B) 難易度: 🖊🖊🖊

🇨🇦 → 🇺🇸 🔊 029

Do you know where the documents for the meeting are?

(A) We aim to meet the goal in a month.

(B) I saw Josh proofreading them an hour ago.

(C) The agenda was very easy to understand.

どこに会議の資料があるか知っていますか。

(A) 私たちは、1カ月で目標を達成することを目指しています。
(B) 1時間前にジョシュがそれらを校正しているのを見ました。
(C) 議題はとても分かりやすかったです。

解説
質問文に挿入されているwhereで始まる部分は「どこに会議の資料があるか」という意味です。これが、Do you know ～?のknowの目的語に当たるので「どこに会議の資料があるか知っているか」という意味になります。それに対して、「ジョシュという人物が資料を校正していた」と、資料のありかを示唆している(B)が正解です。(B)の文中のthemはthe documents for the meetingを指しています。

語注 □ **document 名** 資料　□ **aim to do** ～することを目指す
□ **meet 動** ～を達成する　□ **proofread 動** ～を校正する

🇬🇧 → 🇺🇸 🔊030

This blue cardigan looks really nice, doesn't it?

(A) Just around the corner.
(B) I really like the color.
(C) The hoodie is bright red.

この青いカーディガンはとても素敵ですよね？

(A) ちょうどその角の辺りです。
(B) 色がとても良いですね。
(C) そのパーカーは真っ赤です。

解説
発言は、文末に〜, doesn't it?が付く付加疑問文です。「〜ですよね？」と、青いカーディガンが素敵だということへの同意を求めています。それに対して、「色が良い」と同意している(B)が正解です。発言にあるcardiganと関連するhoodie「パーカー」や、blueと関連するredを含む(C)を選ばないように注意。(A)は応答になっておらず、ひっかけの要素もありません。このような選択肢は真っ先に除外してしまいましょう。

語注 □ **corner** 名 角、すみ　□ **bright** 形 (色が) 鮮明な、さえた

🇦🇺 → 🇬🇧 🔊031

Why don't we go out for lunch tomorrow?

(A) About the marketing plan.
(B) Sure, I am free all day.
(C) Three hours ago.

明日、昼食を食べに行きませんか。

(A) マーケティングプランについてです。
(B) もちろんです、私は一日中空いています。
(C) 3時間前です。

解説
Why don't we 〜?は相手を誘うときのフレーズです。「昼食を食べに行かないか」と相手を誘っています。それに対して「一日中空いている」と応じている(B)が正解です。(A)と(C)は、勧誘に対する返答として不適切です。

語注 □ **Why don't we 〜?** 〜しませんか。　□ **go out for 〜** 〜に出かける
□ **all day** 一日中

Part 2

実戦問題　解答・解説

リスニング勉強法のすすめ①

「どうしても英語が聞き取れない！」という方のために、おすすめのリスニング勉強法をご紹介します。はじめに皆さんにやっていただきたいものが「オーバーラッピング」です。

オーバーラッピングは、スクリプトを目で追いながら音声に合わせて一緒に音読するトレーニングです。このトレーニングは、流れてくる音声を聞こえた通りに発音することで英語のリズムやイントネーションに慣れ、聞き取れる音を増やしていくためにとても効果的です。それでは、おすすめのオーバーラッピング方法を確認していきましょう。

【おすすめのオーバーラッピング方法】

①音声を流し、スクリプトを見ながら真似して音読をする
　※スクリプトを読み上げるだけにならないよう、意識は音声に集中しましょう。

②スピードに追い付けない部分を集中的に練習する
　※スピードを0.5〜0.8倍速に落としてもOK。

③もう一度①に戻って全体の音読をする

④スピードに追い付けるようになったら、感情をこめて音読する

このトレーニングの注意点としては、英文の意味や構造を理解できている音声を使うことです。意味を理解できていない英文で、がむしゃらに口だけ動かしていても、英語力アップには効果がありません。また、うまく音読できない部分は、音声でも聞き取れない部分であることがほとんどです。苦手な部分は、音声を繰り返し聞く、一度ゆっくり英文を読んでみる、など丁寧に練習をするようにしましょう。

3章

Part 3&4を
攻略しよう!

- 会話や説明文の内容に合うものを選ぼう
- 設問タイプごとの攻略法をチェック
- ヒントを聞き逃さないための
「設問の先読み」がカギ

Part 3 基礎知識

 Part 3の基本データ

問題数：
39問（3問×13セット）

テスト時間：
約18分

問題内容：
2人または3人の会話を聞いて、その内容に関する3つの設問に対して適切な答えを(A)〜(D)の中から選ぶ。会話と合わせて図表を参照して、設問に答える問題もある。（図表問題→p. 71）問題冊子には設問文と選択肢のみ印刷されている。

会話のパターン：
・会話の長さは40秒前後
・男女混合の会話
　（3人の人物が登場する会話は2題程度出題される）
・オフィス内での会話（同僚同士、上司と部下）や店員と客の会話など
・電話でのやり取りも多く出題される

スコア別 目標正答数（39問中）：
600点：24問
730点：32問

 問題冊子はこんな感じ

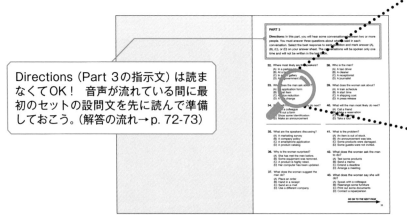

Directions（Part 3の指示文）は読まなくてOK！ 音声が流れている間に最初のセットの設問文を先に読んで準備しておこう。（解答の流れ→p. 72-73）

🔊)) 放送される音声はこんな感じ 🔊)) 032

Questions 32 through 34 refer to the following conversation.

女性： Welcome to the Raymond Gallery. Would you like to purchase tickets for one of our exhibitions?

男性： Hi. Actually, I was here last night for the Chicago Contemporary Art Exhibition. I seem to have left my phone behind. I was wondering if anyone had turned it in.

女性： We did have a phone turned in last night. Before I can give it to you, I need to see some identification, though.

男性： That's fine. Will my driver's license do?

Part 3 & 4　基礎知識

32. Where most likely are the speakers?

(A) In a parking lot
(B) At a hotel
(C) In an art gallery
(D) At a government office

33. What does the man ask about?

(A) An application form
(B) A lost item
(C) A price reduction
(D) A rule change

34. What will the man most likely do next?

(A) Call a colleague
(B) Fill out a form
(C) Show some identification
(D) Make an announcement

問題冊子には、設問文と選択肢が書かれている。各セットの3問をマークし終えたら、次のセットの音声が流れる前に設問文を先読みして内容を把握しておこう！（解答の流れ→p. 72-73）

設問文

選択肢

Part 4 基礎知識

 Part 4の基本データ

問題数：
30問（3問×10セット）

テスト時間：
約15分

問題内容：
1人のナレーターによるトークを聞いて、その内容に関する3つの設問に対して適切な答えを(A)〜(D)の中から選ぶ。トークと合わせて図表を参照して、設問に答える問題もある。（図表問題→p. 71）問題冊子には設問文と選択肢のみ印刷されている。

トークのパターン：
・会話の長さは40秒前後
・トークの種類は、留守番電話の録音メッセージ、アナウンス、スピーチや会議の一部、ガイドツアー、ラジオ放送などさまざま

スコア別 目標正答数（30問中）：
600点：18問
730点：21問

 問題冊子はこんな感じ

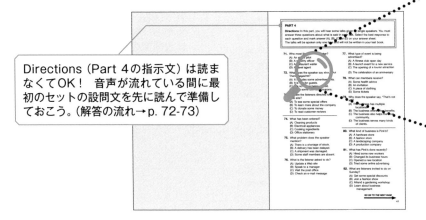

Directions（Part 4の指示文）は読まなくてOK！　音声が流れている間に最初のセットの設問文を先に読んで準備しておこう。（解答の流れ→p. 72-73）

033

放送される音声はこんな感じ

Questions 71 through 73 refer to the following talk.

Good morning, travelers and welcome aboard Flight 237 for Albuquerque. I'm Captain Trevor Holmes. We expect to have a smooth flight arriving at our destination at around ten twenty. The inflight entertainment on this aircraft includes a wireless Internet connection. To reduce our environmental impact, we are no longer printing copies of Out There, our inflight magazine. It's still available in electronic form on the airline Web site, though. While you're there, please consider donating money to any of the worthy causes Divine Air is supporting.

71. Who most likely is the speaker?
(A) An airline pilot
(B) A security officer
(C) A restaurant waiter
(D) A travel agent

72. What does the speaker say about Out There magazine?
(A) It includes some advertisements.
(B) It is free for guests.
(C) It is no longer being printed.
(D) It has some discount coupons.

73. Why are the listeners directed to a Web site?
(A) To see some special offers
(B) To learn more about the company
(C) To donate some money
(D) To read customer reviews

問題冊子には、設問文と選択肢が書かれている。各セットの3問をマークし終えたら、次のセットの音声が流れる前に設問文を先読みして内容を把握しておこう！（解答の流れ→p. 72-73）

Part 3 & 4

基礎知識

Part 3 & 4 特に注意が必要な問題

■ 意図問題

会話やトークの中の発言を引用して、その発言の意図を問う問題。ある1つの発言をしたとき、話し手が相手にどんなことを伝えようとしているのかは文脈によってさまざま考えられますよね。文脈の流れからそれを推測するのが、この意図問題です。例えば、以下のようなイメージです。

「会議の日はX月Y日です」
⇨可能性①「(会議の日が近いので) 資料の準備を急いだ方がいいですよ」
⇨可能性②「(会議はまだ先なので) 資料を準備する時間は十分ありますよ」
⇨可能性③「(ある予定が被っているので) 日程を変更したいです」

こんな設問

- What does the man mean when he says, "〜"?
  男性は"〜"と言ったとき、何を意味していますか。
- Why does the speaker say, "〜"?
  話し手はなぜ"〜"と言っていますか。

💡 解答ポイント

音声が流れる前に、設問文で引用されている発言を確認しておきましょう。その発言が出てきたときに反応できるようにしておくだけで、意図問題は解きやすくなります。

とは言っても意図問題は、はっきりと根拠が述べられるわけではなく文脈から意図を推測する必要があるので、上級者向けの難しい問題です。目標点数が800点以下であれば、あまり考えすぎずに他の問題を優先して大丈夫です。

■ 図表問題

Look at the graphic. 「図を見てください」で始まる設問文は、会話やトークの中で述べられている内容と図表を照らし合わせて答える問題。参照する図表は問題冊子に掲載されています。

こんな設問

• Look at the graphic. ~?
 図を見てください。~

▼図表

Graphic Design Services	
Logo Design	$375
Business Cards	$200
Postcard Design	$450
Flyer	$599

↑こちら側が音声中に登場する！

▼選択肢の並び

(A) $375
(B) $200
(C) $450
(D) $599

解答ポイント

選択肢には基本的に、図表の中に書かれている要素が並んでいます。ですが、音声の中で選択肢の部分が読まれることはほとんどなく、図の要素の中で選択肢になっていない部分が根拠としてそのまま読まれるのが基本です。

設問文の先読みをする際には図表も確認して、図表の要素のうち、選択肢になっていない部分の語句を待ち構えて音声を聞くことがポイントです。

Part 3&4 解答プロセス

Part 3&4の解答の流れを
STEP 1～3の手順で確認しましょう。

STEP 1

開始したらすぐに、設問文を先読みする！

指示文は聞かずに最初のセットの設問文3つを読んで、問われる内容に備えておこう。

試験の流れ	Directions (指示文)の音声が流れる	1セット目開始	会話の音声が流れる	設問文の音声が流れる	
音声のイメージ	Part 3. Directions. ～	Question 32 through 34 ～	Welcome to the ～	No. 32. Where ～	8秒間※のポーズ

STEP 2

会話を聞きながら、設問の答えを聞き取ってマーク！

丁寧にマークしている間に聞き逃してしまわないよう、その場では軽くマークするだけにして、最後にまとめてしっかりマークするのもコツ。

STEP 3

3問ともマークでき次第、
次のセットの設問文3つを先読み！

3問目の設問文の読み上げまでには、
次の問題の先読みに移るのが理想。

次のセット開始

No. 33.
What ～

8秒間※
のポーズ

No. 34.
What ～

8秒間※
のポーズ

Question 35
through 37 ～

※図表を参照する設問のときはポーズが12秒ある

Part 3 & 4

解答プロセス

🔑 Part 3&4攻略のカギ

長文のリスニングの攻略には、設問で問われる情報を事前に把握し、情報
が流れるのを待ち受けるのが効果的。そのために必要なのが「先読み」だ！

先読みのやり方

①「最初の疑問詞」＋「キーワード」をできるだけ拾う

　キーワード＝名詞や動詞など。be動詞や冠詞などは無視してOK！

②ポイントを要約し、頭に叩きこむ

　例）<u>What</u> will <u>the man</u> probably <u>do next</u>?

　　➡① 何／男性／次にする？

　　➡② 次に男性がすることは？

Part 3&4の即効薬リスト

① 冒頭で話の目的・テーマを掴もう！ ………**p.76**

話されている話題や話し始めた目的を問う問題が出題されます。このタイプの問題の攻略法を確認しましょう。

② 言い換えキーワードを見抜こう！ …………**p.80**

単語を聞き取るだけでは答えられない問題もあります。そんなときに重要な、「言い換え」について解説します。

③ 設問文から会話を予測！ ………………**p.84**

設問文から得られるヒントについて学びましょう。音声を聞く前に得られる情報は、できる限り事前に集めておくことがポイントです。

④ 「次の行動」は話の最後を聞く！ …………**p.88**

「次に何をするか」を問う問題は頻出です。攻略法を確認しましょう。

⑤ 前後の発言から、意図を掴もう！ …………**p.92**

発言の意図を問う「意図問題」の攻略法も要チェックです。

⑥ 事前に図表の要素を把握！ ………………**p.96**

「図表問題」は、音声が流れる前の事前準備がカギとなります。攻略法を確認しておきましょう。

Part 3 & 4 の
即効薬 ① 例題

会話を聞いて、以下の設問を解いてみましょう。最初の約12秒のポーズ（先読みタイム）で各設問を先読みして、問われる内容をざっくり理解することがポイントです。

🔊 034

1. What is the conversation mainly about?

(A) A photography job
(B) A new publication
(C) A walking group
(D) A fitness club

2. What does the woman say happened today?

(A) Event details were announced.
(B) Sales results were published.
(C) A vehicle was cleaned.
(D) An award was presented.

3. What does the man offer to do?

(A) Show the woman a document
(B) Introduce a colleague
(C) Provide a map
(D) Give the woman a ride

Part 3 & 4 の 即効薬 ① 冒頭で話の目的・テーマを掴もう！

問題の音声が流れる前に設問文を先読みして、それぞれの設問で問われる内容をざっくり理解しておこう！

≫ざっくり理解≪
1 会話のトピックは？

1. What is the conversation mainly about?

(A) A photography job
(B) A new publication
正解 (C) A walking group
(D) A fitness club

即効薬 ①

冒頭部分から話の目的・テーマを掴もう！

話の目的やテーマは冒頭で述べられる！ このタイプの設問文があったら、冒頭に特に集中して根拠を聞き取ろう。

≫ざっくり理解≪
2 今日起こったことは？

2. What does the woman say happened today?

正解 (A) Event details were announced.
(B) Sales results were published.
(C) A vehicle was cleaned.
(D) An award was presented.

時を表すキーワードに注目！

today「今日」のような「時」を表す語が設問にあるときは、そのキーワードを意識して内容を聞こう。時のキーワードは、会話の中でそのまま出てくることも多い！

≫ざっくり理解≪
3 男性は何をしてくれる？

3. What does the man offer to do?

(A) Show the woman a document
(B) Introduce a colleague
(C) Provide a map
正解 (D) Give the woman a ride

offer する表現を待ち受けよう！

話し手が申し出ていることを問う設問があったら、申し出の表現に意識を向けて聞こう！ ここではofferするのが男性であるということもヒントになる。

放送される会話文　W: 🇬🇧　M: 🇺🇸　🔊 034

Questions 1 through 3 refer to the following conversation.

W: Hi Mike. I remember you saying that you wanted to get some exercise. **1** I've just joined a walking group, and I think you might like it, too.

M: I might. How often do you go on walks?

W: Every two weeks. **2** The location of the next walk was announced today. We're hiking up Mt. Tambourine on June 2.

M: That sounds nice. **3** Would you like me to pick you up at your house? We could go there together.

会話文の和訳

問題1-3は次の会話に関するものです。

女性： こんにちは、マイク。あなたが運動したいと言っていたのを覚えています。ちょうどウォーキングのグループに加入したのですが、あなたも気に入るかもしれないと思っています。

男性： かもしれませんね。どれくらいの頻度で歩きに行くのですか。

女性： 2週間に1回です。今日、次のウォーキングの場所が発表されました。6月2日にタンバリン山をハイキングする予定です。

男性： いいですね。私があなたの家まで迎えに行きましょうか。一緒にそこへ行きましょう。

語注　□ **exercise** 名 運動　□ **location** 名 場所　□ **hike** 動 ハイキングをする
□ **pick up ~** ~を車で迎えに行く（目的語が代名詞のときはpick ~ up）

Part 3 & 4の 即効薬① 解答・解説

---

1. 正解:(C) 難易度: 🖊

1. 会話は主に何についてですか。

(A) 写真の仕事
(B) 新しい出版物
(C) ウォーキングのグループ
(D) フィットネスクラブ

解説

女性は最初の発言で、「ウォーキングのグループに加入した」と言っています。その後、「あなたも気に入るかもしれない」と男性を誘っており、今後のグループの予定について話を進めているので、(C) が正解です。

語注 □ **publication** 名 出版物

---

2. 正解:(A) 難易度: 🖊🖊

2. 女性は今日何が起こったと言っていますか。

(A) イベントの詳細が発表された。
(B) 営業成績が公表された。
(C) 車の清掃が行われた。
(D) 賞が授与された。

解説

「今日起こったこと」を答えるので、「今日」をキーワードに根拠を探します。女性は2回目の発言で、ウォーキングのグループの活動頻度について男性に伝えた後、「今日、次のウォーキングの場所が発表された」と言っています。ウォーキングを「イベント」、場所のことを「詳細」と言い換えた (A) が正解です。

語注 □ **detail** 名 詳細 □ **publish** 動 ～を公表する □ **vehicle** 名 車、乗り物
□ **award** 名 賞 □ **present** 動 ～を贈呈する

---

3. 正解:(D) 難易度: 🖊🖊

3. 男性は何をすることを申し出ていますか。

(A) 女性に書類を見せる
(B) 同僚を紹介する
(C) 地図を提供する
(D) 女性を車に乗せてあげる

解説

設問にあるoffer to *do*は、「～することを申し出る」という意味。申し出の表現を待ち受けて聞くと答えを掴みやすくなります。ここでは男性が2回目の発言で、Would you like me to *do*? 「私が～しましょうか」という表現を使い、女性の家まで車で迎えに行くことを提案しているので、(D) が正解です。p. 56でまとめた会話の定型表現も改めて確認しておきましょう。

語注 □ **document** 名 書類 □ **colleague** 名 同僚
□ **give *A* a ride** (車などに) Aを乗せてあげる、Aを送ってあげる

Part 3 & 4 の 即効薬② 例題

会話を聞いて、以下の設問を解いてみましょう。最初の約12秒のポーズ（先読みタイム）で各設問を先読みして、問われる内容をざっくり理解することがポイントです。

🔊 035

4. Who is Helen Miller?

    (A) A sales representative
    (B) A client
    (C) A job applicant
    (D) An accountant

5. What problem does the woman mention?

    (A) A store is temporarily closed.
    (B) A project may not start as scheduled.
    (C) A meeting has been canceled.
    (D) A delivery was not made.

6. What will the speakers most likely do?

    (A) Request an additional interview
    (B) Make a hotel reservation
    (C) Offer some financial assistance
    (D) Purchase a new vehicle

Part 3 & 4 の 即効薬 ② 言い換えキーワードを見抜こう!

問題の音声が流れる前に設問文を先読みして、それぞれの設問で問われる内容をざっくり理解しておこう!

≪ざっくり理解≫

ヘレン・ミラーって誰?

4. Who is Helen Miller?

(A) A sales representative
(B) A client
正解 (C) A job applicant ◀
(D) An accountant

即効薬 ②

言い換えに気付く!

設問・選択肢と本文では語句や表現が言い換えられることもある。ここでは、選択肢にA job applicantとあるのに対し、会話文ではcandidateと言っている。

≪ざっくり理解≫

女性が話している問題点は?

5. What problem does the woman mention?

(A) A store is temporarily closed.
正解 (B) A project may not start as scheduled.
(C) A meeting has been canceled.
(D) A delivery was not made.

問題が起こることを意識!

何か問題が起こるのはTOEICあるある。このような設問文が出てきたら、"何か問題が起きるんだな"という意識で聞くと良い。問題について話しているときは、必ずその解決策も話されることも覚えておこう!

≪ざっくり理解≫

話し手たちは何する予定?

6. What will the speakers most likely do?

(A) Request an additional interview
(B) Make a hotel reservation
正解 (C) Offer some financial assistance
(D) Purchase a new vehicle

設問文に頻出の most likely は無視!

「おそらく〜だと考えられる」といった意味のmost likelyはよく設問文に含まれるが、答えを選ぶ上ではあまり関係ないので読まなくてOK!

放送される会話文　M: 🇦🇺　W: 🇬🇧　　🔊 035

Questions 4 through 6 refer to the following conversation.

M: I've gone through all the applications. **4** Helen Miller is by far the best candidate. We'd be lucky to have her working here.

W: I think so, too. However, I heard that she can't start work here by April 1. **5** In that case, we'd have to delay the start of the project.

M: The only reason she can't start work sooner is that she can't afford her moving expenses right now.

W: I see ... Then, **6** let's offer to pay for them.

会話文の和訳

問題4-6は次の会話に関するものです。

男性： 全ての応募書類に目を通しました。ヘレン・ミラーが断トツで最良の候補者です。彼女にここで働いてもらえたら、私たちは幸運でしょうね。

女性： 私もそう思います。ただ、彼女は4月1日までに働き始められないと聞きました。その場合、プロジェクト開始を遅らせないといけません。

男性： 彼女が早めに仕事を始められないのは、彼女が今は引っ越し費用を工面できないという理由だけです。

女性： なるほど……。それなら、費用を負担してあげましょう。

語注　□ **go through ~** ~を（くまなく）読む　□ **application** 名 応募書類
□ **by far** はるかに　□ **candidate** 名 候補者　□ **delay** 動 ~を遅らせる
□ **afford** 動 ~する（金銭的な）余裕がある　□ **expense** 名 費用、経費

Part 3 & 4 の 即効薬 ② 解答・解説

---

4. 正解：(C)　難易度： 🖊🖊

4. ヘレン・ミラーとは誰ですか。

(A) 営業担当者
(B) 顧客
(C) 求職者
(D) 会計士

解説

ヘレン・ミラーという人物については、男性が冒頭で「断トツで最良の候補者だ」と言っています。その後「彼女にここで働いてもらえたら、私たちは幸運だろう」とも言っているので、ヘレン・ミラーは話し手たちの会社に応募してきた求職者であると分かります。よって、(C)が正解です。

語注　□ **representative** 名 担当者　□ **applicant** 名 応募者、志願者

---

5. 正解：(B)　難易度： 🖊🖊

5. 女性はどんな問題について述べていますか。

(A) 店が一時的に閉まっている。
(B) プロジェクトが予定通りに始まらないかもしれない。
(C) 会議が中止された。
(D) 配達が行われなかった。

解説

ヘレン・ミラーについて男性が話した後、女性は「彼女は4月1日までに働き始められない」と言っています。続けて「その場合、プロジェクト開始を遅らせないといけない」と言っています。よって、(B)が正解です。問題について話すときは、howeverやbutなど、逆接を表す語が入ることが多いです。

語注　□ **temporarily** 副 一時的に　□ **delivery** 名 配達、送付

---

6. 正解：(C)　難易度： 🖊🖊

6. 話し手たちは何をすると考えられますか。

(A) 追加の面接を依頼する
(B) ホテルの予約をする
(C) 資金援助をする
(D) 新しい車を購入する

解説

ヘレン・ミラーが早く仕事を始められない理由が引っ越し費用であると聞いた女性は、「費用を負担してあげましょう」と提案しています。「引っ越し代を負担する」ことをfinancial assistance「資金援助」と言い換えた(C)が正解です。

語注　□ **additional** 形 追加の　□ **interview** 名 面接　□ **reservation** 名 予約
□ **financial** 形 財政上の　□ **purchase** 動 ～を購入する

Part 3 & 4の
即効薬 ③ 例題

会話を聞いて、以下の設問を解いてみましょう。最初の約12秒のポーズ（先読みタイム）で各設問を先読みして、問われる内容をざっくり理解することがポイントです。

🔊)) 036

7. Why does the man want to return the desk?

(A) The size was incorrect.
(B) It has been damaged.
(C) It arrived very late.
(D) The color was not bright.

8. What does the woman offer to do?

(A) Provide a discount
(B) Exchange an item
(C) Pay for return shipping
(D) Arrange for some repairs

9. What does the woman say she will check?

(A) A policy
(B) A purchase history
(C) A catalog
(D) A product's availability

Part 3 & 4

即効薬

Part 3 & 4 の
即効薬 ③ 設問文から会話を予測!

問題の音声が流れる前に設問文を先読みして、それぞれの設問で問われる内容をざっくり理解しておこう!

≫ざっくり理解≪
7 男性が返品したい理由は?

7. Why does the man want to return the desk?

正解 (A) The size was incorrect.
(B) It has been damaged.
(C) It arrived very late.
(D) The color was not bright.

即効薬 ③

設問文から会話を予測!

設問文を先読みした時点で、「男性が返品をしたいと思っている」という情報が読み取れる。設問文から読み取れる内容は、放送が始まる前にできる限り把握しておこう!

≫ざっくり理解≪
8 女性は何をしてくれる?

8. What does the woman offer to do?

(A) Provide a discount
正解 (B) Exchange an item
(C) Pay for return shipping
(D) Arrange for some repairs

ヒントになるフレーズを待ち構えよう!

What does ~ offer to do? の設問は、会話に登場する提案や申し出の表現に注意! ここでの Would you like to do ~?は「~したいですか」と提案する表現。

≫ざっくり理解≪
9 女性は何を確認する?

9. What does the woman say she will check?

(A) A policy
(B) A purchase history
正解 (C) A catalog
(D) A product's availability

選択肢が短ければサラっと目を通す!

基本は設問文のみ先読みできればOKだが、選択肢が短ければサラっとだけでも読んでおくとキーワードを聞き逃しにくくなる!

放送される会話文 M: 🇺🇸 W: 🇨🇦 🔊 036

Questions 7 through 9 refer to the following conversation.

M: Hello. I'd like to return some office furniture.

W: I see. Can you give me the details?

M: Sure. **7** I ordered the GF382 desk from your catalog. It's just arrived at my office, and it doesn't fit in the space I prepared. When I rechecked the catalog, I noticed that the size didn't match the product description.

W: We're sorry about that. **8** Would you like to swap it for another item from the catalog?

M: Yes, I'd like to do that — you can just refund the price difference, right?

W: Sure. **9** I need to verify that the measurements were wrong in the catalog before we can proceed. I'll call you back in a few minutes.

会話文の和訳

問題7-9は次の会話に関するものです。

男性： こんにちは。オフィス家具を返品したいのですが。

女性： 承知いたしました。詳細を教えていただけますか。

男性： はい。カタログからGF382デスクを注文しました。今それがオフィスに届いたところですが、用意したスペースに合わないのです。カタログを見直したら、サイズが商品説明と違っていることに気が付きました。

女性： 失礼いたしました。カタログの他の商品と交換されますか。

男性： はい、そうしたいです — 値段の差額を返金していただくことはできるのですよね？

女性： もちろんです。手続きをする前に、カタログの寸法が間違っていたことを確認しておく必要があります。数分後にかけ直しますね。

| 語注 | □ **furniture** 名 家具 □ **description** 名 説明 □ **swap** 動 ～を交換する |
| □ **refund** 動 ～を払い戻す □ **verify** 動 ～が事実であることを確かめる |
| □ **measurement** 名 寸法 □ **proceed** 動 手続きをする、進む |

7. 正解：(A)　難易度： 🖋🖋

7. なぜ男性はデスクを返品したいと思っていますか。

   (A) サイズが違っていた。
   (B) 破損していた。
   (C) 到着がとても遅かった。
   (D) 色が明るくなかった。

解説

男性の冒頭の発言から、オフィス家具の返品をするために電話をかけていることが分かります。女性に詳細を聞かれると、注文したデスクについて「用意したスペースに合わない」と説明し、「サイズが商品説明と違っていることに気が付いた」と女性に伝えています。よって、(A)が正解です。

語注 □ incorrect 形 間違った　□ damage 動 〜に損害を与える　□ bright 形 明るい

8. 正解：(B)　難易度： 🖋🖋🖋

8. 女性は何をすることを申し出ていますか。

   (A) 割引を提供する
   (B) 商品を交換する
   (C) 返送の料金を支払う
   (D) 修理の手配をする

解説

カタログで注文した商品を返品したいと言う男性に対し、女性は中盤で「カタログの他の商品と交換されますか」と提案しています。よって、(B)が正解です。ここでは、提案するのが女性というところも、設問文の先読みから得られるヒントになります。

語注 □ discount 名 割引　□ pay for 〜 〜の代金を支払う
□ arrange for 〜 〜の手配をする　□ repair 名 修理

9. 正解：(C)　難易度： 🖋

9. 女性は何を確認すると言っていますか。

   (A) 方針
   (B) 購入履歴
   (C) カタログ
   (D) 商品の在庫状況

解説

女性は最後の発言で、「手続きをする前に、カタログの寸法が間違っていたことを確認しておく必要がある」と男性に伝えています。よって、(C)が正解です。設問文中の単語checkは、会話文中ではverifyという言葉で登場しています。

語注 □ history 名 履歴　□ availability 名 利用可能性、入手可能性

会話を聞いて、以下の設問を解いてみましょう。最初の約12秒のポーズ（先読みタイム）で各設問を先読みして、問われる内容をざっくり理解することがポイントです。

🔊)) **037**

10. What is mentioned about the event?

    (A) It is held every year.
    (B) There is an admission fee.
    (C) A few guests arrived late.
    (D) It was well attended.

11. According to the speaker, what time will the bus depart?

    (A) At 2:00 P.M.
    (B) At 3:00 P.M.
    (C) At 4:00 P.M.
    (D) At 5:00 P.M.

12. What will the listeners most likely do next?

    (A) Take part in a competition
    (B) Check a schedule
    (C) Enjoy a meal
    (D) Listen to a speech

Part 3 & 4

即
効
薬

Part 3 & 4 の 即効薬④ 「次の行動」は話の最後を聞く!

問題の音声が流れる前に設問文を先読みして、それぞれの設問で問われる内容をざっくり理解しておこう!

≪ざっくり理解≫

10 イベントについて何と言ってる?

10. What is mentioned about the event?

(A) It is held every year.
(B) There is an admission fee.
(C) A few guests arrived late.
正解▶ (D) It was well attended.

詳細なキーワードを含む設問を優先!

このようにかなりざっくりした内容を問う設問は難易度が高い。選択肢も長く、解答に時間がかかる可能性も高いので、問題11.のようなより詳細なキーワードを含む設問を優先してOK!

≪ざっくり理解≫

11 バスが出発するのは何時?

11. According to the speaker, what time will the bus depart?

(A) At 2:00 P.M.
正解▶ (B) At 3:00 P.M.
(C) At 4:00 P.M.
(D) At 5:00 P.M.

数字はそのまま出てくる!

設問や選択肢に数字があるときは大チャンス。数字は本文でそのまま読み上げられることがほとんどなので、ここではthreeという数字を聞き取ることができれば正解確実!

≪ざっくり理解≫

12 聞き手はこの後何をする?

12. What will the listeners most likely do next?

(A) Take part in a competition
(B) Check a schedule
(C) Enjoy a meal
正解▶ (D) Listen to a speech

即効薬④

「次の行動」は話の最後を聞く!

~ do next?の問題は、話の後の行動が問われる。3問目で出題されることが多く、話の最後の発言が根拠になる可能性が高い。最後まで集中しよう!

Questions 10 through 12 refer to the following announcement.

Welcome to the Giordano Accounting Family Fun Day. **10** I'm really happy to see that almost everyone has decided to attend. We have a lot of events planned, and I'm sure it'll be a lot of fun for everyone. **11** Those of you who came on the bus — please remember that it'll be returning to our office at three sharp. **12** Tina May, our company president, is going to say a few words of appreciation to everyone before we get started with the activities.

トーク文の和訳

問題10-12は次のお知らせに関するものです。

ジョルダーノ・アカウンティングのファミリー・ファン・デーへようこそ。ほぼ全員が参加することを決めてくれたようで非常にうれしいです。たくさんのイベントが予定されていますので、きっと皆さんにとって楽しいものになると思います。バスでお越しの方は、3時ちょうどにバスがオフィスに戻りますのでお忘れのないようにしてください。アクティビティを始める前に、我が社の社長ティナ・メイが皆さんに感謝の言葉を申し上げます。

語注 ☐ **attend** 動 参加する ☐ **sharp** 副 ちょうど ☐ **president** 名 社長
☐ **appreciation** 名 感謝

Part 3 & 4

即効薬

Part 3 & 4 の 即効薬④ 解答・解説

---

10. 正解:(D) 難易度: 💊💊💊

10. イベントについて、どんなことが述べられていますか。

(A) 毎年開催されている。
(B) 入場料がかかる。
(C) 何人かの招待客が遅れて到着した。
(D) 多くの人が参加した。

解説

冒頭の内容から、ある企業のイベントでのアナウンスであることが分かります。話し手は「ほぼ全員が参加することを決めてくれたようで非常にうれしい」と言っているので、参加者が多いことをwell attendedと言い換えた(D)が正解です。

語注 □ admission 名 入場　□ fee 名 料金

---

11. 正解:(B) 難易度: 💊

11. 話し手によると、バスは何時に出発しますか。

(A) 午後2時
(B) 午後3時
(C) 午後4時
(D) 午後5時

解説

話し手は中盤で、「バスでお越しの方は」と呼びかけ、「3時ちょうどにバスがオフィスに戻りますのでお忘れのないようにしてください」と聞き手に忠告しているので、正解は(B)です。数字さえ聞き取れば答えられるボーナス問題です。

語注 □ depart 動 出発する

---

12. 正解:(D) 難易度: 💊💊💊

12. 聞き手たちは次に何をすると考えられますか。

(A) コンテストに参加する
(B) スケジュールを確認する
(C) 食事を楽しむ
(D) スピーチを聞く

解説

話し手は最後に、「アクティビティを始める前に、我が社の社長ティナ・メイが皆さんに感謝の言葉を申し上げる」と説明しています。つまり聞き手はこれから社長のスピーチを聞くと分かります。よって、(D)が正解です。

語注 □ take part in ～ ～に参加する　□ competition 名 コンテスト、競技会
□ meal 名 食事

会話を聞いて、以下の設問を解いてみましょう。最初の約12秒のポーズ（先読みタイム）で各設問を先読みして、問われる内容をざっくり理解することがポイントです。

🔊)) 038

13. Why does the speaker say, "She needs no introduction"?

(A) Ms. Creamer is well known.
(B) Ms. Creamer will not appear.
(C) Ms. Creamer will introduce herself.
(D) Ms. Creamer is a mystery guest.

14. What does the speaker say about Wildlife International?

(A) It was founded by a sportsperson.
(B) It sponsored Ms. Creamer's athletic career.
(C) It has a new spokesperson.
(D) It receives money from the government.

15. What is Ms. Creamer currently working on?

(A) A political campaign
(B) A fundraising event
(C) A magazine article
(D) A personal biography

意図問題：
前後の発言から、意図を掴もう！

問題の音声が流れる前に設問文を先読みして、それぞれの設問で問われる内容をざっくり理解しておこう！

≪ざっくり理解≫
13 なぜ「彼女の紹介は不要」？

13. Why does the speaker say, "She needs no introduction"?

正解▶ (A) Ms. Creamer is well known.
(B) Ms. Creamer will not appear.
(C) Ms. Creamer will introduce herself.
(D) Ms. Creamer is a mystery guest.

≪ざっくり理解≫
14 ワイルドライフ・インターナショナルについて？

14. What does the speaker say about Wildlife International?

(A) It was founded by a sportsperson.
(B) It sponsored Ms. Creamer's athletic career.
正解▶ (C) It has a new spokesperson.
(D) It receives money from the government.

≪ざっくり理解≫
15 クリーマーさんが今取り組んでいるのは？

15. What is Ms. Creamer currently working on?

(A) A political campaign
正解▶ (B) A fundraising event
(C) A magazine article
(D) A personal biography

即効薬 ⑤

前後の発言から、話し手の意図を掴もう！

発言を引用して話し手の意図を問う問題は、その発言の前後からヒントを掴む！　ただ、比較的難しい問題なので、悩んだら次の問題に気持ちを切り替えることもポイント。

情報を整理しながら聞き取ろう！

話者が1人のPart 4は状況を想像しながら聞いてみよう。ここでは、「最近クリーマーさんが広報担当になった」→「その組織には新しい広報担当者がいる」と捉える！

言い換えに注意！

「団体の資金を集めるために企画しているイベント」＝A fundraising event「資金集めのイベント」となる。放送文と選択肢での言い換えに気付くことがポイント！

Questions 13 through 15 refer to the following broadcast announcement.

Welcome to *AM Talk Time* on Radio 6JC — Portland's number one weekday-morning radio show. I'm your host, Matt Greene. Our first guest this morning is Leanne Creamer. She needs no introduction. **13** She's been in the news a lot recently following her amazing world-record swim in the 100-meter freestyle championships in Singapore last week. Ms. Creamer has been a long supporter of the environment, and **14** she's recently become the official spokesperson for Wildlife International. **15** She's here today to discuss an event she and other professional swimmers have organized to raise money for the organization.

トーク文の和訳

問題13-15は次の放送のお知らせに関するものです。

ラジオ6JCのAMトークタイムへようこそ — ポートランドの平日朝のナンバーワンラジオです。私は司会者のマット・グリーン。今朝の最初のゲストはリアン・クリーマーです。彼女の紹介は不要ですね。先週シンガポールで行われた水泳の100メートル自由形選手権で素晴らしい世界新記録を樹立して、最近話題になっています。クリーマーさんは長きにわたって環境保護に取り組んでおり、最近ではワイルドライフ・インターナショナルの公式の広報担当に就任されました。本日は、同団体の資金を集めるために彼女と他のプロの水泳選手たちが企画しているイベントについて、お話ししていただきます。

語注 ☐ **weekday** 名 平日 ☐ **host** 名 司会者 ☐ **introduction** 名 紹介
☐ **freestyle** 形 自由形の ☐ **championship** 名 選手権 ☐ **official** 形 公式の
☐ **spokesperson** 名 広報担当者、代弁者 ☐ **organize** 動 ～を計画する
☐ **raise** 動 (お金) を集める ☐ **organization** 名 団体、組織

即効薬 ⑤ 解答・解説

---

13. 正解:(A) 難易度: 🖊🖊🖊

13. 話し手はなぜ "She needs no introduction" と言っていますか。

(A) クリーマーさんは有名である。
(B) クリーマーさんは登場しない。
(C) クリーマーさんは自己紹介をする。
(D) クリーマーさんは秘密のゲストである。

解説

引用されている発言は「彼女の紹介は不要だ」という意味。話し手は、ラジオのゲストがリアン・クリーマーという人物であることを伝えた後に、この発言をしています。続けて、その人物が最近話題になっていることを話しているので、この人物が有名であり誰もが知っているから「彼女の紹介は不要だ」と言ったと考えられます。よって、(A)が正解です。

語注 ☐ **appear** 動 現れる ☐ **mystery** 名 秘密、謎

---

14. 正解:(C) 難易度: 🖊🖊🖊

14. 話し手はワイルドライフ・インターナショナルについて何と言っていますか。

(A) スポーツ選手によって設立された。
(B) クリーマーさんの運動競技のキャリアを後援していた。
(C) 新しい広報担当がいる。
(D) 政府からお金をもらっている。

解説

話し手は、番組のゲストであるクリーマーさんが環境保護に取り組んでいる人物であることを説明した後、「最近ではワイルドライフ・インターナショナルの公式の広報担当になった」と付け加えています。同団体が新しい広報担当を迎えたばかりだと分かるので、(C)が正解です。「ワイルドライフ・インターナショナル」という設問文中のキーワードが、根拠の後に登場する難しい問題です。

語注 ☐ **found** 動 ～を設立する ☐ **sportsperson** 名 スポーツ選手
☐ **sponsor** 動 ～を後援する、～を支持する ☐ **athletic** 形 運動競技の

---

15. 正解:(B) 難易度: 🖊🖊

15. クリーマーさんは現在何に取り組んでいますか。

(A) 政治のキャンペーン
(B) 資金集めのイベント
(C) 雑誌の記事
(D) 自伝

解説

話し手はクリーマーさんについて一通り説明をした後、最後に「彼女が企画しているイベントについて、彼女に話してもらう」と言っています。「資金を集めるために企画しているイベント」と説明していることから、(B)が正解です。

語注 ☐ **political** 形 政治の ☐ **fundraising** 形 資金集めの ☐ **article** 名 記事
☐ **biography** 名 伝記

会話を聞いて、以下の設問を解いてみましょう。最初の約12秒のポーズ（先読みタイム）で各設問を先読みして、問われる内容をざっくり理解することがポイントです。

 039

> **Invitation to**
> **Greenville Book Store**
> **Grand Opening**
>
> Friday, May 21
> 3 P.M. to 6 P.M.

16. Who is Richard Chen?

    (A) An accountant
    (B) An author
    (C) A lawyer
    (D) A sculptor

17. Look at the graphic. Which information needs to be changed?

    (A) Greenville Book Store
    (B) Friday
    (C) May 21
    (D) 3 P.M.

18. What are the listeners asked to do?

    (A) Make a list
    (B) Send out documents
    (C) Organize a meeting room
    (D) Review a budget report

Part 3 & 4の 即効薬 ⑥

図表問題：
事前に図表の要素を把握！

問題の音声が流れる前に設問文を先読みして、それぞれの設問で問われる内容をざっくり理解しておこう！

≪ざっくり理解≫
16 リチャード・チェンって誰？

16. Who is Richard Chen?

(A) An accountant
正解▶ (B) An author
(C) A lawyer
(D) A sculptor

人名など固有名詞に意識を向ける！

設問に含まれる固有名詞は最大のキーワード。その固有名詞を頭に置いた状態で音声を聞くようにしよう！

≪ざっくり理解≫
17 図表の何が変更される？

17. Look at the graphic. Which information needs to be changed?

(A) Greenville Book Store
(B) Friday
(C) May 21
正解▶ (D) 3 P.M.

即効薬 ⑥

事前に図表の要素を把握！

図表も先読みが大切。具体的な語句ではなく「何の要素が入っているか」を確認しよう！ ここでは、「①見出し」「②曜日」「③日付」「④開始／終了時間」という4要素をざっくりチェック。

≪ざっくり理解≫
18 聞き手が求められていることは？

18. What are the listeners asked to do?

正解▶ (A) Make a list
(B) Send out documents
(C) Organize a meeting room
(D) Review a budget report

視点を転換しよう！

トーク文中では「聞き手が求められていること」は「話し手が頼んでいること」として登場する。依頼の表現を持ち受けて解こう！

放送されるトーク文 🇬🇧 🔊)) **039**

Questions 16 through 18 refer to the following talk and invitation card.

Good morning, everyone. Before we start our weekly meeting, I'd like to make an announcement. It's about the grand opening event for our second store location. **16** Richard Chen, the author of "How to be a Naturalist" has agreed to make a speech at the event. You already have the data for the invitation design, but to match his schedule, **17** I decided to delay the starting time by one hour. The revised version will be ready on Friday. **18** So I want to ask all of you to list the names who you think should be invited by then.

トーク文の和訳

問題16-18は次の話と招待状に関するものです。

皆さん、おはようございます。週次のミーティングを始める前に、1つお知らせをしたいと思います。2店舗目のグランドオープンのイベントについてです。『自然主義者になる方法』の著者であるリチャード・チェンが、このイベントでスピーチをすることを承諾してくれました。招待状のデザインのデータは皆さんすでにお持ちかと思いますが、彼のスケジュールに合わせるために、開始時刻を1時間遅らせることにしました。修正版は金曜日にできあがる予定です。ですので、皆さんにはそれまでに招待した方がいいと思う人をリストアップしておいていただきたいです。

語注 □ **invitation** 名 招待、招待状 □ **author** 名 著者 □ **naturalist** 名 自然主義者
□ **agree to** *do* ～することに同意する □ **delay** 動 ～を遅らせる
□ **revise** 動 ～を改訂する □ **list** 動 ～を一覧表にする □ **invite** 動 ～を招待する

Part 3 & 4 の
即効薬 ⑥ 解答・解説

| 16. 正解:(B) 難易度: 🖊 |

16. リチャード・チェンとは誰ですか。
- (A) 会計士
- (B) 著者
- (C) 弁護士
- (D) 彫刻家

解説
設問にあるリチャード・チェンという人物の名前は中盤に出てきます。話し手は、名前に続けて、the author「著者」だと説明しているので、(B)が正解です。先読みで掴んだ人物名に反応して、確実に正解したい問題です。

| 17. 正解:(D) 難易度: 🖊🖊 |

17. 図を見てください。どの情報を変更する必要がありますか。
- (A) グリーンヴィル書店
- (B) 金曜日
- (C) 5月21日
- (D) 午後3時

> **グリーンヴィル書店
> グランドオープンへの
> ご招待**
>
> 5月21日金曜日
> 午後3時〜午後6時

解説
図は、書店のグランドオープンの招待状です。話し手は、このイベントでスピーチをするリチャード・チェンのスケジュールに合わせて、「開始時刻を1時間遅らせることにした」と言っています。招待状を見ると、「午後3時〜午後6時」と時間が記載されているので、開始時刻である「午後3時」の部分を修正する必要があるということになります。よって、(D)が正解です。

| 18. 正解:(A) 難易度: 🖊 |

18. 聞き手たちは何をするよう求められていますか。
- (A) リストを作成する
- (B) 書類を送る
- (C) 会議室を手配する
- (D) 予算報告書を見直す

解説
話し手は招待状の修正版ができあがる予定日について説明した後、最後に「皆さんにはそれまでに招待した方がいいと思う人をリストアップしておいていただきたい」と聞き手にお願いしています。これを「リストを作成する」と言い換えた(A)が正解です。I want to ask all of you「皆さんにお願いしたい」という依頼の表現が聞こえたら、次にヒントが流れるのではないかと注意して聞きましょう。

語注 □ organize 動 〜を準備する　□ review 動 〜を見直す　□ budget 名 予算

098

Part 3とPart 4で頻出の設問の種類を把握しておきましょう。

■ Part 3頻出の設問文

☐	• Where do the speakers most likely work? • Where does the man/woman most likely work?	話し手たち／男性／女性はどこで働いていると考えられますか。
☐	• Who most likely are the speakers? • Who most likely is the man/woman?	話し手たち／男性／女性は誰だと考えられますか。
☐	Where does the conversation most likely take place?	会話はどこで行われていると考えられますか。
☐	What are the speakers discussing?	話し手たちは何について話し合っていますか。
☐	What does the man/woman ask the woman/man to do?	男性／女性は女性／男性に何をするように頼んでいますか。
☐	What does the man/woman offer to do?	男性／女性は何をすることを申し出ていますか。
☐	What does the man/woman suggest?	男性／女性は何を提案していますか。
☐	What will the man/woman do next?	男性／女性は次に何をしますか。

■ Part 4頻出の設問文

☐	Where does the speaker most likely work?	話し手はどこで働いていると考えられますか。
☐	• Who most likely is the speaker? • Who most likely are the listeners?	話し手／聞き手は誰だと考えられますか。
☐	What is the purpose of the talk?	話の目的は何ですか。
☐	Where is the announcement taking place?	お知らせはどこで行われていますか。
☐	What will the speaker/listeners most likely do next?	話し手／聞き手は次に何をすると考えられますか。
☐	What does the speaker encourage the listeners to do?	話し手は聞き手に何をするよう促していますか。

Part 3
実戦問題

ここまでで学んだことを活かして、Part 3の問題を4題解いてみましょう。

🔊 040

1. What does the man say he wants to discuss?
   - (A) A furniture shipment
   - (B) A sales event
   - (C) An office renovation
   - (D) A schedule change

2. What does the woman say she did this morning?
   - (A) Read some news
   - (B) Spoke with a colleague
   - (C) Sent some mail
   - (D) Purchased some equipment

3. Why does the man suggest taking the train?
   - (A) A car is unavailable.
   - (B) Parking is limited.
   - (C) A bridge is closed.
   - (D) The cost is lower.

🔊 041

4. Where does the man work?
   - (A) At a restaurant
   - (B) At a bookstore
   - (C) At a hardware store
   - (D) At a flower shop

5. What does the woman want to change about her order?
   - (A) The number of items
   - (B) The payment method
   - (C) The delivery date
   - (D) The product color

6. What does the man mean when he says, "We're a bit busy at the moment"?
   - (A) He cannot take the woman's order.
   - (B) He will be late for an appointment.
   - (C) He has to charge extra.
   - (D) He needs more time.

🔊 042

7. What are the speakers discussing?

(A) A job vacancy
(B) A concert
(C) A vacation
(D) A news report

8. What does the woman ask about?

(A) The weather forecast
(B) A department budget
(C) A product launch
(D) The man's schedule

9. What will the woman most likely do next?

(A) Attend a film premiere
(B) Respond to an invitation
(C) Meet some investors
(D) Take out some tickets

🔊 043

Flight Number	Destination	Departure Time
DR873	Sydney	9:15 A.M.
HT636	Brisbane	9:25 A.M.
SY632	Sydney	10:30 A.M.
MK732	Melbourne	11:10 A.M.

10. Look at the graphic. Which flight is the man taking?

(A) DR873
(B) HT636
(C) SY632
(D) MK732

11. Why does the woman suggest making a phone call?

(A) The man will request a refund.
(B) The man needs to change a reservation.
(C) The man will be late for an appointment.
(D) The man must check an arrival time.

12. What does the man ask the woman to do?

(A) Lend him a mobile phone
(B) Buy a beverage
(C) Take him to the airport
(D) Mind some luggage

🔊)) 040

Questions 1 through 3 refer to the following conversation.

M: Jenny, I need to talk with you about a shipment of furniture we're expecting this afternoon.

W: I know the one you're talking about. This morning I asked Mel to make room in the warehouse for the shipment by two o'clock. Unfortunately, I won't be here to help. I have to go and meet a customer in Redbank this afternoon.

M: That's fine. I'll make sure it goes smoothly. You'd better take a train to Redbank. The Goldman Bridge is closed for repairs and there're sure to be traffic jams.

W: Thanks for letting me know.

会話文の和訳

問題1-3は次の会話に関するものです。

男性： ジェニー、今日の午後に届く予定の家具について、話しておく必要があります。

女性： 何の話かは分かります。今朝、2時までにそのための倉庫のスペースを空けるよう、メルに頼みました。申し訳ないですが、私はここで手伝うことはできません。今日の午後、レッドバンクのお客さんに会いに行かなくてはならないのです。

男性： 了解しました。私がうまくいくようにします。レッドバンクへは電車で行った方がいいですよ。ゴールドマン橋が修理のため閉鎖されているので、きっと渋滞するはずです。

女性： 教えてくれてありがとうございます。

語注　□ **shipment** 名 発送品　□ **furniture** 名 家具　□ **expect** 動 ～が来るのを待つ
□ **make room for ～** ～のための場所を空ける　□ **warehouse** 名 倉庫
□ **unfortunately** 副 残念ながら　□ **smoothly** 副 円滑に
□ **had better** *do* ～した方がいい　□ **traffic jam** 交通渋滞

---

1. 正解：(A)　難易度： 🖊

1. 男性は何を話し合いたいと言っていますか。

  (A) 家具の貨物
  (B) 販売イベント
  (C) オフィスの改装
  (D) スケジュールの変更

解説

「男性が話し合いたいトピック」を聞き取ります。会話の目的は放送文の冒頭を注意して聞きましょう。(即効薬①)「今日の午後に届く予定の家具について、話しておく必要がある」と言っているので、(A) が正解です。

■語注■　□ renovation 名 改装

---

2. 正解：(B)　難易度： 🖊🖊

2. 女性は今朝何をしたと言っていますか。

  (A) ニュースを読んだ
  (B) 同僚と話した
  (C) 郵便を送った
  (D) 備品を購入した

解説

「女性が今朝したこと」を聞き取ります。「今朝」に注意して聞いていくと、女性は「今朝、2時までに倉庫のスペースを空けるよう、メルに頼んだ」と言っているので、メルさんと仕事について話したことが分かります。よって、メルさんを「同僚」と言い換えた (B) が正解です。

■語注■　□ purchase 動 ～を購入する

---

3. 正解：(C)　難易度： 🖊🖊

3. 男性はなぜ電車に乗ることを提案していますか。

  (A) 車が利用できない。
  (B) 駐車場が限られている。
  (C) 橋が閉鎖されている。
  (D) 費用が安い。

解説

「男性の提案の根拠」を聞き取ります。「電車」という単語と、提案するときに用いられる表現に耳をすまします。英語では提案→根拠の順に話されることが多く、今回も「電車で行った方がいい」という発言の後に「ゴールドマン橋が修理のため閉鎖されているのできっと渋滞する」と理由が続きます。よって、(C) が正解です。

■語注■　□ unavailable 形 利用できない　□ limit 動 ～を制限する

Part 3 & 4

実戦問題　解答・解説

M: W: 🔊 041

Questions 4 through 6 refer to the following conversation.

M: H and H Flowers. Martin speaking.

W: Hi, Martin. It's Claire from the Belmont Hotel. I ordered twelve bouquets from you for our lobby. Have you prepared them yet?

M: Hi, Claire. I'm working on them right now, but I'll need a couple more hours.

W: That's fine. I'd like to order some additional arrangements. Can you change the order from twelve to sixteen?

M: Sure. Can we deliver the additional items tomorrow morning, though? We're a bit busy at the moment.

会話文の和訳

問題4-6は次の会話に関するものです。

男性： H アンド H フラワーズのマーティンでございます。

女性： こんにちは、マーティン。ベルモントホテルのクレアです。ロビー用にブーケを12束そちらで注文しました。もう準備はできているでしょうか。

男性： こんにちは、クレア。今まさに作業中ですが、あと数時間必要です。

女性： 大丈夫です。いくつか追加のアレンジメントを注文したいのですが、注文を12束から16束に変更していただけますか。

男性： もちろんです。ですが、追加の商品は明日の朝のお届けでもよろしいですか。今、少し忙しくしておりまして。

語注　□ **order** 動 ～を注文する　□ **prepare** 動 ～を準備する
□ **work on ～** ～に取り組む　□ **additional** 形 追加の　□ **a bit** 少し
□ **at the moment** 現在は

4.　正解:(D)　難易度: ✐

4. 男性はどこで働いていますか。

　(A) レストラン
　(B) 書店
　(C) ホームセンター
　(D) 花屋

■解説■

話し手の勤務先は、業種特有の表現から推測するほかに、社名に手がかりがある場合も多いです。本問でも、男性は受けた電話で「HアンドHフラワーズ」と名乗っていることから、花屋に勤務していることが推測できます。もし聞き逃しても、女性が「ロビー用にブーケを12束そちらで注文した」「追加のアレンジメントを注文したい」と発言していることからも、男性が花屋勤務だと分かります。

■語注■　□ hardware 名 金物類

5.　正解:(A)　難易度: ✐

5. 女性は注文について何を変更したいと思っていますか。

　(A) 商品の数
　(B) 支払い方法
　(C) 配達日
　(D) 商品の色

■解説■

「女性が注文をどのように変更しようとしているのか」が問われています。先読みの時点で女性が何かを注文したこと、それを変更したいことが予測できますね。(即効薬③) 女性の最初の発言に「ブーケを12束そちらで注文した」とあり、次の発言に「いくつか追加のアレンジメントを注文したい」「注文を12束から16束に変更できるか」とあることから、(A)が正解です。(B)(D)への言及はなく、(C)配達日は追加注文を受けた男性からの提案です。

■語注■　□ payment 名 支払い　□ delivery 名 配達

6.　正解:(D)　難易度: ✐✐✐

6. 男性は "We're a bit busy at the moment" という発言で、何を意味していますか。

　(A) 彼は女性の注文を受けられない。
　(B) 彼は約束に遅れてしまう。
　(C) 彼は追加料金を請求する必要がある。
　(D) 彼はもっと時間が必要である。

■解説■

「男性の発言の意図」を問う問題です。男性はこの発言の前で「ですが、追加の商品は明日の朝のお届けでもよろしいですか」と尋ねており、「今日にはできない」＝「もっと時間が必要である」ことが分かるため、(D)が正解です。発言の意図を問う問題では、発言の前後に根拠があるため、先読みの段階で内容をある程度予測しておきましょう。(即効薬⑤)

■語注■　□ charge 動 ～を請求する　□ extra 名 追加料金

Questions 7 through 9 refer to the following conversation.

W: My friend works for a concert promotions company, and he got me two tickets for the Vandelay Brothers concert next month.

M: That's fantastic. Are you taking anyone?

W: I was hoping you'd go with me. It's May 19. Do you have anything going on?

M: I'd love to go, but I have a meeting with a potential client in the afternoon on that day. What time will the concert start?

W: Let's see ... I have the tickets now and the start time is written on them.

会話文の和訳

問題7-9は次の会話に関するものです。

女性： 私の友達がコンサートのプロモーション会社で働いていて、来月のヴァンデレイ・ブラザーズのコンサートのチケットを2枚くれたんです。

男性： それはいいですね。誰か連れて行くんですか。

女性： あなたが来てくれないかなと思っていました。5月19日ですが、何か予定はありますか。

男性： ぜひ行きたいのですが、その日は午後に見込み客とミーティングがあるんです。コンサートは何時に始まりますか。

女性： えーっと…… 今チケットを持っているのですが、そこに開始時間が書かれています。

語注 □ **fantastic** 形 素晴らしい □ **potential** 形 見込みのある、潜在的な
□ **client** 名 顧客

7. 正解:(B) 難易度: ✐

7. 話し手たちは何について話し合っていますか。

(A) 求人
(B) コンサート
(C) 休暇
(D) 報道

解説

話のテーマを問う問題は冒頭に注意、でしたね。(即効薬①) 女性は最初の発言で、「友達がコンサートのチケットを2枚くれた」と言い、男性をコンサートに誘っています。それに対し男性は「ぜひ行きたい」と答え、コンサートの開始時間を尋ねています。よって、(B)が正解です。

語注 □ vacancy 名 空き

8. 正解:(D) 難易度: ✐

8. 女性は何について尋ねていますか。

(A) 天気予報
(B) 部署の予算
(C) 製品の発売
(D) 男性のスケジュール

解説

「女性は何を尋ねているか」を聞き取る問題なので、女性のターンで出てくる疑問文に注意を払いながら聞いていきます。女性は最初の発言で、コンサートのチケットをもらったことを述べ、男性に「あなたが来てくれないかなと思っていた」と伝えています。そして、「何か予定はありますか」とコンサート当日の男性の予定を尋ねているので、(D)が正解です。

語注 □ forecast 名 予報　□ department 名 部署　□ budget 名 予算

9. 正解:(D) 難易度: ✐ ✐

9. 女性は次に何をすると考えられますか。

(A) 映画の封切りに出席する
(B) 招待に返信する
(C) 投資家と会う
(D) チケットを取り出す

解説

「女性がこれからすること」を尋ねる問題なので、会話の最後に注意して聞きましょう。(即効薬④) コンサートが始まる時間を聞かれた女性は、最後の発言で「今チケットを持っているが、そこに開始時間が書かれている」と言っています。つまり、女性はこれから開始時間を確認するためにチケットを取り出すと考えられるので(D)が正解です。

語注 □ film premier 映画の封切り　□ respond to 〜 〜に返答する
□ investor 名 投資家　□ take out 〜 〜を取り出す

Part 3 & 4　実戦問題 解答・解説

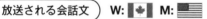

Questions 10 through 12 refer to the following conversation and flight information.

W: Look at that. Your flight has been delayed until ten thirty. It looks like we'll have time to have coffee at the café before you leave.

M: Yeah. I wonder what time it's expected to arrive in Sydney now. I don't want to be late for my meeting.

W: Well, it's a two-hour flight, so you definitely won't get there in time. You should call them and let them know.

M: Yeah. I'll meet you at the café over there. Can you get me a black coffee and a slice of cake?

W: Sure. I'll be sitting by the window.

会話文の和訳

問題10-12は次の会話とフライト情報に関するものです。

女性： あれを見てください。あなたの便が10時30分まで遅れています。出発する前にカフェでコーヒーを飲む時間がありそうですね。

男性： そうですね。結局何時にシドニーに到着する予定になっているのでしょうか。会議に遅れたくないんです。

女性： いや、2時間のフライトですから、確実に間に合いませんね。彼らに電話して知らせておいた方がいいですよ。

男性： そうですね。向こうのカフェで会いましょう。ブラックコーヒーとケーキを1切れ買っておいてくれますか。

女性： もちろんいいですよ。窓際に座っておきます。

語注 □ **delay** 動 ～を遅らせる　□ **wonder** 動 ～だろうかと思う
□ *be* **expected to** *do* ～すると予想される　□ **definitely** 副 絶対に
□ **in time** 間に合って

10. 正解：(C) 難易度： 🖊

10. 図を見てください。男性が乗るのはどの便ですか。

(A) DR873
(B) HT636
(C) SY632
(D) MK732

便名	目的地	出発時刻
DR873	シドニー	午前9時15分
HT636	ブリスベン	午前9時25分
SY632	シドニー	午前10時30分
MK732	メルボルン	午前11時10分

解説

「男性が搭乗する便」を問う問題です。表がある場合は、先読み時に項目もさっと目を通しておきましょう。（即効薬⑥）選択肢になっている便名は音声中には出てこない可能性が高いので、便ごとの目的地と出発時刻が手がかりとなることを確認しておき、都市名と時間に注意を払って聞くようにします。女性の最初の発言に「あなたの便が10時30分まで遅れている」とあるため、男性は10時30分に出発するSY632便に乗ると分かります。よって、(C) が正解です。

11. 正解：(C) 難易度： 🖊🖊

11. 女性はなぜ電話することを提案していますか。

(A) 男性は返金を要求するから。
(B) 男性は予約を変更する必要があるから。
(C) 男性は約束に遅れるから。
(D) 男性は到着時間を確認しなくてはならないから。

解説

女性が男性に電話をすることを勧めている理由を聞き取るので、アドバイスする際に使われる表現を意識しながら聞きます。（ここではYou should ～.）女性は2番目の発言で「確実に間に合わない。彼らに電話して知らせておいた方がいい」と言っているため、(C)が正解です。shouldは人にアドバイスをする際に頻繁に用いられる単語です。

語注 ☐ refund 名 返金 ☐ arrival 名 到着

12. 正解：(B) 難易度： 🖊

12. 男性は女性に何をするよう頼んでいますか。

(A) 彼に携帯電話を貸す
(B) 飲み物を買う
(C) 彼を空港に連れて行く
(D) 荷物を見張っておく

解説

「男性が女性に何を依頼しているか」を聞き取ります。男性の最後の発言で「ブラックコーヒーとケーキを1切れ買っておいてくれますか」とあるため、「ブラックコーヒー」を「飲み物」と言い換えた(B)が正解です。「依頼」を聞き取る問題なので、Can you ～? のような「依頼」によく用いられる表現を意識しながら聞きます。

語注 ☐ beverage 名 飲み物 ☐ mind 動 ～を見張る、～に注意を払う

Part 4

実戦問題

ここまでで学んだことを活かして、Part 4 の問題を 4 題解いてみましょう。

🔊)) 044

13. What is the purpose of the speech?
    - (A) To thank employees for their hard work
    - (B) To introduce a new member
    - (C) To report on the outcome of a past event
    - (D) To announce a change in club policy

14. According to the speaker, what will happen next week?
    - (A) A special guest will attend.
    - (B) Some refreshments will be served.
    - (C) Some fees will be collected.
    - (D) A film will be shown.

15. What does the speaker ask for?
    - (A) An increase in an annual budget
    - (B) Help with relocating some office equipment
    - (C) Volunteers to assist with a project
    - (D) Suggestions for a new place to meet

🔊)) 045

16. What is the broadcast mainly about?
    - (A) Road construction
    - (B) Weather conditions
    - (C) Cultural events
    - (D) Athletic competitions

17. What does the speaker advise the listeners to do tomorrow?
    - (A) Use public transportation
    - (B) Allow extra time for travel
    - (C) Purchase tickets
    - (D) Listen to an interview

18. According to the speaker, why should the listeners visit a Web site?
    - (A) To learn about start times
    - (B) To check on traffic conditions
    - (C) To make a donation
    - (D) To reserve a seat

🔊)) **046**

19. Where does the speaker most likely work?

(A) At an advertising agency
(B) At a publishing house
(C) At a photography studio
(D) At an employment agency

20. What problem does the speaker describe?

(A) A guest has canceled a visit.
(B) Some clients have been complaining.
(C) Some costs have gone up.
(D) A supplier is no longer in business.

21. Why does the speaker say, "Time will tell"?

(A) She expects a report to take a long time.
(B) She understands that a situation is urgent.
(C) She believes that time will solve the issue.
(D) She is not so confident of an outcome.

🔊)) **047**

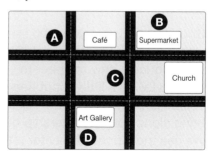

22. Where does the talk most likely take place?

(A) At a museum
(B) At an art gallery
(C) At a historical building
(D) At a restaurant

23. According to the speaker, what will happen at 11 o'clock?

(A) A musical performance
(B) A theatrical performance
(C) A dance performance
(D) A circus performance

24. Look at the graphic. Where will the listeners gather at 11:45?

(A) Parking Lot A
(B) Parking Lot B
(C) Parking Lot C
(D) Parking Lot D

Part 3 & 4

実戦問題

Part 4

実戦問題　解答・解説

放送されるトーク文 🇺🇸 ■■■ 🔊)) 044

Questions 13 through 15 refer to the following excerpt from a speech.

Good evening, everyone. I'd like to welcome you all to the first meeting of the Stanton Book Club for this year. It's my great honor to introduce a new member to you all. This is Kelly Day. Before I ask Kelly to tell us a little about herself, I'd like to remind you all of a couple of points. At next week's meeting, you're all expected to bring along your membership dues. It's fifty dollars for the full year. We use the money to pay for refreshments and rent the space. Actually, we're looking for a new location, so please let me know if you have any suggestions. So, Kelly, how long have you lived in Stanton?

トーク文の和訳

問題13-15は次のスピーチの一部に関するものです。

こんばんは。皆さまをスタントン・ブック・クラブの今年最初のミーティングに歓迎いたします。新しいメンバーを皆さまにご紹介できることを大変光栄に思います。こちらはケリー・デイです。ケリーに少し自己紹介をしてもらう前に、皆さま全員に何点かリマインドいたします。来週のミーティングで、皆さま全員に会費をお持ちいただくことになっています。丸1年分で50ドルです。そのお金は、軽食を購入するのとスペースの賃料を払うのに使います。実は、私たちは新しい場所を探していますので、もし何か提案があればお知らせください。さて、ケリー、スタントンにどれくらいお住まいなのですか。

語注	□ **welcome** 動 〜を歓迎する　□ **honor** 名 誇り
	□ **remind A of B** AにBを思い出させる　□ **a couple of** 〜 いくつかの〜
	□ **bring along** 〜 〜を持ってくる　□ **dues** 名 会費　□ **refreshments** 名 軽食

13. 正解：(B)　難易度：✎

13. スピーチの目的は何ですか。
- (A) 従業員の熱心な働きに感謝すること
- (B) 新しいメンバーを紹介すること
- (C) 過去のイベントの結果を報告すること
- (D) クラブの方針における変更を知らせること

解説
「スピーチの目的」を聞き取ります。全体の内容を問われているので冒頭に集中。（即効薬①）スピーチの場合はほぼ確実に、冒頭の挨拶に続いてスピーチの目的が述べられます。本問でも「新しいメンバーを皆さまにご紹介できることを大変光栄に思う」と挨拶の直後に発言しているため、(B)が正解です。

語注　□ **employee** 名 従業員　□ **outcome** 名 結果　□ **policy** 名 方針

14. 正解：(C)　難易度：✎✎

14. 話し手によると、来週何が起こりますか。
- (A) 特別なゲストが出席する。
- (B) 軽食が出される。
- (C) 料金が集められる。
- (D) 映画が上映される。

解説
「来週の予定」について聞き取る問題なので、「来週」という単語や、予定を表すときに用いられる表現に注意です。中盤で「来週のミーティングで、皆さま全員に会費をお持ちいただくことになっています」と述べられるので(C)が正解です。be expected to doは「～することが期待されている、～する見込みだ」という意味で、決まっている予定を表すときによく用いられる表現です。

語注　□ **collect** 動 ～を集める　□ **film** 名 映画

15. 正解：(D)　難易度：✎✎

15. 話し手は何を求めていますか。
- (A) 年間予算の増額
- (B) オフィス備品を移動させる手伝い
- (C) プロジェクトを手伝うボランティアの人
- (D) 集会する新しい場所の提案

解説
「話し手が求めていること」を聞き取ります。依頼で使われるpleaseやCan you ～?などの表現を意識しながら聞いていきます。最後の方で「私たちは新しい場所を探していますので、もし何か提案があればお知らせください」とあるため、(D)が正解です。a new locationがa new place to meetと言い換えられています。（即効薬②）

語注　□ **annual** 形 年次の　□ **budget** 名 予算　□ **relocate** 動 ～を再配置する
□ **equipment** 名 備品　□ **assist with ～** ～を手伝う　□ **suggestion** 名 提案

Questions 16 through 18 refer to the following broadcast.

Good morning, listeners. If you're looking for something fun to do this weekend, you have a lot to choose from. We have the Annual River Flix free movie show at the Riverside Amphitheater. Tomorrow, there're also the Mt. Picard Music Festival and the Huttenmeister Amateur Art Exhibition at the Humphry Art Gallery. The music festival is likely to attract large crowds and parking is limited, so I recommend taking the train or the bus. Please keep in mind that while tickets for the River Flix event are free, it is necessary to register online if you want to attend. Seating is limited so be sure to visit the Web site as soon as possible.

トーク文の和訳

問題16-18は次の放送に関するものです。

おはようございます、リスナーの皆さま。今週末に何か面白いことをお探しでしたら、たくさんの選択肢があります。私たちは、リヴァーサイド劇場で年次のリヴァーフリックス無料映画上映会を開催します。明日は、ピカード山音楽祭や、ハンフリーアートギャラリーにおいてフッテンマイスターアマチュア芸術展も開催されます。音楽祭は多数の来場者が集まる見込みで、駐車場は限られていますので、電車やバスをご利用になることをお勧めします。リヴァーフリックスのイベントは無料ですが、参加をご希望の場合はオンラインでの登録が必要であることをご承知おきください。席は限られていますので、できるだけ早くウェブサイトを訪れるようにしてください。

語注　□ **annual** 形 年次の　□ **amphitheater** 名 劇場　□ **attract** 動 ～を引きつける
□ **crowd** 名 観衆　□ **limited** 形 限られた
□ **keep in mind that ~** ～ということを心に留めておく　□ **register** 動 登録する

16. 正解:(C)　難易度: ✎

16. 放送は主に何についてのものですか。

(A) 道路の建設工事
(B) 気象状況
(C) 文化イベント
(D) 運動競技会

解説

「放送の趣旨」を聞き取る問題です。全体の内容を問う問題は冒頭から根拠を探しましょう。(即効薬①) 冒頭には「今週末に何か面白いことをお探しなら、たくさん選択肢がある」とあります。その後、「年次のリヴァーフリックス無料映画上映会」、「ピカード山音楽祭」、「フッテンマイスターアマチュア芸術展」などと文化イベントの具体例が挙げられているため、(C)が正解です。

語注　□ construction 名 建設　□ condition 名 条件　□ athletic 形 運動の
□ competition 名 競技

17. 正解:(A)　難易度: ✎ ✎

17. 話し手は聞き手に明日何をするように勧めていますか。

(A) 公共交通機関を利用する
(B) 移動に余分な時間をみておく
(C) チケットを購入する
(D) インタビューを聞く

解説

「明日するように勧められていること」を聞き取ります。明日開催されるイベントについて説明した後、話し手は「電車やバスをご利用になることをお勧めします」と述べているため、(A)が正解です。the train and the bus「電車やバス」がpublic transportation「公共交通機関」に言い換えられています。(即効薬②)

語注　□ transportation 名 交通機関　□ allow 動 (時間など) をみておく
□ extra 形 余分な　□ purchase 動 ~を購入する

18. 正解:(D)　難易度: ✎

18. 話し手によると、聞き手はなぜウェブサイトを訪問しなくてはなりませんか。

(A) 開始時間を知るため
(B) 交通状況を調べるため
(C) 寄付をするため
(D) 席を予約するため

解説

「ウェブサイトの訪問が促されている理由」が問われているので、ウェブサイトやオンラインなどについて話されると予測することができます。(即効薬③) 後半に「リヴァーフリックスのイベントは無料ですが、参加をご希望の場合はオンラインでの登録が必要」と述べられ、続けて「席は限られていますので、できるだけ早くウェブサイトを訪れるようにしてください」とあるため、(D)が正解です。

語注　□ donation 名 寄付　□ reserve 動 ~を予約する

放送されるトーク文   🔊 **046**

Questions 19 through 21 refer to the following excerpt from a meeting.

Before we conclude the meeting, I'd like to talk about a problem we've been having. As you know, we have a shortage of people on our books at the moment. It's getting hard to send fully qualified job applicants to our client companies. We've been getting complaints that we're wasting the time of the interviewers. I think it's better not to send anyone than to send the wrong person. I've doubled our advertising budget in the hope that we can attract more job seekers. I'm not sure how effective that'll be. Time will tell.

トーク文の和訳

問題 19-21 は次の会議の抜粋に関するものです。

会議を終える前に、私たちが抱えている問題について話したいと思います。ご存じのように、現在、名簿に人が足りていません。十分な資格を持った応募者を顧客企業に派遣するのが難しくなりつつあります。面接者の時間を無駄にしているという苦情もいただいています。不適切な人を派遣するくらいなら誰も派遣しない方がいいと私は思っています。私たちがもっと多くの求職者を引きつけられることを期待して広告予算を2倍にしました。それがどれくらい効果的なものになるのかは分かりませんが。時がたてば分かるでしょう。

語注 ☐ **conclude** 動 ～を終える ☐ **shortage** 名 不足 ☐ **books** 名 名簿
☐ **fully** 副 十分に ☐ **qualified** 形 資格のある ☐ **applicant** 名 応募者
☐ **complaint** 名 苦情、不満 ☐ **waste** 動 ～を無駄に使う
☐ **interviewer** 名 インタビューをする人、面接官 ☐ **double** 動 ～を2倍にする
☐ **budget** 名 予算 ☐ **job seeker** 求職者 ☐ **effective** 名 効果的な

19. 話し手はどこで働いていると考えられ
   ますか。

   (A) 広告代理店
   (B) 出版社
   (C) 写真スタジオ
   (D) 人材派遣会社

解説

「話し手の勤務地」を推測する問題です。選択肢に目を通し、それぞれの業種に特徴的な表現を意識しながら聞きます。「十分な資格を持った応募者を顧客企業に派遣するのが難しくなりつつある」「私たちがもっと多くの求職者を引きつけられることを期待して」とあるため、(D)が正解です。

語注 □ **agency** 名 代理店　□ **publishing house** 出版社　□ **employment** 名 雇用

20. 話し手はどんな問題を述べていますか。

   (A) 訪問客が訪問をキャンセルした。
   (B) 顧客が不満を言っている。
   (C) いくつかのコストが上昇した。
   (D) 納入業者がもう営業していない。

解説

先読みの時点で、ある問題の背景や原因が述べられることが予想できます。(即効薬③)冒頭でさっそく「私たちが抱えている問題について話したいと思う」と述べられ、続いて「十分な資格を持った応募者を顧客企業に派遣するのが難しくなりつつある」と背景が述べられています。さらに「私たちは面接者の時間を無駄にしているという苦情をいただいている」と述べられているため、(B)が正解です。

語注 □ **supplier** 名 納入業者　□ **in business** 営業している

21. 話し手はなぜ"Time will tell"と言って
   いますか。

   (A) 彼女は報告に長い時間がかかると
      予想している。
   (B) 彼女は状況が急を要すると理解し
      ている。
   (C) 彼女は時間が問題を解決すると信
      じている。
   (D) 彼女は結果にあまり確信を持てて
      いない。

解説

「話し手の発言の意図」を問う問題です。意図問題の根拠は、引用されている発言の前後にあることを意識しながら聞いていきます。(即効薬⑤)本問でも、引用されている発言の前で「それがどれくらい効果的なものになるのかは分からない」とあるため、(D)が正解。

語注 □ *be* **confident of** 〜 〜を確信している

Part 3 & 4　実戦問題　解答・解説

Questions 22 through 24 refer to the following talk and map.

This is the final stop on our tour before lunch. This magnificent building behind me is Australia's oldest standing church. It is around 200 years old and is an excellent example of 19th-century architecture. We're very lucky today, as there will be a performance by the Bunton Marching Band right past this spot. If you're standing here at eleven o'clock, you'll have an excellent view of the band. In a few moments, I'll let you all go and enjoy yourselves. If you want to speak with me, you can find me in the café over there. At eleven forty-five, we'll meet at the bus in a parking space behind the supermarket across the street.

トーク文の和訳

問題22-24は次の話と地図に関するものです。

ここが私たちのツアーでの昼食前の最後の立ち寄り先です。後ろのこの壮大な建物はオーストラリア最古の現存する教会です。築約200年で、19世紀の建築の素晴らしい一例です。私たちは今日とても幸運です、というのも、ちょうどこの地点を過ぎたところでバントンマーチングバンドによる演奏があるからです。11時にここに立っていれば、バンド演奏の素晴らしい眺めが見られることでしょう。しばらくしたら、皆さまはこの場を離れて自由に楽しんでいただけます。もし私と話をしたいということでしたら、向こうにあるカフェで私を見つけてください。11時45分に、通りの向こう側のスーパーマーケットの裏にある駐車場に停めてあるバスに集合しましょう。

語注　□ **magnificent** 形 壮大な　□ **standing** 形 永続的な　□ **church** 名 教会
□ **architecture** 名 建築　□ **past** 前 ～を過ぎて　□ **spot** 名 地点、場所

22. 正解：(C)　難易度： ✎✎✎

22. 話はどこで行われていると考えられますか。

(A) 博物館
(B) 美術館
(C) 歴史的建造物
(D) レストラン

解説

話が行われている場所を発言から推測して答えます。「後ろのこの壮大な建物はオーストラリア最古の現存する教会だ」「築約200年で、19世紀の建築の素晴らしい一例だ」という発言から、教会の前で会話がなされていると考えられます。よって、「教会」を a historical building「歴史的建造物」と言い換えた(C)が正解です。(即効薬②)

語注 □ historical 形 歴史的な

23. 正解：(A)　難易度： ✎✎

23. 話し手によると、11時に何が起こりますか。

(A) 演奏
(B) 演劇
(C) ダンス公演
(D) サーカス公演

解説

「11時に何が予定されているか」を聞き取ります。どの選択肢も performance「公演」が入っているので、何らかのイベントが行われると予測しつつ、「11時」という語を意識しながら聞いていきます。「バントンマーチングバンドによる演奏がある」「11時にここに立っていれば、バンド演奏の素晴らしい眺めが見られることでしょう」とあるので、11時にバンド演奏があると分かり、(A)が正解です。

語注 □ theatrical 形 演劇の

24. 正解：(B)　難易度： ✎

24. 図を見てください。聞き手たちは11時45分にどこに集まりますか。

(A) 駐車場A
(B) 駐車場B
(C) 駐車場C
(D) 駐車場D

解説

地図にある施設の名前や、問題文にある11時45分という時間を意識しながら聞いていきましょう。(即効薬⑥) 最後の発言で「11時45分に、通りの向こう側のスーパーマーケットの裏にある駐車場に停めてあるバスに集合しましょう」とあるため、(B)が正解です。

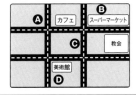

リスニング勉強法のすすめ②

p.64ではリスニング勉強法として「オーバーラッピング」について書きましたが、ここではリスニング力強化に効果的な別のトレーニング法「ディクテーション」についてお伝えしたいと思います。

ディクテーションは、聞こえてくる英語を書き取るトレーニング。「知っている単語ばかりなのに、音声だと聞き取れない……」という方におすすめです。リスニングに苦手意識があり、スクリプトを聞いても聞き取れる音が少ないという方は、まずディクテーションからスタートしてみましょう。おすすめのディクテーション方法は、以下の通りです。

【おすすめのディクテーション方法】

①音声を聞いて、聞こえた単語を書き取る
※長い音声の場合は、いくつかのブロックに分割してもOK！
※正確に書き取れない単語は、カタカナでもOK！
※何度も音声を聞き、全ての単語が聞き取れるまでチャレンジ！

②英文のスクリプトを確認して答え合わせ
※書き取れなかったor聞き間違いをした部分に下線を引いて確認！

③スクリプトを見ながら、音声を聞き直す
※スクリプトの英文と音を1つずつ一致させる気持ちで！

内容理解ではなく英語の音を聞き取るためのトレーニングなので、使う音声はPart 1やPart 2などの比較的短い英文でOK。カタカナでもいいのでとにかく全ての語を書き取るまで何度も聞く、ということがポイントです。英語の音に耳を慣らすためにも、ディクテーションは一定期間、毎日行うようにしましょう。「知っている単語が聞き取れない」という人は、このディクテーションでかなりのスコアアップが期待できますよ！

4章

Part 5を
攻略しよう!

- ●空所に入る語句を選ぼう
- ●問題タイプ別攻略法をチェック
- ●知識の問題だから、
悩むよりテンポよく解くことが肝心

Part 5 基礎知識

 Part 5の基本データ

問題数：
　30問

目標時間：
　約10分（1問あたり20秒）

問題内容：
　空所を1つ含む短い英文を読んで、空所に入る語句として適切なものを(A)～(D)の中から選ぶ。文法や語彙の知識から正解を導く。

出題の基本パターン：
- 語彙問題（出題数：約10／30問中）
  ➡選択肢に、意味が異なる4つの単語が並んでいるもの。単語の意味やコロケーション（よくある単語の組み合わせ）の知識から、適切な語句を選ぶ
- 品詞問題（出題数：約7／10問中）
  ➡選択肢に、品詞が異なる単語が並んでいるもの。品詞の働きに関する知識から、空所に適切な語句を選ぶ
- 文法問題（出題数：約13／30問中）
  ➡語彙問題・品詞問題以外の問題。文法の知識から適切な語句を選ぶ

  主な文法問題の出題パターン
  - 動詞の形…主語と述語動詞の一致（主語が単数か複数か）や、動詞の時制（過去・現在・未来）、態（受動態・能動態）などの知識から、適切な動詞の形を選ぶ
    例：
    (A) will finish　　←未来
    (B) is finishing　←現在進行形
    (C) finishes　　　←3人称単数
    (D) finished　　　←過去形
  - 接続詞・前置詞を選ぶ問題…接続詞や前置詞が並ぶ選択肢の中から、文構造や文脈に合うものを選ぶ
  - 代名詞を選ぶ問題…代名詞や関係代名詞が並ぶ選択肢の中から、空所に適切なものを選ぶ
  - その他の問題…比較や数を表す表現などの知識を基に、適切なものを選ぶ

スコア別 目標正答数（30問中）：
　600点：18問
　730点：24問

問題冊子はこんな感じ

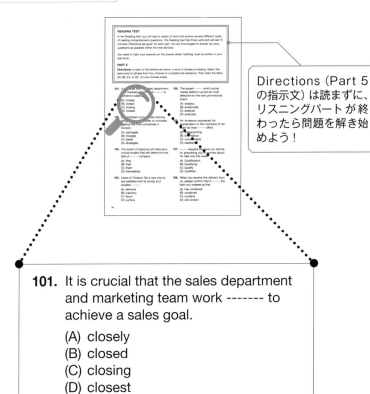

READING TEST
In the Reading test, you will read a variety of texts and answer several different types of reading comprehension questions. The Reading test has three parts and will last 75 minutes. Directions are given for each part. You are encouraged to answer as many questions as possible within the time allowed.

You need to mark your answers on the answer sheet. Nothing must be written in your test book.

PART 5

Directions: In each of the sentences below, a word or phrase is missing. Select the best word or phrase from four choices to complete the sentence. Then mark the letter (A), (B), (C), or (D) on your answer sheet.

> Directions（Part 5 の指示文）は読まずに、リスニングパートが終わったら問題を解き始めよう！

101. It is crucial that the sales department and marketing team work ------- to achieve a sales goal.

(A) closely
(B) closed
(C) closing
(D) closest

〈問題と選択肢の訳〉
101. 売上目標を達成するためには、営業部門とマーケティングチームが密接に連携することが重要です。

正解▶(A) 密接に
(B) 閉じた
(C) 閉じること
(D) 最も近い

Part 5

基礎知識

123

Part 5 解答プロセス

Part 5の解答の流れを
STEP 1〜3の手順で確認しましょう。

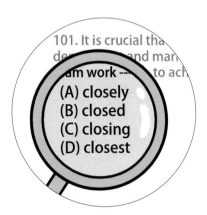

101. It is crucial tha...
de... ...s and mar...
...am work ---... to ach...
(A) closely
(B) closed
(C) closing
(D) closest

STEP 1

まずは選択肢をチェック！||||||||||||||||||||||||||||||||||||||||||||||

いきなり問題文を読むのではな
く、まず選択肢の並びを見て、問
題の種類を見極めよう。

解答フロー

品詞がバラバラ（語幹が一緒）
　➡品詞問題 ・・・・・・・・・・・・・・・・・・・・・・・・・・・・・

品詞が揃っている
　➡文法問題 ・・・・・・・・・・・・・・・・・・・・・
　　　　or
　➡語彙問題 ・・・・・・・・・・・・・・・・・・・・・・・・・・・

特定できなければ……

101. It is crucial that the s department and marketing team work ------- to achieve

is crucial that the artment and marketing m work ------- to achie

STEP 2

空所の周辺をチェック！

問題のタイプを意識しつつ、空所の周辺を見て正解を選べればすぐにマーク。

STEP 3

全文を読んで意味から選ぶ！

空所の前後を見ても正解を特定できない場合は、英文全体を読み、意味の通る語が特定できたらマークしよう。

品詞問題は全文読まなくてもOK。空所の前後の文構造を掴んで、空所に入るのに適切な品詞を選ぼう。

文法問題は、空所の周辺に隠れた文法のヒントを探そう。

語彙問題は、空所前後のコロケーション（単語の組み合わせ）で選べる場合はここでマーク。

空所周辺を見ても正解を絞れなければ、文全体の意味が通るものを選ぶ。

Part 5の即効薬リスト

Part 5 の 即効薬 ① 例題

空所に入る最も適切な語句を、(A)〜(D) の中から選びましょう。

1. The library has been easily ------- since the city council implemented a plan to increase the number of buses.

    (A) affordable
    (B) dedicated
    (C) accessible
    (D) practical

同じ品詞なら組み合わせで選べ！

1. The library has been easily ------- since the city council implemented a plan to increase the number of buses.

(A) affordable
(B) dedicated
正解 ▶ (C) accessible
(D) practical

市議会がバスの数を増やす計画を実行して以来、図書館へのアクセスは容易になりました。

(A) 形 (値段が) お手頃な
(B) 形 献身的な
(C) 形 アクセスできる
(D) 形 実用的な

即効薬 ①

品詞が同じなら、語と語の組み合わせを確認！

選択肢の並びを見て、品詞が全て同じであれば空所前後の語との組み合わせで選ぼう。組み合わせて意味が通るものが見つかればそれが正解！

| 1. 正解:(C) 難易度: 🖊🖊 |

解説

選択肢は全て形容詞の働きをする語なので、空所前後の語と組み合わせて意味が通るものを選びましょう。この問題文の主語はThe library「(その) 図書館」で、続くhas been (easily) の後に空所があります。つまり、「図書館」を説明するものが空所に入ると考えられます。次に空所の後ろを見ると、接続詞since「〜して以来」から始まる節が続いています。sinceの節の意味は「市議会がバスの数を増やす計画を実行して以来」です。「バスの本数が増えることで図書館がどうなるか」と考えたとき、(C) accessibleを空所に入れると、「アクセスがしやすくなった」という文脈になり、意味が自然に通ります。easily accessibleで「(場所に) アクセスしやすい」という意味になります。

語注 □ **city council** 市議会　□ **implement** 動 〜を実行する

Part 5 の
即効薬② 例題

空所に入る最も適切な語句を、(A)～(D)の中から選びましょう。

2. It took a long time for every member of the board to reach a ------- decision on budget allocation.

   (A) finally
   (B) finalize
   (C) final
   (D) finals

Part 5

即
効
薬

129

Part 5 の 即効薬 ② 「語尾だけ違い」は前後を見よ！

2. It took a long time for every member of the board to reach a ------- decision on budget allocation.

(A) finally
(B) finalize
正解 (C) final
(D) finals

予算配分に関して、役員全員が最終決定に至るまでには長い時間がかかりました。

(A) 副 最終的に
(B) 動 ～を仕上げる
(C) 形 最終的な
(D) 名 決勝戦

即効薬 ②

語尾だけ異なる選択肢なら空所の前後をチェック！

語尾だけが異なる選択肢が並んでいたら空所前後を見るだけでOK！ このタイプの問題は品詞問題と呼ばれ、品詞の働きから正解を選ぶ。ここでは、名詞を修飾するという形容詞の役割がカギ。それぞれの品詞の働きを理解しておこう。（品詞の種類と働きについてはp. 136へ）

---

2. 正解：(C)　難易度： ✏

解説

選択肢には語尾の異なる語が並んでいるので、空所の前後を見て適切な品詞を選びましょう。空所前には冠詞a、後ろには名詞decisionがあることに注目します。冠詞と名詞の間には、基本的には名詞を修飾する形容詞が入ります。よって、(C)が正解です。finalがdecisionを修飾して、「最終的な決断（最終決定）」という意味になります。

語注 □ **board** 名 役員会　□ **reach** 動 ～に到達する　□ **budget** 名 予算
□ **allocation** 名 割り当て、配分

空所に入る最も適切な語句を、(A)〜(D)の中から選びましょう。

3. It has been announced that the critical thinking workshop
 ------- due to a schedule conflict with the instructors.

(A) will be postponed
(B) to postpone
(C) is postponing
(D) postponed

Part 5 の 即効薬 ③ 動詞は主語・時制・態！

3. It has been announced that the critical thinking workshop ------- due to a schedule conflict with the instructors.

クリティカル・シンキング研修会は、講師のスケジュールの都合により延期となることが発表されました。

正解▶ (A) will be postponed
(B) to postpone
(C) is postponing
(D) postponed

(A) 動（未来の受動態）
(B) 動（to不定詞）
(C) 動（現在進行形）
(D) 動（過去形・過去分詞）

即効薬 ③

> ### 主語・時制・態をチェック！

同じ動詞の変化形が並んでいたら「主語」「時制」「態」を 1 つずつ確認しよう。ここでは、「態」（主語が「する」側なのか「される」側なのか）がポイント。主語the critical thinking workshopと動詞postponeの関係性を掴もう！（「主語」「時制」「態」についてはp. 136へ）

---

3. 正解：(A) 難易度： 🖊🖊

解説

選択肢には、動詞postpone「～を延期する」が変化した形が並んでいます。空所はannouncedに続くthat節内にあり、このthat節には動詞が見当たりません。つまり、空所前のthe critical thinking workshopを主語にとる動詞を選びます。workshop「研修会」は延期「される」ものなので、受動態の(A)が正解です。(B)は動詞の働きはしないので不適切。(C)と(D)は、主語が延期「する」側＝人でないと成立しません。

語注 □ **critical thinking** クリティカル・シンキング、批判的思考
□ **workshop** 名 研修会　□ **due to ～** ～のために　□ **conflict** 名 衝突、矛盾
□ **instructor** 名 講師

Part 5 の
即効薬 ④ 例題

空所に入る最も適切な語句を、(A)～(D)の中から選びましょう。

4. The new products of Mackenna gained a good reputation among consumers ------- their latest functions.

    (A) though
    (B) due to
    (C) because
    (D) despite

4. The new products of Mackenna gained a good reputation among consumers ------- their latest functions.

(A) though
正解 (B) due to
(C) because
(D) despite

マケンナ社の新製品は、その最新の機能により、消費者の間で高い評価を得ました。

(A) 接 ～にもかかわらず
(B) 前 ～のために
(C) 接 ～なので
(D) 前 ～にもかかわらず

接続詞 or 前置詞は空所の後ろの形が決め手！

前置詞や接続詞が並んでいたら空所の後ろを見るだけで正解が絞れる！ 後ろに名詞または名詞句（名詞のかたまり）があれば前置詞、節（主語＋動詞）があれば接続詞を選ぼう。

4. 正解:(B) 難易度: 🖊🖊

解説

選択肢に並んでいるのは前置詞や接続詞。空所の後ろにあるtheir latest functionsは名詞句（名詞のかたまり）なので、後ろに節（主語＋動詞）が必要な接続詞は入りません。空所に入る語が前置詞なのか接続詞なのかを絞れたら、あとは意味で選びましょう。their latest functions「その最新の機能」は、前半で述べている「新製品が高い評価を得た」理由となるので、「～のために」という意味の前置詞(B)が正解です。

語注 □ gain 動 ～を得る □ reputation 名 評価 □ consumer 名 消費者
□ latest 形 最新の □ function 名 機能

実戦に進む前に！ **知識の底上げサプリ**

■ 語尾で見分ける品詞

英文の構造を読み取るためには、それぞれの単語がどの品詞に当たるのか理解する必要があります。もちろん単語のインプットは必須ですが、品詞は語尾で判断できることも多いです。

名 詞	
-tion / -sion	instruction「指示」、decision「決定」
-ance / -ence	importance「重要性」、experience「経験」
-ness	business「事業」、effectiveness「有効性」
-cy	emergency「緊急事態」、agency「代理店」
-ty	opportunity「機会」、safety「安全性」
-ment	development「開発」、department「部門」
-sis	analysis「分析」、basis「基礎」
-er, -or, -ar, -ent	manager「経営者」、author「著者」、resident「住民」
動 詞	
-ize / -ise	organize「～を計画する」、revise「～を修正する」
-en	strengthen「～を強くする」、hasten「～を急がせる」
-ate	update「～を最新のものにする」、participate「～に参加する」
-fy	identify「～を特定する」、notify「～に知らせる」
形容詞	
-ble	available「入手できる」、durable「長持ちする」
-ful	successful「成功した」、beautiful「美しい」
-ive	creative「創造的な」、competitive「競争的な」
-cial	financial「財政上の」、special「特別な」
-nal	international「国際的な」、personal「個人的な」
-ous	numerous「数多くの」、various「さまざまな」
-ic	electronic「電子の」、public「公共の」
-ed, -ing	excited「わくわくしている」、exciting「わくわくさせるような」
副 詞	
-ly	recently「最近」、especially「特に」

■ 品詞の種類と働き

「品詞の働き」は文法の基本なので、しっかり理解しておきましょう。

品 詞	用法・働き
名 詞	主語になる (例) My client came here. 「私の顧客がここに来た」
	他動詞（目的語を必要とする動詞）の目的語になる (例) I called my client. 「私は私の顧客に電話をした」
	前置詞の目的語になる (例) It is for my client. 「それは私の顧客のためのものだ」
	補語（SVCのCに当たる部分）になる (例) He is my client. 「彼は私の顧客だ」
動 詞	主語に対して、「～する」「～である」という述語の役割を果たす (例) I received your e-mail. 「私はあなたのEメールを受け取った」
形容詞	名詞を修飾する (例) valuable information「貴重な情報」
	補語（SVCのCに当たる部分）になる (例) This information is valuable. 「この情報は貴重だ」
副 詞	名詞以外（動詞、形容詞、文全体）を修飾する (例) I contacted her directly. 「私は彼女に直接連絡した」 (例) highly valuable information「非常に貴重な情報」 (例) Unfortunately, I cannot do that. 「残念ながら、それはできない」

■ 動詞問題のポイント：「主語」「時制」「態」

動詞問題での「主語」「時制」「態」の見方を確認しましょう。

ポイント	見るべき内容	例
主語	主語に対する動詞はある？ 主語は3人称単数？	動詞がない……主語はHe…… →3人称単数だから、現在形ならsが必要！
時制	いつの話をしている？	先週のイベント当日の話をしている…… →動詞は過去形にするべき！
態	「する」側or「される」側？	主語documentは提出「される」もの…… →be submittedと受動態に！

■ Part 5に頻出の前置詞と接続詞

〈前置詞＋名詞（句）〉と〈接続詞＋節（S＋V）〉の法則がポイントでしたね。

☐	during	**前** 〜の間に	☐	after	**前** 〜の後に **接** 〜した後に
☐	while	**接** 〜する間に	☐	before	**前** 〜の前に **接** 〜する前に
☐	because of 〜	**前** 〜の原因で	☐	prior to 〜	**前** 〜の前に
☐	due to 〜	**前** 〜の原因で	☐	despite	**前** 〜にもかかわらず
☐	because	**接** 〜なので	☐	although	**接** 〜にもかかわらず
☐	since	**前** 〜以来 **接** 〜なので、 〜して以来	☐	though	**接** 〜にもかかわらず
☐	as	**接** 〜なので	☐	even though	**接** 〜にもかかわらず

■ 代名詞

代名詞も英文法の基本です。それぞれの用法や意味を押さえておきましょう。

	主　格 （〜は）	所有格 （〜の）	目的格 （〜を [に]）	所有代名詞 （〜のもの）	再帰代名詞 （〜自身）
私	I	my	me	mine	myself
あなた	you	your	you	yours	yourself
彼	he	his	him	his	himself
彼女	she	her	her	hers	herself
それ	it	its	it		itself
私たち	we	our	us	ours	ourselves
あなたたち	you	your	you	yours	yourselves
彼ら 彼女ら それら	they	their	them	theirs	themselves

実戦問題

ここまでで学んだことを活かして、Part 5の問題を20題解いてみましょう。

1. The merger plan is under ------- because stock prices have been declining drastically.
   - (A) considerably
   - (B) consideration
   - (C) consider
   - (D) considerable

2. Making the most of her work experience, Ms. Rogers ------- a new business last year.
   - (A) will launch
   - (B) was launched
   - (C) have launched
   - (D) launched

3. Leposeu Hotel became well-known for its ------- customer service and magnificent interior since a magazine featured this hotel prominently.
   - (A) confident
   - (B) outstanding
   - (C) delighted
   - (D) brief

4. ------- a shipment delay, Veostise Company will incur the shipping charge and offer an additional item for free next time.
   - (A) As though
   - (B) In case of
   - (C) So that
   - (D) According to

5. Horsunlla Company decided on a pay raise in an ------- to improve employees' work efficiency from next month.
   - (A) invoice
   - (B) outage
   - (C) attempt
   - (D) enrollment

6. Mr. O'Brien was suddenly assigned to go on a business trip abroad, so his subordinate will have to take over ------- duties.

(A) his
(B) him
(C) himself
(D) he

7. All employees were instructed to install a new application that can ------- computer viruses and protect their important database.

(A) detective
(B) detector
(C) detect
(D) detectably

8. Ms. MacGyver reminded her team ------- the safety inspection that will be conducted at the end of this week.

(A) at
(B) on
(C) under
(D) of

9. The branch manager of the hardware store managed to increase its sales in spite of a labor -------.

(A) deposit
(B) property
(C) shortage
(D) region

10. Customers ------- reviews were posted in April will get a 5 percent discount on any items at Capilleume Store.

(A) whom
(B) who
(C) whoever
(D) whose

11. To obtain a sample of Sunshine's shampoo, customers have to download a survey from the Web site and fill in ------- the blanks.

(A) all
(B) every
(C) each
(D) almost

12. The head of the marketing department encourages staff members to ------- discuss ways to facilitate getting better understanding of their ideas.

(A) openly
(B) open
(C) opening
(D) opened

13. ------- employees never leak confidential information to people outside the company, taking laptops home was finally allowed.

(A) As soon as
(B) Provided that
(C) After
(D) Owing to

14. People who want to get discount tickets for the special exhibition have to ------- them online in advance.

(A) appoint
(B) entail
(C) exempt
(D) reserve

15. The manager asked Mr. Shelby to modify a presentation on marketing strategy ------- the target demographic.

(A) clarified
(B) is clarifying
(C) has clarified
(D) to clarify

16. The new technical research has the potential that could be a breakthrough ------- the robotics industry.

(A) in
(B) between
(C) on
(D) during

17. Many residents of the city ------- a tree planting project to preserve the nature in Sillveous Municipal Park.

(A) observed
(B) presumed
(C) strived
(D) supported

18. ------- the economic conditions in the country are unstable, Virraunt Corporation has good performance and a high customer satisfaction rating.

(A) Considering
(B) Once
(C) Regarding
(D) With

19. Aurumaize is ------- of expanding its business by meeting the needs of clients and building strong relationships with them.

(A) capably
(B) capability
(C) capable
(D) capableness

20. ------- after the lack of construction materials was solved, the construction work on a new office resumed.

(A) Fairly
(B) Approximately
(C) Daily
(D) Shortly

Part 5

実戦問題

141

実戦問題　解答・解説

1.　正解：(B)　難易度： ✎

The merger plan is under ------- because stock prices have been declining drastically.

(A) considerably
(B) consideration
(C) consider
(D) considerable

株価が大幅に下落しているため、合併計画が検討されています。

(A) 副 かなり
(B) 名 検討、考慮
(C) 動 〜を検討する
(D) 形 かなりの

解説
語尾だけ異なる語が並ぶ問題は、空所の前後に注目。(即効薬②) 空所の前には前置詞のunderがあり、前置詞の後ろに入るのは名詞か動名詞 (-ing) なので、正解は(B) considerationです。under considerationは「〜が検討されている、〜を検討中で」という意味の表現です。主語のThe merger plan「合併計画」が検討されている「理由」が、because以下で示されています。

語注　□ **merger** 名 合併　□ **stock price** 株価　□ **decline** 動 下落する、減少する
□ **drastically** 副 大幅に

2.　正解：(D)　難易度： ✎ ✎

Making the most of her work experience, Ms. Rogers ------- a new business last year.

(A) will launch
(B) was launched
(C) have launched
(D) launched

自身の仕事の経験を最大限活かし、ロジャースさんは昨年新規事業を開始しました。

(A) 動 (未来)
(B) 動 (過去形の受動態)
(C) 動 (現在完了形)
(D) 動 (過去形)

解説
選択肢には動詞launch「〜を始める」の変化形が並んでいます。主語と時制と態の観点から、文の述語動詞となる適切な選択肢を選びましょう。(即効薬③) 文末のlast year「昨年」という語句に注目。ここから、過去形の(B)と(D)が正解の候補になります。また、空所の前に主語 (Ms. Rogers)、後ろに目的語 (a new business) があり、ロジャースさんは新規事業の立ち上げを「する」側なので、能動態の(D)が正解です。主語Ms. Rogersは3人称単数なので、hasではなくhaveとなっている(C)は入りません。

語注　□ **make the most of 〜** 〜を最大限活用する　□ **experience** 名 経験
□ **business** 名 事業

Leposeu Hotel became well-known for its ------- customer service and magnificent interior since a magazine featured this hotel prominently.

(A) confident
(B) outstanding
(C) delighted
(D) brief

ルポスーホテルは、とある雑誌で目立って取り上げられてから、その優れたカスタマーサービスと素晴らしい内装で有名になりました。

(A) 形 自信のある
(B) 形 優れた
(C) 形 喜んでいる
(D) 形 簡潔な、手短な

解説

選択肢は全て形容詞の働きをする語なので、後ろの名詞との組み合わせで意味が通るものを選びましょう。(即効薬①) 主語であるLeposeu Hotel「ルポスーホテル」が有名になった理由の１つに ------- customer service「〜なカスタマーサービス」が挙げられています。(B) outstandingを空所に入れると、outstanding customer service「優れたカスタマーサービス」という意味になり、意味が自然に通ります。(A) confidentや(C) delightedは、主に人に対して使われる形容詞なので、この問題では不正解となります。

語注　□ **magnificent** 形 素晴らしい　□ **feature** 動 〜を取り上げる、〜を特集する
□ **prominently** 副 目立って

------- a shipment delay, Veostise Company will incur the shipping charge and offer an additional item for free next time.

(A) As though
(B) In case of
(C) So that
(D) According to

もし発送が遅れた場合、ヴェオスタイズ社が送料を負担し、次回追加の商品を無料でご提供します。

(A) 接 まるで〜であるかのように
(B) 前 もし〜の場合
(C) 接 〜するように
(D) 前 〜によると

解説

前置詞と接続詞が選択肢に並んでいる場合、まずは空所の後ろの形をチェック。(即効薬④) 今回はa shipment delay「発送の遅れ」という名詞句が続いているので、前置詞の働きをする語が空所に入ることが分かります。正解候補は(B) In case ofと(D) According to。ここで、意味から正解を１つに絞ります。カンマ以降では「ヴェオスタイズ社が送料を負担し、次回追加の商品を無料で提供する」と述べられているので、(B)を空所に入れ、In case of a shipment delay「もし発送が遅れた場合」という「仮定」を表す内容にすると、カンマ前後の内容が自然につながります。

語注　□ **shipment** 名 発送　□ **incur** 動 (損害など)を負う　□ **shipping charge** 送料

Part 5

実戦問題　解答・解説

143

5. 正解：(C)　難易度： ✎✎✎

Horsunlla Company decided on a pay raise in an ------- to improve employees' work efficiency from next month.

(A) invoice
(B) outage
(C) attempt
(D) enrollment

社員の業務効率を上げるため、ホーサンラ社は来月から賃上げを実施することを決めました。

(A) 名 請求書
(B) 名 （電力などの）供給停止期間
(C) 名 試み
(D) 名 加入

解説

選択肢は全て名詞なので、空所前後の語との組み合わせを確認しましょう。（即効薬①）この問題では、空所の前に前置詞の in、後ろには to 不定詞が続いているので、空所に(C) attempt を入れると、in an attempt to *do*「～することを試みて」という表現が成立します。これは「目的」を表すときに使われる表現。この問題文では「来月から賃上げを実施する目的」が述べられているので、意味が通ります。

語注　□ **decide on ～** ～に決める　□ **pay raise** 賃上げ　□ **work efficiency** 業務効率

6. 正解：(A)　難易度： ✎

Mr. O'Brien was suddenly assigned to go on a business trip abroad, so his subordinate will have to take over ------- duties.

(A) his
(B) him
(C) himself
(D) he

オブライエンさんは急遽海外出張を命じられたため、彼の部下が業務を引き継ぐ必要があります。

(A) 代 彼の（所有格）
(B) 代 彼を、彼に（目的格）
(C) 代 彼自身（再帰代名詞）
(D) 代 彼は（主格）

解説

選択肢には代名詞のさまざまな格が並んでいます。まずは空所の前後を確認しましょう。空所の前には動詞 take over「～を引き継ぐ」、空所の後ろには名詞の duties「職務、任務」が続いているので、代名詞の所有格である(A) his を空所に入れると「彼の（＝ オブライエンさんの）職務を引き継ぐ」という意味になり、文意が通ります。よって、(A) が正解。

語注　□ *be* **assigned to** *do* ～するよう命じられる　□ **suddenly** 副 急遽、突然
□ **subordinate** 名 部下　□ **take over ～** ～を引き継ぐ　□ **duty** 名 職務

7. 正解：(C) 難易度： 🖊

All employees were instructed to install a new application that can ------- computer viruses and protect their important database.

(A) detective
(B) detector
(C) detect
(D) detectably

全社員は、コンピューターウイルスを検出し、重要なデータベースを保護することができる新しいアプリケーションをインストールするよう指示されました。

(A) 形 探偵の、名 探偵
(B) 名 探知機
(C) 動 ～を検出する
(D) 副 検知可能で

解説

選択肢の品詞がバラバラなので、空所前後に着目。(即効薬②) 空所の前には助動詞のcanがあり、後ろには名詞句のcomputer viruses「コンピューターウイルス」が続いています。よって、空所にはこの名詞句が目的語になる動詞が必要です。正解は(C) detectです。空所を含む節は、thatから始まる関係代名詞節で、先行詞のa new application「新しいアプリケーション」について説明しています。

語注 □ *be* instructed to *do* ～するよう指示される □ virus 名 ウイルス

8. 正解：(D) 難易度： 🖊🖊

Ms. MacGyver reminded her team ------- the safety inspection that will be conducted at the end of this week.

(A) at
(B) on
(C) under
(D) of

マクガイヴァーさんは、今週末に実施される予定の安全点検について、チームに再度伝えました。

(A) 前 ～で
(B) 前 ～の上に
(C) 前 ～の下に
(D) 前 ～の

解説

選択肢には前置詞が並んでいます。品詞が全て同じなので、空所前後の語との組み合わせで選びます。(即効薬①) 空所の少し前にある動詞remindedと組み合わさり、remind *A* of *B* 「AにBを思い出させる」という表現を作る、(D) ofが正解です。〈動詞＋*A* of *B*〉の形で頻出の表現には、ほかにもinform *A* of *B* 「AにBを知らせる」、notify *A* of *B* 「AにBを知らせる」などがあります。前置詞を選ぶ問題は、この問題のように動詞との組み合わせで選ぶパターンが多いことも押さえておきましょう。

語注 □ safety inspection 安全点検 □ conduct 動 ～を実施する

The branch manager of the hardware store managed to increase its sales in spite of a labor -------.

人手不足にもかかわらず、金物屋の支店長はなんとか売り上げを伸ばしました。

(A) deposit
(B) property
(C) shortage
(D) region

(A) 名 預金
(B) 名 財産
(C) 名 不足
(D) 名 地域、地方

解説

選択肢には名詞が並んでいます。空所の前の名詞 labor「労働」と組み合わせて意味が通るものを選びます。（即効薬①）空所に (C) shortage を入れると、labor shortage「人手不足、労働力不足」という意味になり、問題文前半の内容と自然につながります。(A)(B)(D) の選択肢はいずれも、labor と組み合わせて意味が通らないので、ここでは不正解です。〈名詞＋名詞〉の組み合わせの語は、複合名詞と呼ばれます。例えば、customer survey「顧客調査」、application form「申込書」、construction site「建設現場」などが複合名詞です。

語注 □ **branch manager** 支店長　□ **hardware store** 金物屋
□ **manage to *do*** なんとか〜する

Customers ------- reviews were posted in April will get a 5 percent discount on any items at Capilleume Store.

4月にレビューを投稿したお客さまは、キャピリュームストアの全商品に対して5パーセント割引を受けられます。

(A) whom
(B) who
(C) whoever
(D) whose

※選択肢の和訳は省略

解説

関係代名詞が選択肢に並ぶ問題です。関係詞の問題は30問のうち1問程度しか出題されないため即効薬では取り上げていませんが、空所前後の関係性を読み取ればOKです。この問題は、文頭から April までが長い主語、will get が述語動詞、a 5 percent discount が目的語です。空所から April までは、文頭の Customers「お客さま」を後ろから説明していると考えましょう。Customers が複数形で、空所後の reviews に s があることから、reviews は動詞ではなく名詞「レビュー」だと分かります。「レビュー」は customers が投稿したものだと考えられるので、所有格の (D) whose が正解です。関係代名詞の所有格は、直後に名詞が続くということを覚えておきましょう。

語注 □ **review** 名 レビュー、感想　□ **post** 動 〜を投稿する

11. 正解:(A)　難易度: 🔖

To obtain a sample of Sunshine's shampoo, customers have to download a survey from the Web site and fill in ------- the blanks.

(A) all
(B) every
(C) each
(D) almost

サンシャインのシャンプーの試供品を手に入れるには、顧客はウェブサイトからアンケートを ダウンロードし、全ての空欄を埋めなければなりません。

(A) 形 全ての
(B) 形 あらゆる
(C) 形 各々の
(D) 副 ほとんど

解説

選択肢には形容詞と副詞が並んでいます。空所の後ろにある名詞blank「空欄」に注目しましょう。blanksと複数形になっているので、空所に入るのは複数形の名詞を修飾することのできる語だと分かります。名詞を修飾することができる形容詞(A)(B)(C)のうち、複数形の名詞を修飾することができるのは(A) allのみです。〈all＋the＋名詞〉という形になることにも注意しましょう。

語注　☐ **obtain** 動 ～を得る　☐ **survey** 名 アンケート　☐ **fill in ～** ～に記入する
☐ **blank** 名 空欄

12. 正解:(A)　難易度: 🔖🔖

The head of the marketing department encourages staff members to ------- discuss ways to facilitate getting better understanding of their ideas.

(A) openly
(B) open
(C) opening
(D) opened

マーケティング部の部長は、自分たちの意見をより理解してもらいやすくする方法について、率直に議論するよう社員に促しています。

(A) 副 率直に
(B) 動 ～を開ける
(C) 名 開くこと
(D) 形 開いた

解説

選択肢の品詞がバラバラなので、空所の前後に注目して解きます。（即効薬②）空所の前にはto、空所の後には動詞discussが続いています。空所をはさんで、〈to＋動詞の原形〉の形になっているので、空所には、動詞を修飾する副詞を入れるのが適切です。よって、正解は(A)です。

語注　☐ **head** 名 (部署などの) 長　☐ **encourage A to do** Aに～するよう促す
☐ **facilitate** 動 ～を促進する

------- employees never leak confidential information to people outside the company, taking laptops home was finally allowed.

従業員が会社の外部の人に機密情報を決して漏らさないということを条件に、ノートパソコンを家に持ち帰ることが最終的に認められました。

(A) As soon as
(B) Provided that
(C) After
(D) Owing to

(A) 接 ～するとすぐに
(B) 接 ～するという条件で
(C) 接 ～した後に
　　 前 ～の後に
(D) 前 ～が原因で

解説

選択肢には接続詞と前置詞が並んでいます。空所後からカンマまでには〈主語（employees）＋動詞（leak）〉という節の形があります。よって、空所には接続詞が入ると判断できます。(即効薬④) 選択肢の中で接続詞の働きを持つのは(D)以外で、(A)と(C)は「時」を、(B)は「条件」を表します。カンマ以降の「ノートパソコンを家に持ち帰ることが許可された」という内容に対し、カンマ以前ではその条件が述べられていると考えると文意が通るので、(B)が正解です。

語注 □ **leak** 動 ～を漏らす　□ **confidential** 形 機密の　□ **laptop** 名 ノートパソコン
□ **allow** 動 ～を認める

People who want to get discount tickets for the special exhibition have to ------- them online in advance.

特別展の割引チケットを購入したい人々は、オンラインで事前に予約する必要があります。

(A) appoint
(B) entail
(C) exempt
(D) reserve

(A) 動 ～を任命する
(B) 動 ～を伴っている
(C) 動 ～に免除する
(D) 動 ～を予約する

解説

選択肢は全て動詞なので、空所の後ろの目的語との組み合わせを確認しましょう。(即効薬①) 目的語となる代名詞のthemが何を指しているのかがポイントとなります。themは複数形の名詞を受けるので、空所以前のdiscount tickets「割引チケット」を指すと考えることができます。「～を予約する」という意味の(D) reserveを入れると、reserve discount tickets「割引チケットを予約する」となり、文意が通ります。よって、正解は(D)です。文頭のPeopleも複数名詞なのでthemと表すことができますが、その場合どの選択肢も文章の意味が通らなくなります。

語注 □ **exhibition** 名 展示会　□ **online** 副 オンラインで　□ **in advance** 事前に

The manager asked Mr. Shelby to modify a presentation on marketing strategy ------- the target demographic.

(A) clarified
(B) is clarifying
(C) has clarified
(D) to clarify

ターゲット層を明確にするために、マネージャーはシェルビーさんにマーケティング戦略に関するプレゼンを修正するよう依頼しました。

(A) 動 （過去形・過去分詞）
(B) 動 （現在進行形）
(C) 動 （現在完了形）
(D) 動 （to不定詞）

解説
選択肢には動詞clarify「〜を明確にする」のさまざまな形が並んでいます。まず主語を確認しましょう。（即効薬③）文頭から見ていくとaskedという動詞があるので、この文の主語はThe managerの部分。ask A to do「Aに〜するよう頼む」という表現が使われており、主語The managerに対応する述語動詞はすでにあることが分かります。そこで、述語動詞にはならない(D) to clarifyを空所に入れると、空所以降が「ターゲット層を明確にするために」となり、マネージャーがシェルビーさんにプレゼンを修正するよう依頼した「目的」を表す、自然な内容になります。

語注　□ **modify** 動 〜を修正する　□ **strategy** 名 戦略
□ **target demographic** （商品やサービスの）ターゲット層

The new technical research has the potential that could be a breakthrough ------- the robotics industry.

(A) in
(B) between
(C) on
(D) during

その新しい技術研究は、ロボット工学産業において大発見となる可能性があります。

(A) 前 〜において
(B) 前 〜の間に
(C) 前 〜の上に
(D) 前 〜の間中

解説
選択肢には前置詞が並んでいます。空所はpotential「可能性」という名詞を修飾する関係代名詞that節の中にあり、空所とthe robotics industryで前置詞句を作っていると判断できます。the robotics industryは「ロボット工学産業」という意味なので、ある特定の分野のことを示す前置詞in「〜において」が適切です。正解は(A)となります。

語注　□ **technical** 形 技術上の　□ **potential** 名 可能性　□ **breakthrough** 名 大発見
□ **industry** 名 業界

Many residents of the city ------- a tree planting project to preserve the nature in Sillveous Municipal Park.

(A) observed
(B) presumed
(C) strived
(D) supported

その市の多くの住民は、シルヴェウス市営公園の自然を保護するための植林プロジェクトを支援しました。

(A) 動 ～を観測した
(B) 動 ～を推定した
(C) 動 努力した
(D) 動 ～を支援した

解説

選択肢には動詞が並んでいるので、目的語となる空所直後の名詞句との組み合わせから、意味が通るものを選びましょう。(即効薬①) Many residents「多くの住民」がa tree planting project「植林プロジェクト」を「どうしたのか」と考えると、「植林プロジェクトを支援した」という意味になる(D)が適切です。なお、to以下はa tree planting projectがどんなプロジェクトなのか説明しています。

語注 ☐ **resident** 名 住民 ☐ **preserve** 動 ～を保護する ☐ **municipal** 形 市営の

------- the economic conditions in the country are unstable, Virraunt Corporation has good performance and a high customer satisfaction rating.

(A) Considering
(B) Once
(C) Regarding
(D) With

その国の経済状況が不安定であることを考えれば、ヴィロント社は良い業績と高い顧客満足度を誇っています。

(A) 接 ～であることを考えれば
(B) 接 いったん～すると
(C) 前 ～に関して
(D) 前 ～と一緒に

解説

選択肢には前置詞と接続詞が並んでいます。冒頭の空所からカンマまでの間には〈主語 (the economic conditions in the country) ＋動詞 (are)〉の節の形があるので、空所には接続詞が入ると判断できます。(即効薬④) (A)と(B)の2つの正解候補の中から、前後の文と文のつながりを考慮して正解を選びます。カンマ以降の「ヴィロント社の業績が良く、顧客満足度が高い」という内容と、カンマ以前の「その国の経済状況が不安定である」という内容を論理的に結び付ける接続詞として適切なのは(A) Consideringです。

語注 ☐**economic conditions** 経済状況 ☐ **unstable** 形 不安定な
☐ **customer satisfaction rating** 顧客満足度

19. 正解:(C) 難易度: ✐

Aurumaize is ------- of expanding its business by meeting the needs of clients and building strong relationships with them.

(A) capably
(B) capability
(C) capable
(D) capableness

オールメイズは顧客のニーズを満たし、彼らと強固な関係を築き上げることで、事業を拡大することができます。

(A) 副 上手に
(B) 名 能力
(C) 形 可能な
(D) 名 能力

解説

空所の直前にはbe動詞のisがあり、直後には前置詞のofが続いています。be capable of ~で「~することができる」という意味を作る形容詞の(C) capableが正解です。形を知っていればすぐに答えられる問題です。なお、名詞の(B)と(D)も文型だけを考えればisの後に入ることはできますが、「オールメイズが能力だ」という不自然な文になってしまうため、不適切です。

語注 □ expand 動 ~を拡大する □ needs 名 ニーズ □ build 動 ~を築き上げる
□ strong 形 強固な □ relationship 名 関係

20. 正解:(D) 難易度: ✐ ✐

------- after the lack of construction materials was solved, the construction work on a new office resumed.

(A) Fairly
(B) Approximately
(C) Daily
(D) Shortly

建設資材の不足が解消された後すぐに、新しいオフィスの建設工事は再開しました。

(A) 副 公平に、かなり
(B) 副 おおよそ
(C) 副 毎日
(D) 副 すぐに

解説

選択肢は全て副詞です。空所は冒頭にあり、直後には接続詞afterから始まる節が続いています。(D) Shortlyを接続詞afterと組み合わせたshortly after ~「~の直後に」という表現を知っていればすばやく解答できます。また、(D) Shortly「すぐに」を入れると、カンマ以前の節の内容(建設資材不足が解消される)とカンマ以降の節の内容(新しいオフィスの建設工事が再開する)が論理的につながり、文意が通ります。このことからも(D)が正解です。

語注 □ lack 名 不足 □ construction 名 建設 □ material 名 資材
□ solve 動 ~を解決する □ resume 動 再開する

Part 5

実戦問題 解答・解説

単語力UP！ 接頭辞イメージ

「ボキャブラリー強化が必要なのは分かるけど、重要単語が多過ぎて覚えきれない……」と悩んでいませんか？そんな問題の打開策の1つが、単語の頭＝「接頭辞」の持つイメージを理解することです。接頭辞のイメージが頭にあるだけで、単語を覚える速度も上がり、知らない単語の意味を予測する力もつきます。いくつか接頭辞の例を見てみましょう。

◆ re-：**再び**
　例）resume「〜を再開する」、reschedule「〜の予定を変更する」

◆ co-：**一緒に**
　例）coworker「同僚」、cooperate「協力する」

◆ dis-：**否定**
　例）disagree「意見が合わない」、discontinue「〜を中止する」

◆ inter-：**相互に**
　例）interact「交流する」、interview「〜と面接する」

◆ in-：**中に**
　例）income「収入」、include「〜を含む」

◆ trans-：**別の場所へ**
　例）translate「〜を翻訳する」、transport「〜を輸送する」

◆ pre-：**前もって**
　例）predict「〜を予測する」、precaution「予防措置」

いかがでしたか？　接頭辞のイメージを理解した上で単語を覚えるようにすると、単語の吸収力や意味の予測能力が上がっていること間違いなしです。ぜひ他の接頭辞も調べてみてください。

5章

Part 6を
攻略しよう!

- 長文内の空所に入る語句を選ぼう
- Part 5の応用版で、文脈理解力が必要
- Part 7に向けて
時間配分も要チェック

Part 6 基礎知識

 Part 6の基本データ

問題数：
16問（4つの空所を含む文書が4セット）

目標時間：
約10分（1セットあたり2分30秒）

問題内容：
4つの空所を含む長い英文を読んで、空所に入る語句として適切なものを(A)〜
(D)の中から選ぶ。空所に入るものが語句ではなく文の場合もある。文法や語
彙の知識を使って解く問題と、文脈を読み取って解く問題がある。

出題の基本パターン：
- 語彙問題
  ➡ 単語の意味やコロケーション（よくある単語の組み合わせ）の知識から、
    適切な語句を選ぶ
- 品詞問題
  ➡ 品詞の働きに関する知識から、空所に適切な語句を選ぶ
- 文法問題
  ➡ 動詞の形や語法など、文法の知識から適切な語句を選ぶ
- 文選択問題
  ➡ 文脈を理解した上で、その場所に入るものとして適切な英文を選ぶ

スコア別 目標正答数（16問中）：
600点：8問
730点：9問

 問題冊子はこんな感じ

Directions（Part 6の
指示文）は読まなくて
OK！

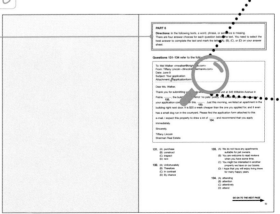

> 1つの文書の中に空所が4つ！

Questions 131-134 refer to the following e-mail.

To: Mel Walker <mwalker@brightfree.com>
From: Tiffany Lincoln <tlincoln@shermanre.com>
Date: June 9
Subject: Your application
Attachment: 📎applicationform

Dear Ms. Walker,

Thank you for submitting your application to ------- the unit at 345 Wiltshire Avenue in
131.
Petrie. -------, the building has a strict 'no pets' policy. The small dog you mentioned on
132.
your application conflicts with this. -------. Just this morning, we listed an apartment in the
133.
building right next door. It is $20 a week cheaper than the one you applied for, and it even
has a small dog run in the courtyard. Please find the application form attached to this
e-mail. I expect this property to draw a lot of ------- and recommend that you apply
134.
immediately.

Sincerely,

Tiffany Lincoln
Sherman Real Estate

131. (A) purchase
(B) construct
(C) inspect
(D) rent

132. (A) Unfortunately
(B) Therefore
(C) In contrast
(D) By chance

133. (A) We do not have any apartments
suitable for pet owners.
(B) You are welcome to read reviews
when you have some time.
(C) You might be interested in another
property we have on our books.
(D) I hope that you will enjoy living there
for many happy years.

134. (A) attending
(B) attention
(C) attentively
(D) attend

> 4問のうちの1つは、語句
> ではなく文を入れる問題！

Part **6**

基礎知識

Part 6 解答プロセス

Part 6の解答の流れを
STEP 1〜4の手順で確認しましょう。

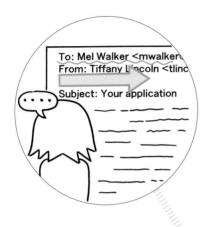

STEP 1

内容を掴むため、
文頭からさらっと読む！

Part 6では文脈を理解する力が求められる。細かい内容よりも、全体的な文書の内容や流れを把握しよう。

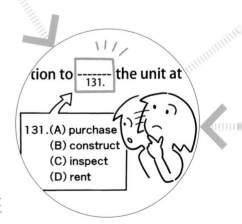

tion to ------- the unit at
131.

131. (A) purchase
    (B) construct
    (C) inspect
    (D) rent

STEP 2

空所に出会ったら、選択肢を
見て解けるかチェック！

まずは空所を含む文だけを確認して、空所に入る語が特定できたらすぐにマーク。

STEP 2
の補足

品詞問題（選択肢の品詞がバラバラな問題）なら、空所を含む文だけを読めば必ず答えられる！

↓特定できなければ……

STEP 3

空所を含む文の前後の文をチェック！

空所の直前と直後の文からヒントを探そう。

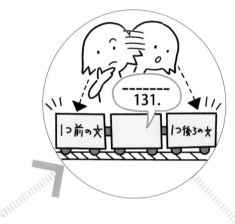

STEP 3 の補足 すぐ答えを選べなければ、一度飛ばして読み進めることがポイント。空所の時点で分からなくても、その後の文脈で解ける問題もある。Part 7に時間を残すためにも、あまり悩み過ぎないように！

STEP 4

マークしたら、続きから文書を読む！

1問マークしたらまた続きから読んで、
STEP 2→STEP 3と繰り返し。

Part 6の即効薬リスト

① 文を入れる問題は、前後の文だけ確認！ ·· p.160

1文まるごと挿入する問題の攻略法です。文章の流れを読み取る力も必要な問題です。

② つなぎ言葉は前後の文を見て選べ！ ······ p.166

文脈が自然に成り立つように、適切なつなぎ言葉を選ぶ問題。その攻略法を確認しましょう。

Part 6 の 即効薬 ① 例題

文書内の４つの空所に入るものとして最も適切なものを、(A)～(D)の中から選びましょう。

Questions 1-4 refer to the following article.

> The Santos Fairgrounds have been sold to one of the state's largest land developers, which has plans to tear down all of the ------- structures to
> 1.
> make way for a set of apartment buildings. -------. "We have a housing
> 2.
> shortage here in Santos," explained chief town planner Mark Day, "These apartment buildings ------- around 1,000 families." Work on the project is
> 3.
> expected to begin as early as next year. The Santos Fair is traditionally an agricultural event. As such, the new fairgrounds will be built in an area designated for ------- use.
> 4.

1. (A) originality
   (B) original
   (C) originally
   (D) origin

2. (A) Several developers are bidding on the project.
   (B) It is unclear what the land will be used for.
   (C) The plan has already been approved by the city.
   (D) The annual fair will continue to take place there.

3. (A) will house
   (B) is being housed
   (C) has housed
   (D) houses

4. (A) social
   (B) industrial
   (C) recreational
   (D) farming

Part 6

即効薬

Questions 1-4 refer to the following article.

The Santos Fairgrounds have been sold to one of the state's largest land developers, which **2** has plans to tear down all of the ------- structures to make way for a set of apartment buildings. -------. "We have a housing shortage here in Santos," explained chief town planner Mark Day, "These apartment buildings ------- around 1,000 families." **3** Work on the project is expected to begin as early as next year. **4** The Santos Fair is traditionally an agricultural event. As such, the new fairgrounds will be built in an area designated for ------- use.

1.
(A) originality
正解 (B) original
(C) originally
(D) origin

品詞がバラバラなら 空所前後を見よう！

Part 5と同じように、選択肢に品詞の異なる語が並んでいる場合は空所前後に注目。ここでは、名詞を修飾するのは「形容詞」ということがポイント！

2.
(A) Several developers are bidding on the project.
(B) It is unclear what the land will be used for.
正解 (C) The plan has already been approved by the city.
(D) The annual fair will continue to take place there.

即効薬 ①

文を入れる問題は、 前後の文だけ確認！

文を選ぶ問題は、空所の前後の文を確認しよう！ 前の文で述べられている建設計画が(C)のThe planにつながっていると気付けば正解を選べるはず。

3.

正解▶ (A) will house

(B) is being housed

(C) has housed

(D) housed

主語・時制・態をチェック！

選択肢に動詞の異なる形が並ん
でいる場合はPart 5と解き方
は同じ。主語・時制・態を1つず
つ確認しよう。ここでは時制の
観点で見たときに、主語These
apartment buildingsがこ
れから建てられるものだと分
かればOK！

4.

(A) social

(B) industrial

(C) recreational

正解▶ (D) farming

**同じ品詞が並んでいたら
文脈で読み解く！**

同じ品詞の語が選択肢に並ん
でいたら、文脈からヒントをつ
かんで適切な意味の単語を選
ぼう。ここでは、前の文にある
agriculturalがキーワードと
なる！

Part 6

即効薬

問題1-4は次の記事に関するものです。

> サントス博覧会場が州最大の土地開発者の1つに売却され、同業者は 1. もとの建物を全て取り壊し、そこに共同住宅を複数建設する計画を立てている。2. この計画は、すでに市によって承認されている。「ここサントスでは住宅が不足しています」と、都市計画部長であるマーク・デイは説明し、「これらの共同住宅は約1,000の家庭 3. に住宅を与えるでしょう」と述べた。このプロジェクトの作業は、早ければ来年にも開始される予定だ。サントス博覧会は、伝統的に農業のイベントである。そのため、新しい博覧会場は、4. 農業用として指定された地域に建設される。

語注 □ **fairground** 名 博覧会場　□ **land developer** 土地開発者
□ **tear down ~** (建物など) を取り壊す　□ **make way for ~** ~のスペースを空ける
□ **apartment building** 共同住宅　□ **housing** 名 住宅、住宅供給
□ **shortage** 名 不足　□ **as early as ~** 早ければ~で [にも]
□ **agricultural** 形 農業の　□ **designate A for B** AをBに指定する

(A) originality
(B) original
(C) originally
(D) origin

(A) 名 独創性
(B) 形 もとの
(C) 副 もとは
(D) 名 起源

解説

選択肢には語尾だけが異なる語が並んでいるので、空所前後を見て適切な品詞を判断しましょう。空所の前にはall of the「〜の全て」、直後にはstructures「建物」という名詞があるため、空所には名詞を修飾する形容詞が入ると分かります。よって、(B)が正解です。all of the original structures「もとの建物全て」となり意味も通ります。

(A) Several developers are bidding on the project.
(B) It is unclear what the land will be used for.
(C) The plan has already been approved by the city.
(D) The annual fair will continue to take place there.

(A) 複数の開発者がそのプロジェクトに入札している。
(B) その土地が何に使われるかは不明である。
(C) この計画は、すでに市によって承認されている。
(D) 毎年恒例のフェアはそこで行われ続けるだろう。

解説

文挿入の問題は前後の文の意味を確認。空所の前の文は、博覧会場を購入した土地開発業者が建物を取り壊して共同住宅を建設する計画を立てているという内容。また、空所の後の文では、住宅不足について述べています。(C)のThe planが「建物を取り壊して共同住宅を建設する計画」を指していると考えると前後が自然な流れとなるので、(C)が正解です。

語注　□ **bid on 〜** 〜に入札する　□ **approve** 動 〜を承認する　□ **take place** 行われる

Part 6

即効薬

3. 正解：(A) 難易度：🖊

(A) will house
(B) is being housed
(C) has housed
(D) housed

(A) 動（未来）
(B) 動（現在進行形の受動態）
(C) 動（現在完了形）
(D) 動（過去形）

解説

動詞house「～に住宅を与える」の適切な形を選ぶ問題。主語となるのは直前のThese
apartment buildings「これらの共同住宅」です。冒頭で、「共同住宅を建設する計画を立て
ている」と述べているので、この共同住宅はこれから建設されると分かります。よって、未来
のことを述べる形の(A)が正解です。

4. 正解：(D) 難易度：🖊🖊🖊

(A) social
(B) industrial
(C) recreational
(D) farming

(A) 形 社会的な
(B) 形 産業の、工業の
(C) 形 気晴らしの
(D) 形 農業の

解説

空所の前にある文では「サントス博覧会は、伝統的に農業のイベントである」と述べられてい
ます。そして空所を含む文では、文頭にAs such「そのため」があることから、前の文の内容
を受けた文が続くことが分かります。(D)「農業の」を入れると、2つの文の内容が「農業のイ
ベントであるため、農業用として指定された地域に建設される」となり自然につながるので、(D)
が正解です。

文書内の4つの空所に入るものとして最も適切なものを、(A)〜(D)の中から選びましょう。

Questions 5-8 refer to the following e-mail.

To: Red Damon <rdamon@janitorgenius.com>
From: Ben Kimmel <bkimmel@huntingtoncollege.com>
Date: April 2
Subject: Temporary staff shortage

Dear Mr. Damon,

Thank you for sending us Dan Hildebrand last month. -------- did an
excellent job in our janitorial department. His preventative maintenance
5.
saved us thousands of dollars in repairs and associated costs. We
couldn't be happier.

From December 10 to January 19, one of our Huntington College janitorial
staff members will be on an extended vacation. --------, we will be short of
6.
one staff member during this period. Please -------- someone with
7.
experience in cleaning, plumbing, and light repair work.

I would like to have an opportunity to speak with the person you choose
before they start work. --------.
8.

I look forward to your reply.

Sincerely,

Ben Kimmel
Head of Administration — Huntington College

---

5. (A) They
   (B) You
   (C) I
   (D) He

6. (A) Therefore
   (B) Lastly
   (C) Otherwise
   (D) For example

7. (A) recommended
   (B) recommendation
   (C) recommend
   (D) recommending

8. (A) Please let me know if you need more staff.
   (B) I do not mind if we do this in person or by
       video chat.
   (C) Only a qualified expert in accounting will be
       considered.
   (D) As this is a permanent position, relevant
       paperwork is required.

接続副詞問題：
つなぎ言葉は前後の文を見て選べ！

Questions 5-8 refer to the following e-mail.

To: Red Damon <rdamon@janitorgenius.com>
From: Ben Kimmel <bkimmel@huntingtoncollege.com>
Date: April 2
Subject: Temporary staff shortage

Dear Mr. Damon,

Thank you for sending us **5** Dan Hildebrand last month. -------- did an excellent job in our janitorial department. His preventative maintenance saved us thousands of dollars in repairs and associated costs. We couldn't be happier.

From December 10 to January 19, **6** one of our Huntington College janitorial staff members will be on an extended vacation. --------, we will be short of one staff member during this period. **7** Please -------- someone with experience in cleaning, plumbing, and light repair work.

8 I would like to have an opportunity to speak with the person you choose before they start work. --------.

I look forward to your reply.

Sincerely,

Ben Kimmel
Head of Administration — Huntington College

5.
(A) They
(B) You
(C) I
正解 (D) He

代名詞が指すものを直前の
文から探せ！

選択肢に代名詞が並んでいる
場合は、その代名詞が指すもの
を前の文から探そう。ここでは、
前の文に **Dan Hildebrand** と
いう人名が出てきていること
に着目する！

6.

正解 (A) Therefore
(B) Lastly
(C) Otherwise
(D) For example

即効薬 ②

7.

(A) recommended
(B) recommendation
正解 (C) recommend
(D) recommending

8.

(A) Please let me know if you need more staff.
正解 (B) I do not mind if we do this in person or by video chat.
(C) Only a qualified expert in accounting will be considered.
(D) As this is a permanent position, relevant paperwork is required.

Part 6

即効薬

問題5-8は次のEメールに関するものです。

受信者: レッド・デイモン <rdamon@janitorgenius.com>
送信者: ベン・キンメル <bkimmel@huntingtoncollege.com>
日付: 4月2日
件名: 一時的なスタッフ不足
- -
デイモンさん

先月は私たちのもとにダン・ヒルデブランドを派遣していただき、ありがとうございました。⑤彼は用務部で素晴らしい仕事をしてくれました。彼の予防メンテナンスにより、修理や関連費用にかかる何千ドルも節約することができました。私たちはこれ以上ないほどうれしいです。

12月10日から1月19日まで、ハンティントン大学の用務員の1人が長期休暇に入ります。⑥そのため、その期間は1名分の欠員が出ます。清掃、配管、軽修理作業の経験のある方を⑦推薦してください。

貴社が選んだ方とは、仕事を始める前にお話をする機会を持ちたいと考えています。⑧対面でも、ビデオチャットで行っても構いません。

ご返信をお待ちしております。

敬具

ベン・キンメル
ハンティントン大学 総務部長

語注 □ **send** 動 ～を派遣する □ **janitorial department** 用務部
□ **preventative** 形 予防の □ **maintenance** 名 メンテナンス
□ **save A B** AのBを節約する □ **repair** 名 修理 □ **associated** 形 関連した
□ **cost** 名 費用 □ **extended** 形 長期の □ *be* **short of ～** ～が不足している
□ **period** 名 期間 □ **plumbing** 名 配管 □ **light** 形 軽い □ **opportunity** 名 機会
□ **look forward to ～** ～を楽しみにする □ **administration** 名 管理

(A) They
(B) You
(C) I
(D) He

(A) 代 彼らは
(B) 代 あなたは
(C) 代 私は
(D) 代 彼は

解説

選択肢には全て主格の代名詞が並んでいます。空所を含む文は「-------は用務部で素晴らしい仕事をした」という意味です。空所前の文を見ると、ダン・ヒルデブランドという人が先月派遣されたとあります。また、空所後の文では、His「彼の」という代名詞が使われており、「彼」の仕事によって修理にかかる費用が節約できたことが述べられています。つまり、ここまでの文で、ダン・ヒルデブランドという男性のことについて話していると分かります。よって、(D) He を空所に入れると、「彼は用務部で素晴らしい仕事をした」とダン・ヒルデブランドさんを褒める内容となり、前後の文と意味がつながります。

(A) Therefore
(B) Lastly
(C) Otherwise
(D) For example

(A) 副 そのため
(B) 副 最後に
(C) 副 さもなければ
(D) 副 例えば

解説

空所前の文は「ハンティントン大学の用務員の1人が長期休暇に入る」こと、空所後の文は「その期間は1名分の欠員が出る」ことが述べてあります。「1人のスタッフが休む→欠員が出る」という関係の2文なので、この前半部分が「理由」、後半部分が「結果」を表していると考えられます。選択肢の中でこの2つの文の内容を適切につなぎ、因果関係を表せる語は(A) Therefore「そのため」です。

Part 6

即効薬

(A) recommended
(B) recommendation
(C) recommend
(D) recommending

(A) 動 (過去形・過去分詞)
(B) 名 推薦
(C) 動 (原形)
(D) 動 (ing形)

解説

動詞 recommend「〜を推薦する」の適切な形を選ぶ問題。空所を含む文では、Please が文頭に来ていることに注目しましょう。空所の後ろには someone から始まる名詞句が続いており、この文中には主語も動詞も見当たりません。よって、〈Please ＋動詞の原形 〜〉「〜してください」という命令文を作る、(C) が正解です。

(A) Please let me know if you need more staff.
(B) I do not mind if we do this in person or by video chat.
(C) Only a qualified expert in accounting will be considered.
(D) As this is a permanent position, relevant paperwork is required.

(A) もっとスタッフが必要であればお知らせください。
(B) 直接でも、ビデオチャットで行っても構いません。
(C) 会計資格をお持ちの専門家のみ検討させていただきます。
(D) これは正社員としての役職のため、関連する書類が必要です。

解説

文を挿入する問題は、前後の文の流れにうまく当てはまるかどうかを考えて答えを選びましょう。空所の直前の文を見ると、「貴社が選んだ方とは、仕事を始める前にお話をする機会を持ちたいと考えている」と述べられています。よって、「直接でもビデオチャットでも」と話をする方法について言及している (B) を入れると、文中の do this が、空所前の文の speak with the person you choose「貴社が選んだ方と話をする」を指すことになり、自然な流れになります。よって、(B) が正解です。

語注 ☐ mind 動 〜を気にする　☐ in person 直接　☐ qualified 形 資格のある
☐ expert 名 専門家　☐ accounting 名 会計　☐ permanent 形 常任の　☐ position 名 職
☐ relevant 形 関連する　☐ paperwork 名 書類

実戦に進む前に！　**知識の底上げサプリ**

■ Part 6 で頻出の「つなぎ言葉」

文脈を掴むために必要な「つなぎ言葉」を押さえておきましょう。

	therefore	そのため
☐	also	また
☐	similarly / likewise	同様に
☐	additionally / in addition	さらに
☐	besides	それに加えて
☐	lastly	最後に
☐	however	しかし
☐	although ～	～ではあるが
☐	nevertheless	それにもかかわらず
☐	even though ～	～にもかかわらず
☐	otherwise	さもなければ
☐	while ～	～である一方で
☐	given that ～	～ということを考慮すると
☐	in fact	実際は
☐	instead	その代わりに
☐	in the meantime	その間は
☐	for example	例えば
☐	fortunately	幸運なことに
☐	unfortunately	残念ながら

■ 文書の意味を取るために重要な代名詞

文書の意味を取るためには、代名詞の理解がカギになります。代名詞に出会ったときは、それが何を指すのかを意識して読むようにしましょう。

代名詞	主に指すもの
you	文書が宛てられている人または会社
we	文書を書いている本人、またはその人の会社
they	直近で出てきている複数の人・モノ、またはある会社の人たち
this	前の文で話している内容、または特定のモノ
it	直近で出てきているモノ（単数名詞）

Part 6

知識の底上げサプリ

171

実戦問題

ここまでで学んだことを活かして、Part 6の問題を2題解いてみましょう。

Questions 1-4 refer to the following memo.

To: All staff
From: Hank Jones
Date: May 6
Subject: Rooftop use

Dear All,

It has been brought to my attention that many members of the staff -------
lunch on the rooftop. There is no fence around the perimeter of the roof,
and we believe that it is too dangerous. Therefore, general access has not
been ------. Please keep in mind that the company spent a lot on
landscaping last year to encourage employees to spend more time in the
garden. We have purchased some additional outdoor furniture for the
area. ------. Please let me know if there is anything more we can do to
make this alternative more ------.

Sincerely,

Hank Jones
CEO — Dartmouth Finance

---

1. (A) are enjoying
   (B) will enjoy
   (C) has enjoyed
   (D) were enjoyed

2. (A) possible
   (B) enforced
   (C) valuable
   (D) approved

3. (A) Sunbathing is popular these
   days.
   (B) It will be installed next week.
   (C) We recommend working from
   home.
   (D) It should resolve the safety
   issues.

4. (A) attractively
   (B) attraction
   (C) attractive
   (D) attract

Questions 5-8 refer to the following advertisement.

Over the last decade, Aromas has grown from a single owner-operated café to a franchise with seven locations around Seattle. ---5.---. The walls are lined with shelves of nostalgic toys and novelties carefully selected to inspire conversation. ---6.---, the café's patrons enjoy the various exotic coffees and exciting hot and cold desserts on the menu. On August 12, Aromas will ---7.--- the grand opening of its eighth location. The event is ---8.--- by local celebrities including chef Margo Day and sporting legend Ivan Popov.

Learn more on the Web site, www.aromascafe.com.

---

5. (A) The owner spreads his time evenly among the locations.
   (B) The café serves only beverages with no food items on the menu.
   (C) The café's popularity is largely a result of the fascinating interior decoration.
   (D) The café has never invested in advertising since its inception.

6. (A) However
   (B) Additionally
   (C) Nevertheless
   (D) Otherwise

7. (A) celebrate
   (B) celebration
   (C) celebratory
   (D) celebrity

8. (A) attending
   (B) to attend
   (C) attended
   (D) to be attended

実戦問題

実戦問題　解答・解説

問題1-4は次のメモに関するものです。

宛先：全スタッフ
差出人：ハンク・ジョーンズ
日付：5月6日
件名：屋上の利用

皆さまへ

スタッフの多くが屋上でランチを 1. 楽しんでいる ことを知りました。屋上の周囲にはフェンスがなく、危険過ぎると思っています。そのため、一般の立ち入りは 2. 認められていません。会社は昨年、従業員の皆さんが庭でもっと多くの時間を過ごすよう促すために、景観設計に多額を費やしたことを忘れずにいていただきたいです。私たちはこのエリアのために追加の屋外用家具を購入しました。3. 来週には設置されます。この代替案をもっと 4. 魅力的な ものにするために、私たちができることが他に何かあれば教えてください。

よろしくお願いします。

ハンク・ジョーンズ
ダートマウス・ファイナンス最高経営責任者

語注　□ **rooftop** 名 屋上　□ **bring ~ to** *one*'s **attention** ～を（人）に知らせる
□ **perimeter** 名 周囲　□ **general** 形 一般の　□ **landscaping** 名 景観設計
□ **additional** 形 追加の　□ **alternative** 名 代案

1.　正解：(A)　難易度：🖊🖊🖊

(A) are enjoying
(B) will enjoy
(C) has enjoyed
(D) were enjoyed

(A) 動（現在進行形）
(B) 動（未来）
(C) 動（現在完了形）
(D) 動（過去形の受動態）

解説

選択肢は全て動詞enjoy「～を楽しむ」の異なる形なので、主語や態や時制に注意を払います。現在進行形の(A)を入れると、多くの人が屋上でランチを楽しんでいる、という意味になります。このことを問題視しているという話の流れに合うので、(A)が正解です。メモの差出人であるハンク・ジョーンズは屋上の利用をすでに問題として認識しているため、「スタッフの多くが屋上でランチを楽しむようになる」という未来を表す(B)は不適切です。空所部分の主語 many members は複数形なので、hasとなっている(C)は入りません。主語は人、目的語はlunchなので、「～される」と受け身の形を作る(D)は不適切です。

2. 正解：(D)　難易度：🖊

(A) possible　(B) enforced　(C) valuable　(D) approved

(A) 形 可能な　(B) 形 強制的な　(C) 形 価値がある　(D) 形 承認された

解説

選択肢は全て形容詞なので、文脈上意味が通るものを選びます。空所を含む文は「そのため」から始まっているので、前の文を原因とする結果が入ると考えられます。したがって前文を確認すると、「屋上は危険過ぎる」とあるため、「一般の立ち入り」は「認められ」ていないという内容が入ると考えられます。よって(D)が正解。空所の前のbeenの前にnotがあることに注意しましょう。

3. 正解：(B)　難易度：🖊🖊

(A) Sunbathing is popular these days.
(B) It will be installed next week.
(C) We recommend working from home.
(D) It should resolve the safety issues.

(A) 日光浴は最近人気があります。
(B) 来週には設置されます。
(C) 在宅勤務を推奨します。
(D) それが安全性の問題を解決するはずです。

解説

文を選ぶ問題なので、前後の文とのつながりを確認します。（即効薬①）前文を見ると、追加の屋外用の備品を購入したことが書かれているため、空所には、その備品に関連する内容が続くと考えられます。(B)を入れると、Itがfurniture「家具」を指すことになり自然な流れになります。よって(B)が正解です。(D)のItも家具を指せますが、この家具は庭で従業員が過ごす時間を増やすために設置されるもので、安全上の理由ではないので、不正解です。

語注　□ **sunbathing** 名 日光浴　□ **these days** 今日では　□ **install** 動 ～を設置する　□ **resolve** 動 ～を解決する　□ **issue** 名 問題

4. 正解：(C)　難易度：🖊🖊

(A) attractively　(B) attraction　(C) attractive　(D) attract

(A) 副 魅力的に　(B) 名 魅力　(C) 形 魅力的な　(D) 動 ～を引きつける

解説

選択肢に品詞がバラバラな語が並んでいるので、空所前後を中心に、文に欠けている要素を探します。if以下は「もし私たちができることが他に何かあれば」という意味になっており、to make以降は「目的」を表しています。this alternativeがmakeの目的語と考えられ、空所に形容詞が入ると〈make+O+C〉で「OをCにする」という意味を表します。形容詞の(C)を入れると「この代替案をもっと魅力的なものにするために」となり意味が通るため、(C)が正解です。

問題5-8は次の広告に関するものです。

> この10年にわたり、アロマズは個人経営のカフェからシアトル中に7つの店舗を持つフランチャイズへと成長しました。5. カフェの人気の理由は主にその魅力的な室内装飾にあります。壁には、会話が生まれるようにと注意深く選ばれた郷愁を誘うおもちゃや小物の棚がずらりと並びます。6. さらに、このカフェの客は、メニューにあるさまざまな珍しいコーヒーやわくわくするような温かいデザートと冷たいデザートを楽しめます。8月12日にアロマズは8番目の店舗のグランドオープニングを 7. お祝いします。イベントはシェフのマーゴ・デイやスポーツ界の伝説的人物であるイヴァン・ポポフなどの地元の有名人が 8. 出席する予定です。
>
> さらなる情報はウェブサイト www.aromascafe.com でご覧ください。

語注 □ **decade** 名 10年間 □ *be* lined with ~ ~がずらりと並ぶ □ **shelf** 名 棚
□ **nostalgic** 形 郷愁を誘う □ **novelty** 名 （珍しい置物などの）小物商品
□ **inspire** 動 ~を生じさせる □ **patron** 名 顧客 □ **exotic** 形 珍しい
□ **celebrity** 名 有名人 □ **including** 前 ~を含めて □ **sporting** 形 スポーツの
□ **legend** 名 伝説的人物

5.　正解：(C)　難易度： 🔹🔹🔹

(A) The owner spreads his time evenly among the locations.

(B) The café serves only beverages with no food items on the menu.

(C) The café's popularity is largely a result of the fascinating interior decoration.

(D) The café has never invested in advertising since its inception.

(A) オーナーは店舗間で均等に時間を分配しています。
(B) カフェはメニューにフードがなく飲み物だけを提供しています。
(C) カフェの人気の理由は主にその魅力的な室内装飾にあります。
(D) カフェは開店から一度も広告にお金を使ったことはありません。

解説
文選択問題です。空所の前後の文を丁寧に確認しましょう。（即効薬①）空所の前の文は、あるカフェについて述べられています。そして、空所を含む文の後には、内装の装飾について述べられています。よって、「カフェの人気の理由は内装にある」と述べる(C)を入れると、前後の文脈がつながります。よって、(C)が正解です。

□ **spread** 動 ~を分散させる □ **evenly** 副 均等に □ **beverage** 名 飲み物
□ **largely** 副 主に □ **fascinating** 形 魅力的な □ **interior** 形 室内の
□ **invest in** ~ （時間やお金などを）~に使う □ **inception** 名 発足、開始

6.　正解:(B)　難易度:🖊🖊

(A) However　(B) Additionally　(C) Nevertheless　(D) Otherwise

(A) 副 しかし　(B) 副 さらに　(C) 副 にもかかわらず　(D) 副 さもなければ

解説

選択肢は全て副詞。文頭の副詞は、前後の文を意味的につなぐ働きを持ちます。(即効薬②) そこで、前後の意味を確認すると、前には内装の具体的な魅力が述べられており、後ろにも、さまざまなコーヒーとフードが楽しめるという魅力が述べられているため、(B)の「さらに」が正解です。

7.　正解:(A)　難易度:🖊

(A) celebrate　(B) celebration　(C) celebratory　(D) celebrity

(A) 動 ～を祝う　(B) 名 称賛　(C) 形 お祝いの　(D) 名 有名人

解説

選択肢は全て同じ語幹を持つ語なので、適切な品詞を選びます。文に欠けている要素を探すと、助動詞willの後ろにあるはずの動詞を欠いているため、空所には動詞が入ると分かります。よって、(A)が正解です。

8.　正解:(D)　難易度:🖊🖊🖊

(A) attending　(A) 動（ing形）
(B) to attend　(B) 動（to不定詞）
(C) attended　(C) 動（過去形・過去分詞）
(D) to be attended　(D) 動（to不定詞の受け身）

解説

選択肢は同じ動詞の異なる形なので、態や時制に注意を払います。空所の前にはbe動詞isがあり、後ろには行為者を表すbyがあるので、この文は受動態である可能性が高いため、過去分詞を含む(C)と(D)を検討します。(C)を入れると現在時制の受動態となりますが、前文で未来を表すwillが用いられており、このイベントは未来に行われるため、(C)は不適切。(D)を入れるとbe to do「～することになっている」の形になり「予定」を表せるため、(D)が正解です。

英語順で理解！ トレーニング法

「英文を読むのに時間がかかる」「正しい意味で英文を理解できない」と悩む人が多くいます。これはもちろんボキャブラリー不足などの原因もありますが、多くの人にとって、「英語の語順で英文を理解していない」ことが大きな原因になっているんです。

英語は日本語と語順が違うので、日本語の順で意味を理解しようとすると同じ箇所を2度読むことになってしまいます。これが「返り読み」です。これにより、英語を読むのが遅くなったり、間違った意味で理解してしまったりするのです。

そんな返り読みをしてしまっている皆さんにお勧めしたいトレーニング法が「スラッシュリーディング」です。これは、英文を英語の語順で、正しく理解できるようにするためのトレーニングです。スラッシュリーディングのやり方はシンプルです。

> **① 意味のカタマリごとに、英文にスラッシュを入れる**
>   ※自分自身が意味を理解やすい場所で区切ってOK！
> **② 区切った英文を頭から読む**
>   ※カタマリごとに意味を理解していく意識で！

英文の区切り方は、例えばこんなイメージです。

Over the last decade, // Aromas has grown // from a single
　　この10年にわたり、　　　　// アロマズは成長しました　//　　　個人経営の

owner-operated café // to a franchise with seven locations
　　カフェから　　　　　　　　// 　シアトル中に7つの店舗を持つフランチャイズへと

around Seattle.

スラッシュリーディングは、しっかりと英文の復習をして単語や文構造を理解してから行うようにしましょう。

6章

Part 7を
攻略しよう!

- 文書の内容に関する設問に答えよう
- 文書の読み方、設問タイプ別の
  攻略法をチェック
- 集中力が切れそうになったら
  深呼吸で一旦リセット!

Part 7 基礎知識

Part 7の基本データ

問題数：
54問
①1文書の問題：29問（2〜4問付きのものが10セット）
②2文書の問題：10問（5問付きのものが2セット）
③3文書の問題：15問（5問付きのものが3セット）

目標時間：
約55分（1問あたり1分）

問題内容：
文書を読んで、その内容に関する複数の設問に対して適切な答えを(A)〜(D)の中から選ぶ。1つの文書だけでなく、複数の文書で情報を照らし合わせて答える問題もある。

出題の基本パターン：
- Eメールや広告、お知らせ、テキストメッセージ、記事などが登場
- 決まった設問の種類がある（⇒詳しくはp. 182へ）

スコア別 目標正答数（54問中）：
600点：25問
730点：33問

問題冊子はこんな感じ

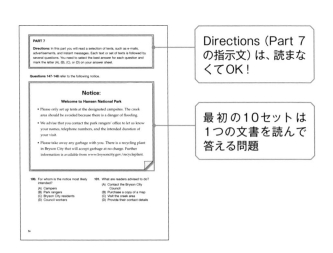

Directions（Part 7の指示文）は、読まなくてOK！

最初の10セットは1つの文書を読んで答える問題

Questions 181–185 refer to the following card and e-mail.

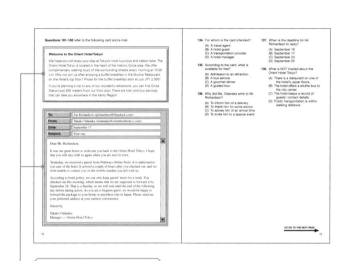

Welcome to the Orient Hotel Tokyo!

We hope you will enjoy your stay at Tokyo's most luxurious and oldest hotel. The Orient Hotel Tokyo is located in the heart of the historic Ginza area. We offer complimentary walking tours of the surrounding streets every morning at 10:00 A.M. Why not join us after enjoying a buffet breakfast in the Skyline Restaurant on the Hotel's top floor? Prices for the buffet breakfast start at just JPY 2,000!

If you're planning a trip to any of our wonderful attractions, you can find Ginza Station just 200 meters from our front door. There are train and bus services that can take you anywhere in the Kanto Region.

To:	Joe Richardson <jrichardson@blueduck.com>
From:	Takako Odanaka <todanaka@orienthoteltokyo.com>
Date:	September 17
Subject:	Your stay

Dear Mr. Richardson,

It was our great honor to welcome you back to the Orient Hotel Tokyo. I hope that you will stay with us again when you are next in town.

Yesterday, we received a parcel from Nileways Online Store. It is addressed to you care of the hotel. It arrived a couple of hours after you checked out, and we were unable to contact you on the mobile number you left with us.

According to hotel policy, we can only keep guests' items for a week. You checked out this morning, which means that we are supposed to forward it by September 24. That is a Sunday, so we will wait until the end of the following day before taking action. As you are a frequent guest, we would be happy to forward the package to your home or anywhere else in Japan. Please send me your preferred address at your earliest convenience.

Sincerely,

Takako Odanaka
Manager — Orient Hotel Tokyo

134. For whom is the card intended?
(A) A travel agent
(B) A hotel guest
(C) A transportation provider
(D) A hotel manager

135. According to the card, what is available for free?
(A) Admission to an attraction
(B) A bus service
(C) A gourmet dinner
(D) A guided tour

136. Why did Ms. Odanaka write to Mr. Richardson?
(A) To inform him of a delivery
(B) To thank him for some advice
(C) To advise him of an arrival time
(D) To invite him to a special event

137. When is the deadline for Mr. Richardson to reply?
(A) September 16
(B) September 17
(C) September 24
(D) September 25

138. What is NOT implied about the Orient Hotel Tokyo?
(A) There is a restaurant on one of the hotel's upper floors.
(B) The hotel offers a shuttle bus to the city center.
(C) The hotel keeps a record of guests' contact details.
(D) Public transportation is within walking distance.

GO ON TO THE NEXT PAGE

1文書の問題の次は、2つの文書を読んで答える問題が2セット

最後は、3つの文書を読んで答える問題が3セット

Questions 186–190 refer to the following report, e-mail, and advertisement.

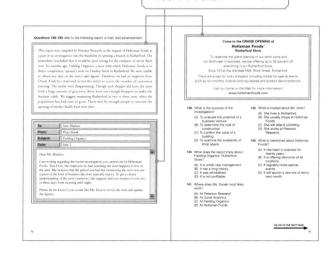

This report was compiled by Peterson Research at the request of Holtzman Foods as a part of an investigation into the feasibility of opening a branch in Rutherford. The researchers concluded that it would be poor timing for the company to invest there now. Six months ago, Fielding Organics, a store with which Holtzman Foods is in direct competition, opened a store on Dunlop Street in Rutherford. We were unable to obtain any data on the store's sales figures. Therefore, we had an employee from Dunst Analytics stationed across the street to count the number of customers entering. The results were disappointing. Though each shopper did leave the store with a large amount of groceries, there were not enough shoppers to make the business viable. We suggest reassessing Rutherford in two or three years, when the population has had time to grow. There may be enough people to warrant the opening of another health food store then.

To:	Jane Madsen
From:	Priya Sunak
Subject:	Fielding Organics
Date:	June 2

Dear Ms. Madsen,

I am writing regarding the recent investigation you carried out for Holtzman Foods. Tina Dore, the employee we had watching the store happens to live in the area. She believes that the period you had her monitoring the store was not typical of the kind of business the store typically enjoys. To get a clearer understanding of the store's turnover, she suggests that you monitor it over two or three days from morning until night.

Please let me know if you would like Ms. Dore to revisit the store and update the figures.

**Come to the GRAND OPENING of
Holtzman Foods'
Rutherford Store**

To celebrate the grand opening of our tenth store and our tenth year in business, we are offering up to 50 percent off everything in our Rutherford Store.
Shop 123 at the Glendale Mall, Ross Street, Rutherford.
There are prizes for lucky shoppers including tickets for special events such as our monthly in-store cooking classes and product demonstrations.

Visit our home on the Web for more information!
www.holtzmanfoods.com

139. What is the purpose of the investigation?
(A) To evaluate the potential of a business venture
(B) To determine the cost of construction
(C) To confirm the value of a building
(D) To examine the availability of shop space

140. What does the report imply about Fielding Organics' Rutherford Store?
(A) It is under new management.
(B) It has a long history.
(C) It was refurbished.
(D) It is not profitable.

141. Where does Ms. Sunak most likely work?
(A) At Peterson Research
(B) At Dunst Analytics
(C) At Fielding Organics
(D) At Holtzman Foods

142. What is implied about Ms. Dore?
(A) She lives in Rutherford.
(B) She usually shops at Holtzman Foods.
(C) She will attend a briefing.
(D) She works at Peterson Research.

143. What is mentioned about Holtzman Foods?
(A) It has been in business for twenty years.
(B) It is offering discounts at all locations.
(C) It regularly hosts special events.
(D) It will launch a new line of items next month.

GO ON TO THE NEXT PAGE

Part 7

基礎知識

Part 7 設問の種類

Part 7 で頻出の設問をいくつか押さえておきましょう。

■ 職業・職種を問う設問

文書の送り手・受け手や、文書中に登場する人物の職業を問う問題。選択肢には職業や職種の名前が並んでいます。ほとんどの問題に"most likely"「～だと考えられる」がついており、話の流れや発言から推測して選ぶ必要があります。

[こんな設問]

- What kind [type] of business (most likely) is ～?
  ～の業種は（おそらく）何ですか。
- For whom is ～ (most likely) intended?
  ～は（おそらく）誰に向けられていますか。
- Where does ～ (most likely) work?
  ～は（おそらく）どこで働いていますか。
- Who (most likely) is ～?
  ～は（おそらく）誰ですか。

■ 目的を問う設問

何のためにその文書が書かれたのかという目的を問う問題。このタイプの設問は各セットの１問目にあることが多く、答えになる部分は冒頭で書かれている場合がほとんどです。（文書の最後の方で目的を述べているパターンもまれにあります。）

[こんな設問]

- What is the purpose of the（e-mail/article/letterなど）?
  （Ｅメール、記事、手紙など）の目的は何ですか。
- Why did ～ send the（memo/e-mailなど）?
  なぜ～は（メモ、Ｅメールなど）を送りましたか。

■ 各選択肢を照合する問題

設問を読むだけでは答えが絞れないので、選択肢も確認して答えを選ぶ必要がある問題です。しっかり文章を読み込めていないと解けない場合が多いので、時間がないときや、文章の理解度に自信がないときは飛ばすのも一つの手です。

こんな設問

- What is indicated [mentioned/stated] about ～?
  ～について示されている（述べられている）ことは何ですか。
- What is suggested [implied] about ～?
  ～について何が分かりますか（示唆されていますか）。
- What is true about ～?
  ～について正しいことは何ですか。
- What is implied in the ～（report/e-mailなど）?
  ～（レポート、Eメールなど）では何が示唆されていますか。
- What does ～（e-mail, advertisementなど）suggest about ...?
  ～（Eメール、広告など）が……について示していることは何ですか。

★複数文書のサービス問題！

複数の文書を読んで答える問題は、解くのにとても時間がかかります。ですが、その中にも短い時間で効率よく解ける「サービス問題」があります。

こんな設問

- In the first e-mail, ～?
  最初のEメールで、～
- According to the letter, ～?
  手紙によると、～

設問文の文頭にIn the ～, やAccording to ～, とある場合、その問題の根拠はそこで指定されている文書内に出てくるので、それ以外の文書は読む必要がありません。
残りの時間が足りなくなってきたなと感じたら、このタイプの設問を探して優先的に解くこともコツです。

Part 7

設問の種類

183

Part 7 特に注意が必要な問題

Part 7に出題される特に注意が必要な問題がいくつかあります。それらの設問の種類を知っているだけでかなりの時間短縮になるので、ここで紹介しているものはしっかりと頭に入れておきましょう。

■ 意図問題

チャット上での発言の意図を問う問題。意図問題はPart 3とPart 4でも出題されますが、Part 7ではチャットの問題で必ず出題されます。発言の前後の内容から、発話者の意図を見極めましょう。

こんな設問

At 7:18 A.M., what does Mr. Suzuki most likely mean when he writes, "I will attend the meeting"?
(A) He can ask the guest questions.
(B) He will arrive on time.
(C) He needs to get the agenda.
(D) He rescheduled a client meeting.

午前7時18分に、スズキさんは "I will attend the meeting" という発言で、何を意味していると考えられますか。
(A) 彼はゲストに質問をすることができる。
(B) 彼は時間通りに到着する予定だ。
(C) 彼は議題一覧をもらう必要がある。
(D) 彼は顧客とのミーティングの日程を変更した。

■ NOT問題

本文の内容と一致しない選択肢を選ぶ問題です。つまり、選択肢4つのうち3つは本文の内容と一致しているので、選択肢を1つ1つ検証して消去法で正解を探す必要があります。NOT問題は、先読みをする際に選択肢も読んでおくと良いでしょう。

こんな設問

What is NOT mentioned as a feature of the MTK desk?
(A) The reasonable price
(B) The adjustable height

(C) The eco-friendly material
(D) The high-capacity drawers

MTKデスクの特徴として述べられていないものはどれですか。

(A) お手頃な価格　　　　　(B) 調整可能な高さ
(C) 環境に良い素材　　　　(D) 容量の大きい引き出し

■ 同義語問題

問題として取り上げられている単語は「多義語」(1つの単語で複数の意味があるもの) です。複数ある意味の中から、その文中ではどの意味で使われているかを見極めて、正答を選びましょう。

こんな設問

In the e-mail, the word "address" in paragraph 1, line 4, is closest in meaning to

(A) speak to　　　(B) direct　　　(C) deal with　　　(D) write

Eメールの第1段落・4行目にある "address" に最も意味が近いのは

(A) ～に話しかける　　(B) ～を向ける　　(C) ～に対処する　　(D) ～を書く

■ 文挿入問題

[1]～[4]の番号が文書の中に散らばって配置されており、特定の文をその4つのうちの正しい場所に入れる問題。話の流れを理解することがポイントになります。この問題は、文書が1つの問題にしか登場しません。文挿入問題は、先読みの際に挿入文も先に読んでおくのがオススメです。

こんな設問

In which of the positions marked [1], [2], [3], and [4] does the following sentence best belong?

"Therefore, we will need more time to revise it."

(A) [1]　　　(B) [2]　　　(C) [3]　　　(D) [4]

[1]、[2]、[3]、[4]と記載された箇所のうち、次の文が入るのに最もふさわしいのはどれですか。

「そのため、それを修正するのにはもっと時間が必要になるでしょう」

(A) [1]　　　(B) [2]　　　(C) [3]　　　(D) [4]

Part 7 解答プロセス

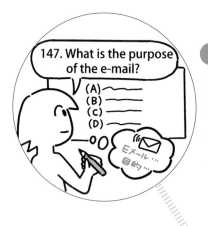

STEP 1

1問目の設問文を先読みして、問われている内容をざっくり理解！

文書を読み始めるより先に、設問文を読む クセをつけよう。選択肢が短ければ、設問と 合わせてざっと読んでおくのもオススメ。

STEP 2

ヒントを探しながら文書を読む！

設問文で問われている内容につながるヒ ントを意識しつつ、文書を冒頭から読ん でいこう。

STEP 3

根拠を見つけたらすぐマーク!

根拠がなかなか見つからない場合は、その設問は一度飛ばしてSTEP 4へ。あとから根拠が出てくることもある!(ただしマーク箇所のズレには注意!)

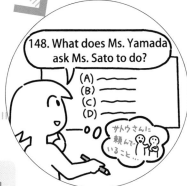

STEP 4

次の設問文を先読み!

次の設問文を読んで、問われている内容をざっくり理解しよう。この後はSTEP 2に戻って、文書を読んでマーク→設問文先読み→文書を読んでマーク……の流れの繰り返し!

Part 7の即効薬リスト

① 全体に関する設問は冒頭を見る ！ ⋯⋯⋯

ある人物の職業や文書が書かれた目的など、詳細な内容ではなく「概要」を問うような問題の攻略法です。

② NOT問題は１つずつ検証 ！ ⋯⋯⋯⋯

Part 7に出題される、設問文にNOTが含まれる問題。そんなNOT問題の適切な解き方を学びましょう。

③ 差出人・受取人は要チェック ！

⋯⋯⋯⋯⋯⋯⋯⋯⋯⋯⋯⋯⋯⋯⋯⋯⋯⋯

多くの問題に使える、非常に効果的なテクニックです。問題に正解しやすくなるだけでなく、文書の内容自体も読みやすくなります。

④ 表の要素は必ずチェック ！ ⋯⋯⋯⋯⋯

文書の中に表組みの情報が含まれるときに何を確認すべきか、重要なポイントを解説します。

⑤ 時・場所・条件に注意して読もう ！ ⋯⋯

複数の文書の問題では、異なる文書の情報を結びつけて答える「クロス問題」が登場します。そんな「クロス問題」の攻略法について解説します。

Part 7 の 即効薬 ① 例題

文書を読んで、その内容に関する設問の解答を (A)〜(D) の中から選びましょう。

Questions 1-2 refer to the following text-message chain.

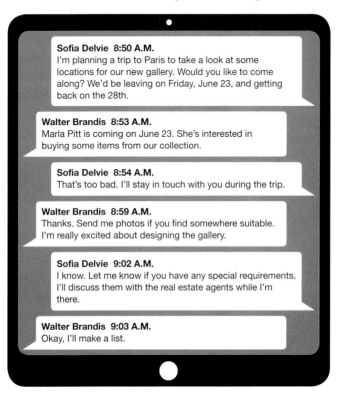

Sofia Delvie 8:50 A.M.
I'm planning a trip to Paris to take a look at some locations for our new gallery. Would you like to come along? We'd be leaving on Friday, June 23, and getting back on the 28th.

Walter Brandis 8:53 A.M.
Marla Pitt is coming on June 23. She's interested in buying some items from our collection.

Sofia Delvie 8:54 A.M.
That's too bad. I'll stay in touch with you during the trip.

Walter Brandis 8:59 A.M.
Thanks. Send me photos if you find somewhere suitable. I'm really excited about designing the gallery.

Sofia Delvie 9:02 A.M.
I know. Let me know if you have any special requirements. I'll discuss them with the real estate agents while I'm there.

Walter Brandis 9:03 A.M.
Okay, I'll make a list.

1. What is the topic of the text-message chain?

   (A) Hiring additional staff members
   (B) Inspecting potential new business locations
   (C) Scheduling some maintenance work
   (D) Setting a price for some items

2. At 9:03 A.M., what does Mr. Brandis mean when he writes, "I'll make a list"?

   (A) He knows some qualified people.
   (B) He will help Ms. Delvie operate a machine.
   (C) He has some specific demands.
   (D) He will recommend some artwork.

即効薬

Part 7 の
即効薬 ① 全体に関する設問は冒頭を見る！

設問文は１問ずつ先読みして、問われている内容をざっくり理解してから答えを探そう！

≪ざっくり理解≫
1 このやりとりのトピックは？

1. What is the topic of the text-message chain?
   - (A) Hiring additional staff members
   - 正解▶ (B) Inspecting potential new business locations
   - (C) Scheduling some maintenance work
   - (D) Setting a price for some items

即効薬 ①

全体に関する設問の根拠は文書の冒頭に！

文書の**トピック**や**目的**を問うような問題は、その根拠が**文書の最初に書かれている**ことが多い。冒頭で書かれている内容を言い換えているような選択肢を選ぼう！

≪ざっくり理解≫
2 「リストを作る」と言ったワケは？

2. At 9:03 A.M., what does Mr. Brandis mean when he writes, "I'll make a list"?
   - (A) He knows some qualified people.
   - (B) He will help Ms. Delvie operate a machine.
   - 正解▶ (C) He has some specific demands.
   - (D) He will recommend some artwork.

引用発言の前後を見る！

発言の意図を問う問題は、その**発言の前後に根拠がある**場合が多い。今回のパターンは**引用部分が最後の発言**なので、そのすぐ前に必ず根拠がある！

Questions 1-2 refer to the following text-message chain.

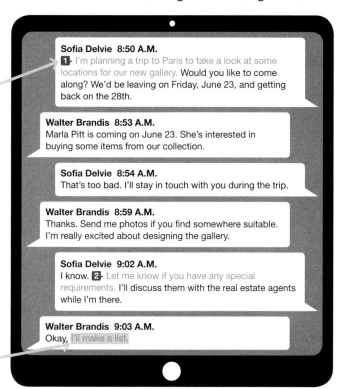

Sofia Delvie 8:50 A.M.
1 I'm planning a trip to Paris to take a look at some locations for our new gallery. Would you like to come along? We'd be leaving on Friday, June 23, and getting back on the 28th.

Walter Brandis 8:53 A.M.
Marla Pitt is coming on June 23. She's interested in buying some items from our collection.

Sofia Delvie 8:54 A.M.
That's too bad. I'll stay in touch with you during the trip.

Walter Brandis 8:59 A.M.
Thanks. Send me photos if you find somewhere suitable. I'm really excited about designing the gallery.

Sofia Delvie 9:02 A.M.
I know. **2** Let me know if you have any special requirements. I'll discuss them with the real estate agents while I'm there.

Walter Brandis 9:03 A.M.
Okay, I'll make a list.

問題1-2は次のテキストメッセージのやりとりに関するものです。

ソフィア・デルヴィー　午前8時50分
新しいギャラリーの場所の視察をするためにバリに行く予定です。一緒に行きませんか。6月23日の金曜日に出発して、28日に戻ってくることになります。

ウォルター・ブランディス　午前8時53分
マーラ・ピットが6月23日に来る予定なんですよ。彼女は、私たちのコレクションから商品をいくつか購入することに興味があるようです。

ソフィア・デルヴィー　午前8時54分
それは残念です。それなら旅行中はあなたと連絡を取り合うようにしますね。

ウォルター・ブランディス　午前8時59分
ありがとうございます。どこか適した場所を見つけたら、写真を送ってください。ギャラリーをデザインするのが本当に楽しみなのです。

ソフィア・デルヴィー　午前9時2分
そうですよね。何か特別な要件があれば教えてください。現地にいる間に、不動産屋と相談してみます。

ウォルター・ブランディス　午前9時3分
分かりました。リストを作っておきますね。

語注　□ come along 一緒に行く　□ stay in touch 連絡を取り合う
□ suitable 形 適切な　□ requirements 名 要件　□ discuss 動 ～を話し合う
□ real estate agent 不動産屋

1. テキストメッセージのやりとりのトピックは何ですか。

(A) 追加のスタッフを採用すること
(B) 新規事業の候補地を視察すること
(C) メンテナンス作業の予定を決めること
(D) いくつかの商品の価格を設定すること

解説

このメッセージのやりとりを始めたソフィア・デルヴィーさんは、冒頭で「新しいギャラリーの場所の視察をするためにパリに行く予定だ」と言っています。その後「一緒に行きませんか」とウォルター・ブランディスさんを誘い、その日程などについても話しているので、このやりとり全体のトピックは、「新しいギャラリーの場所（＝新規事業の候補地）の視察」であると言えます。よって、正解は(B)です。

語注 □ **hire** 動 ～を採用する　□ **additional** 形 追加の　□ **inspect** 動 ～を視察する
□ **potential** 形 見込みがある　□ **schedule** 動 ～の予定を決める

2. 午前9時3分に、ブランディスさんは "I'll make a list" という発言で、何を意味していますか。

(A) 彼は適任の人を何人か知っている。
(B) 彼はデルヴィーさんが機械を操作するのを手伝うつもりだ。
(C) 彼はいくつかの具体的な要求がある。
(D) 彼は芸術作品をいくつか推薦するつもりだ。

解説

ブランディスさんがI'll make a list.「リストを作る」と発言する前、ソフィア・デルヴィーさんが午前9時2分のメッセージで、「何か特別な要件があれば教えてください」と言っています。つまり、このlist「リスト」とは、「特別な要件をまとめたリスト」であると考えられます。よって、ブランディスさんは新しいギャラリーの候補地に関して何か具体的な要件があると分かるので、(C)が正解です。

語注 □ **qualified** 形 適任の　□ **operate** 動 ～を操作する　□ **specific** 形 具体的な
□ **demand** 名 要求　□ **artwork** 名 芸術作品

Part 7

即効薬

文書を読んで、その内容に関する設問の解答を (A) 〜 (D) の中から選びましょう。

Questions 3-4 refer to the following report.

This summary focuses on our investigation into Duraslip gloves from Freemont Gardening. The Duraslip line was released just a year ago and has been outselling our gloves ever since. In order to regain our status as the market leader, we need to reconsider several aspects of our product. It is interesting to note that we are being outsold despite having the more competitively priced product. An in-store survey revealed that one problem is that our gloves have been popular for so long that they are no longer considered modern. The modern look of the Duraslip gloves makes them more attractive. There is a chance that customers will return to us if the Duraslip gloves do not live up to their expectations. However, it is the recommendation of the marketing department that we consider a product redesign.

3. What is the subject of the report?

   (A) A competitor's product
   (B) A production schedule
   (C) A return procedure
   (D) A product malfunction

4. What feature of the gloves is NOT addressed in the report?

   (A) The price
   (B) The design
   (C) The popularity
   (D) The durability

即
効
薬

即効薬② NOT問題は1つずつ検証!

設問文は1問ずつ先読みして、問われている内容をざっくり理解してから答えを探そう!

≪ざっくり理解≫

3 ▶ **何の報告書?**

3. What is the subject of the report?

正解 ▶ (A) A competitor's product
   (B) A production schedule
   (C) A return procedure
   (D) A product malfunction

主題は冒頭にあり!

これもPart 7の即効薬①(p. 190-191)と同じ。文書のトピックや目的を問うような問題は文書の冒頭から根拠を見つけ出そう!

≪ざっくり理解≫

4 ▶ **手袋の特徴ではないのは?**

4. What feature of the gloves is NOT addressed in the report?

   (A) The price
   (B) The design
   (C) The popularity

正解 ▶ (D) The durability

即効薬②

NOT問題は本文と選択肢を1つ1つ照らし合わせる!

「書かれていない」ものを探す問題は、「書かれている」ものを選択肢から1つずつ消していこう。「書かれている」ものをうっかりマークしてしまわないように注意!

Questions 3-4 refer to the following report.

❸ This summary focuses on our investigation into Duraslip gloves from Freemont Gardening. The Duraslip line was released just a year ago and has been outselling our gloves ever since. In order to regain our status as the market leader, we need to reconsider several aspects of our product. It is interesting to note that we are being outsold despite having ❹ the more competitively priced product. An in-store survey revealed that one problem is that ❹ our gloves have been popular for so long that they are no longer considered modern. ❹ The modern look of the Duraslip gloves makes them more attractive. There is a chance that customers will return to us if the Duraslip gloves do not live up to their expectations. However, it is the recommendation of the marketing department that we consider a product redesign.

即
効
薬

問題 3-4 は次の報告書に関するものです。

この要約は、フリーモント・ガーデニングのデュラスリップ手袋に関する調査に
焦点を当てたものである。デュラスリップシリーズは 1 年前に発売されたばかり
だが、それ以来、当社の手袋を上回る売れ行きだ。市場を率いる立場としての当
社の地位を取り戻すためには、製品のいくつかの側面を見直す必要がある。興味
深いのは、当社はより価格競争力のある製品があるにもかかわらず、売れ行きが
伸び悩んでいることだ。店頭調査によると、当社の手袋は昔から愛用されてきた
ため、もはや現代的でないと思われていることが問題点の 1 つであるということ
が明らかになった。現代的な見た目がデュラスリップ手袋を魅力的にしているの
だ。デュラスリップ手袋が顧客の期待に応えられなければ、当社に顧客が戻ってくる
可能性はある。しかし、製品の再設計を検討することがマーケティング部門から
の勧めである。

語注 ☐ **summary** 名 概要、要約　☐ **focus on ～** ～に焦点を合わせる
☐ **investigation** 名 調査　☐ **outsell** 動 ～より多く売れる　☐ **ever since** それ以来
☐ **regain** 動 ～を取り戻す　☐ **reconsider** 動 ～を再考する　☐ **aspect** 名 面、局面
☐ **note** 動 ～に注目する　☐ **despite** 前 ～にもかかわらず
☐ **competitively** 副 競争して、他に負けず　☐ **in-store** 形 店内の
☐ **reveal** 動 ～を明らかにする　☐ **no longer** もはや～ない　☐ **modern** 形 現実的な
☐ **live up to ～** ～に応える　☐ **expectation** 名 期待　☐ **redesign** 名 再設計

3. 報告書の主題は何ですか。
- (A) 競合他社の製品
- (B) 生産スケジュール
- (C) 返品手続き
- (D) 製品の不具合

解説

この報告書が何についてかを読み取ります。冒頭に「この概要は、フリーモント・ガーデニングのデュラスリップ手袋に関する調査に焦点を当てたものである」と書かれていることに注目しましょう。続けて、そのフリーモント・ガーデニングの商品が「自分たちの商品の売れ行きを上回っている」と説明しているので、このフリーモント・ガーデニングとは「競合他社」であることが分かります。よって、(A)が正解です。

語注 ☐ **competitor** 名 競合他社 ☐ **procedure** 名 手続き、手順
☐ **malfunction** 名 不具合、不調

4. この報告書で言及されていない手袋の特徴は何ですか。
- (A) 価格
- (B) デザイン
- (C) 人気度
- (D) 耐久性

解説

文書に書かれている内容と照らし合わせながら選択肢を1つずつ消去して、言及されていないものを選びましょう。設問文にある「手袋の特徴」については、6〜9行目に記載があります。more competitively priced「より価格競争力のある」と価格について触れているので(A)は間違い。手袋のmodern look「現代的な見た目」についても触れているので、(B)も間違い。そして、自社の手袋がhave been popular for so long「長く愛されている」ことも述べており人気であることが分かるので、(C)も間違いとなります。よって、(D)が正解です。

語注 ☐ **feature** 名 特徴 ☐ *be* **addressed** 言及される

Part7

即効薬

Part 7 の
即効薬 ③ 例題

文書を読んで、その内容に関する設問の解答を (A)～(D) の中から選びましょう。

Questions 5-7 refer to the following memo.

MEMO

From: We Ying Wu, CEO
To: Lane Myers, Factory Manager
Date: Monday, June 2
Re: Changes

Following up on the May 27 online meeting of factory managers, I am contacting you to clarify a few of my requirements. As we discussed, managers will have to submit reports every two weeks from now on rather than monthly. This means I expect the next report from your factory tomorrow.

I have centralized our health and safety, quality control, and human resources departments. They will be monitored by Jane Lee, Finn Aston, and Rudolph St. Claire respectively. The three of them will be traveling between the four factory locations to deal with any issues. Please stay in contact with them using phone and e-mail.

As for your request for a new employee lounge, please get some designs and price estimates from local builders and forward them to head office along with a site improvement application form. I will discuss the matter with the accounting department and we will find a way to incorporate that into the budget.

---

5. By when is Mr. Myers' report required?

   (A) May 27
   (B) May 28
   (C) June 2
   (D) June 3

6. Who is responsible for checking product quality?

   (A) Finn Aston
   (B) Lane Myers
   (C) Jane Lee
   (D) Rudolph St. Claire

7. What is implied about Mr. Myers?

   (A) He has already submitted the application form.
   (B) He is a member of the accounting department.
   (C) He contacted Mr. Wu about a new construction project.
   (D) He recently joined the company.

即効薬③ 差出人・受取人は要チェック！

設問文は1問ずつ先読みして、問われている内容をざっくり理解してから答えを探そう！

≫ざっくり理解≪

5 マイヤーズさんの報告書の期限は？

5. By when is Mr. Myers' report required?

(A) May 27
(B) May 28
(C) June 2
正解 (D) June 3

時を表す語には敏感に反応！

文書内で時を表す語が登場したら敏感に反応できるようにしよう！ ここでは、メモの上部の日付とメモ本文のtomorrowを関連付けることができればOK。

≫ざっくり理解≪

6 品質調査の責任者は誰？

6. Who is responsible for checking product quality?

正解 (A) Finn Aston
(B) Lane Myers
(C) Jane Lee
(D) Rudolph St. Claire

列挙された要素に注意！

文書内で部門名と人名が列挙されている。特定の要素が列挙されている部分は設問で問われやすいので注意して読もう！

≫ざっくり理解≪

7 マイヤーズさんについて考えられるのは？

7. What is implied about Mr. Myers?

(A) He has already submitted the application form.
(B) He is a member of the accounting department.
正解 (C) He contacted Mr. Wu about a new construction project.
(D) He recently joined the company.

即効薬③

誰が誰に向けて書いているのか確認しよう！

Eメールやメモ、手紙などは、ヘッダー部分や本文の最後を見れば送り手と受け取り手が分かる。Mr. Myersは受け取り手なので、本文でyouやyourとある部分からヒントを得られる！

Questions 5-7 refer to the following memo.

MEMO

From: We Ying Wu, CEO
To: Lane Myers, Factory Manager
Date: Monday, June 2
Re: Changes

Following up on the May 27 online meeting of factory managers, I am contacting you to clarify a few of my requirements. As we discussed, managers will have to submit reports every two weeks from now on rather than monthly. This means I expect the next report from your factory tomorrow.

I have centralized our health and safety, quality control, and human resources departments. They will be monitored by Jane Lee, Finn Aston, and Rudolph St. Claire respectively. The three of them will be traveling between the four factory locations to deal with any issues. Please stay in contact with them using phone and e-mail.

As for your request for a new employee lounge, please get some designs and price estimates from local builders and forward them to head office along with a site improvement application form. I will discuss the matter with the accounting department and we will find a way to incorporate that into the budget.

解答・解説

問題5-7は次のメモに関するものです。

差出人：ウィ・イン・ウー、最高責任者
宛先：レーン・マイヤーズ、工場長
日付：6月2日（月曜日）
件名：変更点

5月27日の工場長オンラインミーティングを受けて、いくつかの要件を整理するため連絡しました。お話ししたように、今後マネージャーは毎月ではなく、2週間ごとに報告書を提出しなければなりません。つまり、あなたの工場からの次の報告は明日ということになります。

我が社の安全衛生、品質管理、人事の各部門を一元化しました。それぞれ、ジェーン・リー、ファン・アストン、ルドルフ・セント・クレアによって監視されることになります。この3人が4つの工場を行き来して、あらゆる問題に対応します。電話やEメールを用いて彼らと連絡を取り合ってください。

新しい従業員用ラウンジに関するあなたからの要望の件ですが、地元の建設業者から設計図と見積もりを取って、敷地改良申請書と一緒に本社に送ってください。経理部と相談し、予算に組み入れる方法を考えます。

語注　☐ follow up on ～ ～を徹底的に追及する　☐ clarify 動 ～を明確にする
☐ submit 動 ～を提出する　☐ rather than ～ ～ではなく
☐ centralize 動 ～を一元化する　☐ quality control 品質管理
☐ monitor 動 ～を監視する　☐ respectively 副 それぞれ
☐ deal with ～ ～に対処する　☐ issue 名 問題
☐ stay in contact with ～ ～と連絡を保つ　☐ as for ～ ～に関して
☐ incorporate 動 ～を組み入れる

5. マイヤーズさんの報告書はいつまでに必要ですか。

   (A) 5月27日
   (B) 5月28日
   (C) 6月2日
   (D) 6月3日

解説

マイヤーズさんの名前はこのメモの宛先欄にあります。メモの書き手は報告書の提出頻度の変更について説明した後、「あなたの工場からの次の報告は明日ということになる」とマイヤーズさんに伝えています。日付欄を見るとこのメモが書かれたのは「6月2日」なので、ここで書かれている「明日」とは「6月3日」のことであると判断できます。よって、(D) が正解です。

語注　□ require 動 必要とする

6. 製品の品質を調査する責任者は誰ですか。

   (A) フィン・アストン
   (B) レーン・マイヤーズ
   (C) ジェーン・リー
   (D) ルドルフ・セント・クレア

解説

本文の2段落目で工場の部門名と人名が列挙されています。①health and safety「安全衛生」、②quality control「品質管理」、③human resources「人事」という3つの部門を列挙した後に、管理している人物として3人の名前を挙げており、人物名を挙げた最後にrespectively「それぞれ」とあるので、部門と責任者の名前が順番通りに対応していると考えられます。2番目に挙げられているquality controlが設問文でchecking product qualityと言い換えられ、フィン・アストンが責任者であることが分かるので、(A) が正解です。

語注　□ *be* responsible for ～ ～の責任がある

7. マイヤーズさんについて何が示唆されていますか。

   (A) 申込書をすでに提出した。
   (B) 経理部のメンバーである。
   (C) 新しい建設計画についてウーさんに連絡した。
   (D) 最近会社に入ったばかりだ。

解説

本文の3段落目に「新しい従業員用ラウンジに関するあなたからの要望」について書かれており、建設業者から設計図と見積もりを取って本社に送るようにマイヤーズさんに伝えています。マイヤーズさんがこのメモを受け取る前にウーさんに新しい従業員用ラウンジの建設に関して話していたことが推測できるので、(C) が正解です。your request「あなたの要望」が、マイヤーズさんからのものであると気付くことがポイントです。

語注　□ accounting 名 経理　□ construction 名 建設

文書を読んで、その内容に関する設問の解答を (A)～(D) の中から選びましょう。

Questions 8-12 refer to the following Web page and e-mail.

◀ ▶ https://galvestonbillboardco.com/advertise

Advertise your business with Galveston Billboard Company!

Galveston Billboard Company (GBC) carefully considers the positioning of its billboards to ensure that they are in the most prominent locations and easily seen from multiple directions. We use the latest ink technologies so that the colors on your sign stay bright and clear year after year in even the sunniest of areas. Our solar-powered lighting system keeps our signs well-lit until morning at no extra charge.

The advertising options are as follows.

Option	Rural Areas	Suburbs	Urban Areas
6 Months	$6,000	$11,000	$15,000
1 Year	$11,000	$15,000	$22,000
18 Months	$15,000	$22,000	$34,000
3 Years	$22,000	$34,000	$50,000

There is a 15 percent discount for clients who renew their contracts. Please note that this does not apply to contracts that have been discontinued for any amount of time.

To:	Clyde Day <cday@galvestonbillboardco.com>
From:	Hilda Merkley <hmerkley@valleyfarmmach.com>
Date:	June 7
Subject:	Contract

Dear Mr. Day,

Thank you for carrying out the repairs on our sign. Although it has been placed in a rural area, the repairers arrived just two hours after my call. I was impressed how quickly you handled this even though our 12-month first contract with GBC was about to expire in a month.

Yesterday, I received a letter from your office reminding us that the contract would be up for renewal next month. We have been advised that the government will be giving businesses in agricultural areas financial assistance for advertising. The plan goes into effect in November. In order to take advantage of this, we have decided to wait until then to renew.

Sincerely,

Hilda Merkley
Valley Farm Machinery

8. What is NOT mentioned about GBC billboards?

(A) The safety
(B) The visibility
(C) The durability
(D) The efficiency

9. On the Web page, the word "apply" in paragraph 2, line 2 is closest in meaning to

(A) request
(B) devote
(C) pertain
(D) afford

10. Why did Ms. Merkley call Mr. Day?

(A) To ask for some advice
(B) To negotiate a discount
(C) To update a contract
(D) To request some maintenance

11. How much did Ms. Merkley's company pay GBC for billboard advertising?

(A) $6,000
(B) $11,000
(C) $15,000
(D) $22,000

12. According to the e-mail, what will Ms. Merkley most likely do in November?

(A) Try alternative advertising
(B) Receive a discount
(C) Renew a contract
(D) Submit a report

即
効
薬

Part 7 の 即効薬 ④ 表の要素は必ずチェック！

設問文は1問ずつ先読みして、問われている内容をざっくり理解してから答えを探そう！

◇ざっくり理解◇
8 GBC看板広告について書かれていないことは？

8. What is NOT mentioned about GBC billboards?

正解 ▶ (A) The safety
(B) The visibility
(C) The durability
(D) The efficiency

書かれているものを3つ探せ！

NOT問題なので、Part 7の即効薬② (p.196-197) のポイントを思い出そう。文書の中で書かれているものを選択肢から3つ消去できればOK！

◇ざっくり理解◇
9 ここでのapplyに近い単語は？

9. On the Web page, the word "apply" in paragraph 2, line 2 is closest in meaning to

(A) request
(B) devote
正解 ▶ (C) pertain
(D) afford

同義語は文中の語句との組み合わせで選ぶ！

同義語問題は、指定された語(句) の文中での意味を掴むことがポイント。前後の語句との組み合わせを確認しよう。ここではapply to contracts「契約にapplyする」というコロケーションから、「適用される」という意味であることを掴む！

◇ざっくり理解◇
10 マークレイさんがデイさんに電話した目的は？

10. Why did Ms. Merkley call Mr. Day?

(A) To ask for some advice
(B) To negotiate a discount
(C) To update a contract
正解 ▶ (D) To request some maintenance

人名を文書の上と下で探せ！

設問に人名が含まれるときはまずその名前を探そう。Eメールや手紙などでは、上部や下部に送り手と受け手の情報が書かれている。あとは設問にある「電話」というキーワードが見つかれば、この問題は解けるはず！

Questions 8-12 refer to the following Web page and e-mail.

文書1：ウェブページ

◀ ▶ https://galvestonbillboardco.com/advertise

Advertise your business with Galveston Billboard Company!

Galveston Billboard Company (GBC) carefully considers the positioning of its billboards to **8** ensure that they are in the most prominent locations and easily seen from multiple directions. We use the latest ink technologies so that **8** the colors on your sign stay bright and clear year after year in even the sunniest of areas. Our solar-powered lighting system **8** keeps our signs well-lit until morning at no extra charge.

The advertising options are as follows.

Option	Rural Areas	Suburbs	Urban Areas
6 Months	$6,000	$11,000	$15,000
1 Year	$11,000	$15,000	$22,000
18 Months	$15,000	$22,000	$34,000
3 Years	$22,000	$34,000	$50,000

9 There is a 15 percent discount for clients who renew their contracts. Please note that this does not apply to contracts that have been discontinued for any amount of time.

文書2：Eメール

To:	Clyde Day <cday@galvestonbillboardco.com>
From:	Hilda Merkley <hmerkley@valleyfarmmach.com>
Date:	June 7
Subject:	Contract

Dear Mr. Day,

10 Thank you for carrying out the repairs on our sign. Although it has been placed in a rural area, the repairers arrived just two hours after my call. I was impressed how quickly you handled this even though our 12-month first contract with GBC was about to expire in a month.

Yesterday, I received a letter from your office reminding us that the contract would be up for renewal next month. We have been advised that the government will be giving businesses in agricultural areas financial assistance for advertising. The plan goes into effect in November. In order to take advantage of this, we have decided to wait until then to renew.

Sincerely,

Hilda Merkley
Valley Farm Machinery

Part 7

即効薬

11 マークレイさんの会社が支払ったのはいくら?

11. How much did Ms. Merkley's company pay GBC for billboard advertising?

(A) $6,000

正解 (B) $11,000

(C) $15,000

(D) $22,000

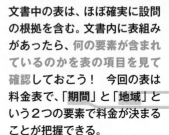

即効薬 ❹

表の要素は必ずチェック!

文書中の表は、ほぼ確実に設問の根拠を含む。文書内に表組みがあったら、**何の要素が含まれているのかを表の項目を見て確認**しておこう! 今回の表は料金表で、「期間」と「地域」という2つの要素で料金が決まることが把握できる。

12 11月にマークレイさんは何をしそう?

12. According to the e-mail, what will Ms. Merkley most likely do in November?

(A) Try alternative advertising

(B) Receive a discount

正解 (C) Renew a contract

(D) Submit a report

most likely の問題ははっきりした根拠がない!

most likely を含む設問は、書かれている内容から「推測できること」を答えるので、**はっきりした根拠はない**。あまり長い時間悩まず、文書に書かれていることをヒントに、「これかもしれないな」と推測したものを選ぼう!

文書１：ウェブページ

◀ ▶ https://galvestonbillboardco.com/advertise

Advertise your business with Galveston Billboard Company!

Galveston Billboard Company (GBC) carefully considers the positioning of its billboards to ensure that they are in the most prominent locations and easily seen from multiple directions. We use the latest ink technologies so that the colors on your sign stay bright and clear year after year in even the sunniest of areas. Our solar-powered lighting system keeps our signs well-lit until morning at no extra charge.

The advertising options are as follows.

Option	Rural Areas	Suburbs	Urban Areas
6 Months	$6,000	$11,000	$15,000
1 Year	$11,000	$15,000	$22,000
18 Months	$15,000	$22,000	$34,000
3 Years	$22,000	$34,000	$50,000

There is a 15 percent discount for clients who renew their contracts. Please note that this does not apply to contracts that have been discontinued for any amount of time.

文書２：Ｅメール

To:	Clyde Day <cday@galvestonbillboardco.com>
From:	Hilda Merkley <hmerkley@valleyfarmmach.com>
Date:	June 7
Subject:	Contract

Dear Mr. Day,

Thank you for carrying out the repairs on our sign. Although it has been placed in a rural area, the repairers arrived just two hours after my call. I was impressed how quickly you handled this even though **11** our 12-month first contract with GBC was about to expire in a month.

Yesterday, I received a letter from your office reminding us that the contract would be up for renewal next month. **12** We have been advised that the government will be giving businesses in agricultural areas financial assistance for advertising. The plan goes into effect in November. In order to take advantage of this, we have decided to wait until then to renew.

Sincerely,

Hilda Merkley
Valley Farm Machinery

即効薬

Part 7の 即効薬④ 解答・解説

問題8-12は次のウェブページとEメールに関するものです。

文書1：ウェブページ

https://galvestonbillboardco.com/advertise

ガルヴェストン看板広告社であなたの企業を宣伝しましょう！

ガルヴェストン看板広告社（GBC）は、看板広告が最も目立つ場所で多方向から見やすくなるように位置を慎重に考慮しています。

弊社は最新のインク技術を用いているので、最も日差しの強い地域でさえも何年も看板の色が明るく鮮明に保たれます。

弊社の太陽電池を利用した照明システムは、看板を追加料金なしで朝まで明るく照らし続けます。

広告オプションは以下の通りです。

オプション	農村地域	郊外	都心
6カ月	6,000ドル	11,000ドル	15,000ドル
1年	11,000ドル	15,000ドル	22,000ドル
18カ月	15,000ドル	22,000ドル	34,000ドル
3年	22,000ドル	34,000ドル	50,000ドル

契約を更新されたお客さまには、15%の割引があります。期間の長さに関わらず、一度中断された契約には適用されませんのでご注意ください。

> **語注** □ **advertise** 動 ～を広告する □ **billboard** 名 広告板
> □ **consider** 動 ～を検討する □ **ensure** 動 ～を保証する、～を確実にする
> □ **prominent** 形 目立った □ **multiple** 形 複数の □ **latest** 形 最新の
> □ **solar-powered** 形 太陽光発電の □ **well-lit** 形 明るい □ **renew** 動 ～を更新する
> □ **discontinue** 動 ～をやめる

文書2：Eメール

受信者：クライド・デイ <cday@galvestonbillboardco.com>
送信者：ヒルダ・マークレイ <hmerkley@valleyfarmmach.com>
日付：6月7日
件名：契約

デイ様

弊社の看板の修理をしていただき、ありがとうございました。農村地域にあるにも関わらず、電話して2時間後には修理の人が到着しました。GBCとの12カ月の初回契約はあと1カ月で切れてしまいますが、この迅速な対応には感心させられました。

212

昨日、貴社から来月に契約更新を迎えることを知らせる手紙を受け取りました。政府が農業地域の企業に対して、広告の資金援助をする予定であることを知らされました。この制度は11月から実施されます。これを利用するために、私たちはそれまで更新を待つことにしました。

敬具

ヒルダ・マークレイ
ヴァレー農業機械

語注　□ **carry out ～** ～を行う　□ **repair** 名 修理　□ **impress** 動 ～に感銘を与える
□ **remind** 動 ～に気付かせる　□ **renewal** 名 更新　□ **agricultural** 形 農業の
□ **financial** 形 財務の　□ **go into effect** 実施される、有効になる
□ **take advantage of ～** ～を利用する

8.　正解：(A)　難易度： 🖉 🖉 🖉

8. GBCの看板広告について言及されていないことは何ですか。

- (A) 安全性
- (B) 可視性
- (C) 耐久性
- (D) 効率性

解説

言及されていないことを答えるので、本文で述べられていることを選択肢から1つずつ消していきましょう。ウェブページの最初に、「看板広告を最も目立つ場所で多方向から見やすくなるように位置を慎重に考慮している」とあるので(B)は不正解。続けて、「色が落ちにくい」ことも述べているので(C)も不正解。さらにその後、太陽電池を利用した照明システムについて、「追加料金なしで朝まで照らし続けられる」ことを説明しています。これは「効率性が良い」ということなので、(D)も不正解と判断できます。よって、残った(A)が正解です。

9.　正解：(C)　難易度： 🖉 🖉 🖉

9. ウェブページの第2段落・2行目にある "apply" に最も意味が近いのは

- (A) ～を要求する
- (B) ～をささげる
- (C) 適用される
- (D) ～する余裕がある

解説

applyがここでどんな意味を表しているかを読み取ります。applyの主語となっているthisが、前の文で述べられている「15%の割引」を指していることがポイント。apply to ～で「～に適用される、～に当てはまる」という意味を表すことができるので、ここでのapplyの意味は(C) pertain「適用される」に最も近いと考えられます。

10. マークレイさんはなぜデイさんに電話をしたのですか。

    (A) アドバイスをもらうため   (B) 値引き交渉をするため
    (C) 契約を更新するため   (D) メンテナンスを依頼するため

解説

マークレイさんがデイさんに電話をしたことは、マークレイさんからのEメールの冒頭に just two hours after my call とあることから分かります。前の文では看板の修理をしてくれたことに対して感謝しており、「電話して2時間後には修理の人が到着した」と書いているので、電話をした目的は修理の依頼だと分かります。よって、(D)が正解です。

語注 □ **ask for ~** ~を求める   □ **negotiate 動** ~を交渉する
□ **update 動** ~を更新する

11. マークレイさんの会社はGBCに看板広告費のためにいくら支払いましたか。

    (A) 6,000ドル   (B) 11,000ドル   (C) 15,000ドル   (D) 22,000ドル

解説

2つの文書をどちらも参照して答える問題です。以下の流れで、情報を読み取っていきましょう。

<文書1：ガルヴェストン看板広告社のウェブページ>
  料金表を見ると…
   →料金が決まる要素は「看板を置く期間の長さ」と「看板を置く場所」
     ↓
<文書2：マークレイさんからのEメール>
  「(修理してもらった看板は)農村地域にあるにも関わらず~」
  ＝看板を置いているのは「農村地域」である
  「GBCとの12カ月の初回契約は~」
  ＝契約期間は12カ月(＝1年)である
     ↓
<文書1：ガルヴェストン看板広告社のウェブページ>
  料金表でRural Areas「農村地域」の1 Year「1年」の料金を確認
  ＝「11,000ドル」とあるので(B)が正解

12. Eメールによると、マークレイさんは11月に何をすると考えられますか。

    (A) 別の広告を試す   (B) 割引を受ける   (C) 契約を更新する   (D) 報告書を提出する

解説

Eメールの第2段落冒頭より、マークレイさんはデイさんから、契約更新のタイミングを知らせる手紙を受け取ったことが分かります。また、Eメールの最後には「11月から実施予定の政府の広告資金援助を受けるために、それまでは契約更新を待つことにした」と書かれています。つまり、資金援助が始まる11月に契約を更新するつもりだということになるので、(C)が正解です。ウェブページの料金表の下に割引の話がありますが、「一定期間中断されている契約には適用されない」とあります。マークレイさんは契約が切れてから11月まで更新しないため、これに該当し、(B)は不正解となります。

語注 □ **alternative 形** 代わりの   □ **submit 動** ~を提出する

文書を読んで、その内容に関する設問の解答を (A)～(D) の中から選びましょう。

Questions 13-17 refer to the following e-mail, letter, and invoice.

To:	Kim McDowell <kmcdowell@dogstarfashion.com>
From:	Ivan Lushenko <ilushenko@thorntontowersbc.com>
Date:	10 June
Subject:	Building maintenance

Dear Mr. McDowell,

You have been contributing $100 a month to a 'sinking fund'. The sinking fund holds the contributions of all the apartment owners in the building and uses the money to carry out repairs and improvements.

Although the hallway carpet we currently have is supposed to be replaced every four years, it seems to be showing early signs of wear and tear. Building management has suggested replacing the carpet with vinyl flooring. We will take a vote on this issue at a meeting of apartment owners on Friday, 19 June. The meeting will take place in the building lobby from 7:30 P.M. Attendance is not required. However, any decision that is made there will be final.

Sincerely,

Ivan Lushenko — Thornton Towers Body Corporate

Mickelson Flooring Company
98 Martin Street, East Perth, WA 6004

22 June

Dear Mr. Lushenko,

Thank you for showing me around Thornton Towers this morning. I was able to take accurate measurements on each of the floors. The job will require around 500 meters of the VF784 carpet. It is vinyl flooring as you requested. I have a crew of four, and I anticipate that it will take us one week to install all the carpets. The total price will be $24,000 plus tax. This is significantly higher than last time, but this is a commercial-grade carpet that should last you at least eight years. It is twice the lifespan of the carpeting we have supplied you to date.

If you approve the purchase, we will order the carpet immediately. The installation will begin on 20 July, and we will complete the work on 25 July.

Sincerely,

Albert Lim

Albert Lim

Mickelson Flooring Company
Job number: 74883
Client name: Thornton Towers Body Corporate
Contact person: Ivan Lushenko
Client address: 24 Christian Road, East Perth, WA 6004
Completion date: 24 July

Product / Service	Total
Provision and installation of 500 meters of commercial-grade hallway carpets.	$24,000.00
Tax	$2,400.00
Grand Total	$26,400.00

A representative of Mickelson Flooring Company will inspect the carpet every 12 months and carry out any necessary maintenance.
11 meters of carpet were left over from the job. It has been wrapped in a waterproof covering and will be kept in our warehouse. It will be used for maintenance during the life of the carpet.

13. Who is Ms. McDowell?

    (A) An apartment owner
    (B) A building tenant
    (C) A building manager
    (D) A maintenance worker

14. What is implied about the apartment owners' meeting?

    (A) It was rescheduled after the e-mail was sent to the owners.
    (B) More people than expected were in attendance.
    (C) It was held in a meeting room on the premises.
    (D) Attendees voted for a suggestion by building management.

15. What is an advantage of the product Mr. Lim recommends?

    (A) Lower cost
    (B) Better durability
    (C) Easier installation
    (D) More color options

16. What is suggested about the work Mr. Lim's team carried out?

    (A) It finished ahead of schedule.
    (B) It was less expensive than expected.
    (C) It is covered by a four-year warranty.
    (D) It required the hiring of additional workers.

17. According to the invoice, what has been done with the leftover material?

    (A) It has been sold to another customer.
    (B) It has been disposed of.
    (C) It has been placed in storage.
    (D) It has been left with the building management.

即
効
薬

Part 7 の 即効薬 ⑤

クロス問題： 時・場所・条件に注意して読もう！

設問文は 1 問ずつ先読みして、問われている内容をざっくり理解してから答えを探そう！

≪ざっくり理解≫

13 マクダウェルさんって誰？

13. Who is Ms. McDowell?

正解 (A) An apartment owner
(B) A building tenant
(C) A building manager
(D) A maintenance worker

人名はまず文書の上と下で探す！

設問に人名が出てきていたら文書の上と下を見て、その人名があるかどうか確認しよう。ここでは、マクダウェルさんがEメールの受信者であることが分かれば、情報が読み取りやすくなる！

≪ざっくり理解≫

14 アパート所有者の会議について示唆されていることは？

14. What is implied about the apartment owners' meeting?

(A) It was rescheduled after the e-mail was sent to the owners.
(B) More people than expected were in attendance.
(C) It was held in a meeting room on the premises.
正解 (D) Attendees voted for a suggestion by building management.

about に続くキーワードを押さえよう！

What is implied about ～?という設問では、about の後ろのキーワードが重要。the apartment owners' meeting「アパート所有者の会議」というキーワードを文書内で検索しながら読み進めよう。

218

Questions 13-17 refer to the following e-mail, letter, and invoice.

文書１：Ｅメール

To:	Kim McDowell <kmcdowell@dogstarfashion.com>
From:	Ivan Lushenko <ilushenko@thorntontowersbc.com>
Date:	10 June
Subject:	Building maintenance

Dear Mr. McDowell,

13 You have been contributing $100 a month to a 'sinking fund'. The sinking fund holds the contributions of all the apartment owners in the building and uses the money to carry out repairs and improvements.
Although the hallway carpet we currently have is supposed to be replaced every four years, it seems to be showing early signs of wear and tear. **14** Building management has suggested replacing the carpet with vinyl flooring. We will take a vote on this issue at a meeting of apartment owners on Friday, 19 June. The meeting will take place in the building lobby from 7:30 P.M. Attendance is not required. However, any decision that is made there will be final.

Sincerely,

Ivan Lushenko — Thornton Towers Body Corporate

文書２：手紙

Mickelson Flooring Company
98 Martin Street, East Perth, WA 6004

22 June

Dear Mr. Lushenko,

14 Thank you for showing me around Thornton Towers this morning. I was able to take accurate measurements on each of the floors. The job will require around 500 meters of the VF784 carpet. It is vinyl flooring as you requested. I have a crew of four, and I anticipate that it will take us one week to install all the carpets. The total price will be $24,000 plus tax. This is significantly higher than last time, but this is a commercial-grade carpet that should last you at least eight years. It is twice the lifespan of the carpeting we have supplied you to date.

If you approve the purchase, we will order the carpet immediately. The installation will begin on 20 July, and we will complete the work on 25 July.

Sincerely,

Albert Lim

Albert Lim

15

15 リムさんオススメの商品の利点は？

15. What is an advantage of the product Mr. Lim recommends?

(A) Lower cost
正解▶ (B) Better durability
(C) Easier installation
(D) More color options

選択肢での要約に注意！

文書内の記述が選択肢で要約されることを押さえておこう。この問題では、文章で述べられている「商品の利点」を一言で簡潔にまとめている選択肢を選ぶ！

16 リムさんのチームが行った仕事について分かることは？

16. What is suggested about the work Mr. Lim's team carried out?

正解▶ (A) It finished ahead of schedule.
(B) It was less expensive than expected.
(C) It is covered by a four-year warranty.
(D) It required the hiring of additional workers.

即効薬 **⑤**

時・場所・条件に注意して読む！

複数の文書を参照して答えを導くクロス問題では、「時・場所・条件」がポイント！　文書内でこの3つのポイントが登場したら意識して覚えておこう。ここでは工事の完了予定日と実際の完了日を照らし合わせる！

17 残った材料はどうなった？

17. According to the invoice, what has been done with the leftover material?

(A) It has been sold to another customer.
(B) It has been disposed of.
正解▶ (C) It has been placed in storage.
(D) It has been left with the building management.

According toはサービス問題！

According toで始まる設問は、1つの文書だけ読めば根拠が見つかる問題。According toの後に指定されている文書だけを読んで解答しよう。たくさんの文書を読む必要がないので、時間がない場合はAccording toの設問を見つけて解くのもテクニック！

Mickelson Flooring Company
98 Martin Street, East Perth, WA 6004

22 June

Dear Mr. Lushenko,

Thank you for showing me around Thornton Towers this morning. I was able to take accurate measurements on each of the floors. The job will require around 500 meters of the VF784 carpet. It is vinyl flooring as you requested. I have a crew of four, and I anticipate that it will take us one week to install all the carpets. The total price will be $24,000 plus tax. **15** This is significantly higher than last time, but this is a commercial-grade carpet that should last you at least eight years. It is twice the lifespan of the carpeting we have supplied you to date.

If you approve the purchase, we will order the carpet immediately. The installation will begin on 20 July, and **16** we will complete the work on 25 July.

Sincerely,

Albert Lim

Albert Lim

Mickelson Flooring Company
Job number: 74883
Client name: Thornton Towers Body Corporate
Contact person: Ivan Lushenko
Client address: 24 Christian Road, East Perth, WA 6004
16 Completion date: 24 July

Product / Service	Total
Provision and installation of 500 meters of commercial-grade hallway carpets.	$24,000.00
Tax	$2,400.00
Grand Total	$26,400.00

A representative of Mickelson Flooring Company will inspect the carpet every 12 months and carry out any necessary maintenance.
17 11 meters of carpet were left over from the job. It has been wrapped in a waterproof covering and will be kept in our warehouse. It will be used for maintenance during the life of the carpet.

問題 13-17 は次の E メール、手紙、請求書に関するものです。

文書 1 : E メール

受信者：キム・マクダウェル <kmcdowell@dogstarfashion.com>
送信者：イヴァン・ルシェンコ <ilushenko@thorntontowersbc.com>
日付：6月10日
件名：建物のメンテナンス

マクダウェル様

あなたは毎月 100 ドルを『減債基金』に提供しています。減債基金は、ビル内の全アパート所有者の積立金を保管しており、そのお金を修繕や改良の実施に使用しています。
現在使用している廊下のカーペットは 4 年ごとに交換することになっていますが、すでに摩耗が始まっているようです。ビルの管理者は、カーペットをビニールの床材に交換することを提案しました。6月19日の金曜日にアパート所有者の会議で、この問題について投票を行う予定です。会議は午後 7 時 30 分からビルのロビーで行われます。出席は必須ではありません。しかし、そこで決定された内容で最終決定となります。

敬具

イヴァン・ルシェンコ — ソーントン・タワーズ法人

語注 □ **contribute** 動 ～を与える、～を提供する　□ **sinking fund** 減債基金
□ **contribution** 名 拠出金、寄付金　□ **improvement** 名 改良　□ **currently** 副 現在
□ *be* **supposed to** *do* ～することになっている　□ **sign** 名 徴候、前兆
□ **wear and tear** すり切れ、消耗　□ **take a vote on ～** ～について採決を行う
□ **issue** 名 論争点、問題点　□ **take place** 行われる　□ **required** 形 必須の、必要な
□ **final** 形 変更できない、決定的な

文書 2 : 手紙

ミケルソン床材会社
マーティン通り、イースト・パース、西オーストラリア州 6004

6月22日

ルシェンコ様

今朝はソーントン・タワーズを案内していただき、ありがとうございました。それぞれの床の正確な寸法を測ることができました。この仕事には、VF784 のカーペットが 500m ほど必要になります。こちらはご要望通り、ビニールの床材です。4 人の作業員で、全てのカーペットを設置するのに 1 週間かかると予想しています。総額は、24,000 ドルと別途消費税です。前回よりかなり高くなりましたが、このカーペットは業務用なので、少なくとも 8 年はもつはずです。これまで提供してきたカーペットの 2 倍の耐用年数です。

購入をご承認いただけましたら、すぐにカーペットを発注いたします。7月20日に施工を開始し、7月25日に完成させる予定です。
敬具

アルバート・リム（署名）
アルバート・リム

語注	□ take measurements 寸法を測る　□ accurate 形 正確な
□ crew 名 一団、チーム　□ anticipate 動 ～を予想する
□ significantly 副 はっきりと、著しく　□ commercial-grade 商業用
□ last 動 ～を持ちこたえさせる　□ lifespan 名 耐用年数、寿命
□ supply 動 ～を供給する　□ to date 現在まで

文書3：請求書

ミケルソン床材会社
製造番号：74883
顧客名：ソーントン・タワーズ法人
担当者名：イヴァン・ルシェンコ
顧客の住所：24クリスチャン通り、イースト・パース、西オーストラリア州 6004
完了日：7月24日

製品／サービス	合計
500mの業務用廊下カーペットの用意および設置	24,000.00ドル
税	2,400.00ドル
総計	**26,400.00ドル**

ミケルソン床材会社の担当者が12カ月ごとにカーペットを点検し、必要なメンテナンスを実施します。
11メートルのカーペットが余りました。そちらは防水カバーに包まれ、当社の倉庫に保管される予定です。カーペットの耐用期間の間、メンテナンスに使用される予定です。

語注	□ provision 名 用意　□ necessary 形 必要な　□ leave over 残す
□ wrap 動 ～を包む　□ waterproof 形 防水性の　□ covering 名 覆いもの
□ warehouse 名 倉庫

即効薬

13. マクダウェルさんは誰ですか。

    (A) アパートの所有者　　(B) ビルのテナント　　(C) ビルの管理人　　(D) 点検作業員

解説

まず、設問にあるMcDowellという人物名は、文書1（Eメール）の「受信者」の部分に見つかります。このマクダウェルさんに宛てたEメールの冒頭には、「あなたは毎月100ドルを『減債基金』に提供している」とあります。そして続けて、その「減債基金」について、「減債基金は、ビル内の全アパート所有者の積立金を保管している」と説明しているのがポイントです。「減債基金」がビル内の全アパート所有者の積立金を保管していること、そしてマクダウェルさんがその「減債基金」にお金を提供していることから、マクダウェルさんはアパートの所有者であると分かります。よって、(A)が正解です。

14. アパート所有者の会議について何が示唆されていますか。

    (A) 所有者たちにEメールが送られた後、予定が変更された。
    (B) 予想以上に多くの人が出席した。
    (C) 敷地内の会議室で行われた。
    (D) 参加者たちはビル管理者の提案に賛成票を投じた。

解説

複数の文書を参照して根拠を見つけ出す問題です。以下の流れで、それぞれの文書から情報を読み取っていきましょう。

＜文書1：ソーントン・タワーズ法人のルシェンコさんからのEメール＞
「ビルの管理者は、カーペットをビニールの床材に交換することを提案した」
　→「アパート所有者の会議で、この問題について投票を行う予定だ」
　＝ビニールの床材にするかどうか会議で話し合う
　　　↓
＜文書2：ミケルソン床材会社からルシェンコさんへの手紙＞
　床の寸法を測ったところ…
「VF784のカーペットが必要になる」
　→「こちらはご要望通り、ビニールの床材だ」
　＝ビニールの床材に交換するように依頼していた
　＝ビルの管理者の提案は採用された
　＝(D)が正解

語注　□ **reschedule 動** ～の予定を変更する　□ **in attendance** 出席して
□ **on the premises** 建物内で、構内で　□ **vote for ～** ～に賛成票を投じる

15. 正解:(B)　難易度: ✎✎

15. リムさんが勧めている製品の利点は何ですか。

 (A) 低価格 (B) 優れた耐久性 (C) 簡単な設置 (D) 色のバリエーションの多さ

解説

設問にあるMr. Limとは、文書2 (手紙) の送り手です。手紙の内容を見ると、リムさんが勧めている製品とはVF784 carpet「VF784のカーペット」のことだと分かります。このカーペットについて、手紙の後半で「このカーペットは業務用なので、少なくとも8年はもつはずだ」と書かれているので、このカーペットの利点は「優れた耐久性」であると言えます。よって、(B) が正解です。

語注　☐ **durability** 名 耐久性　☐ **installation** 名 設置

---

16. 正解:(A)　難易度: ✎✎✎

16. リムさんのチームが行った仕事について何が分かりますか。

 (A) 予定より早く終わった。 (B) 予想より安価であった。
 (C) 4年間の保証が適用されている。 (D) 追加の作業員を雇う必要があった。

解説

リムさんは文書2 (手紙) で、カーペットの設置作業について述べています。文書3 (請求書) を見ると、顧客名が「ソーントン・タワーズ法人」、サービス内容が「500mの業務用廊下カーペットの用意および設置」とあるので、手紙で言及している作業を終えた後の請求書であることが分かります。ここで気付くべきポイントは、文書2 (手紙) では最後に「7月25日に完成させる予定だ」とカーペットの設置予定日を述べているのに対し、文書3 (請求書) では「完了日:7月24日」とある点です。つまり、予定よりも1日早く設置作業が完了したと分かるので、(A) が正解です。

語注　☐ **ahead of schedule** 予定より早く　☐ **less** 副 より〜でなく
☐ **cover** 動 〜に適用される　☐ **warranty** 名 保証　☐ **additional** 形 追加の

---

17. 正解:(C)　難易度: ✎

17. 請求書によると残った材料はどうなりましたか。

 (A) 他の顧客に販売された。 (B) 廃棄された。
 (C) 倉庫に置かれた。   (D) ビルの管理者に預けられた。

解説

文書3 (請求書) の下部に注目します。中盤に「11メートルのカーペットが余った」と書かれているので、設問にある「残った材料」とはこのことだと分かります。続けて、「それは防水カバーに包まれ、当社の倉庫に保管される」とあるので、(C) が正解です。

語注　☐ **disposed of 〜** 〜を処分する　☐ **storage** 名 倉庫、保管所
☐ **leave A with B** AをBに預ける

即効薬

■ キーワードの言い換えパターン

本文の英文に対して、設問文・選択肢では語句や表現が言い換えられます。内容を理解していても言い換えに気付けないと正解できないので、言い換えパターンに慣れておくこともコツです。

	広い意味の語句	具体的なものを指す語句
☐	vehicle「乗り物」	car「車」、bus「バス」、truck「トラック」
☐	material「資料」	handout「配布資料」、brochure「パンフレット」、booklet「小冊子」
☐	relative「親族」	family「家族」、aunt「おば」、cousin「いとこ」
☐	meal「食事」	breakfast「朝食」、lunch「昼食」、dinner「夕食」
☐	beverage「飲み物」	coffee「コーヒー」、tea「紅茶」、water「水」
☐	street「通り」	walkway「歩道」、side walk「歩道」
☐	document「書類」	résumé「履歴書」、cover letter「添え状」、application form「申込用紙」
☐	device「装置」	mobile phone「携帯電話」、camera「カメラ」、tablet「タブレット端末」
☐	improve「〜を改良する」	modify「〜を修正する」、revise「〜を改訂する」
☐	work「作品」	painting「絵画」、artwork「芸術作品」
☐	colleague「同僚」	supervisor「上司」、boss「上司」、subordinate「部下」
☐	venue「開催地」	conference center「会議場」、convention center「会議場」
☐	medical institution「医療機関」	clinic「診療所」、hospital「病院」
☐	accommodations「宿泊施設」	hotel「ホテル」、inn「小旅館」、lodging「宿」
☐	furniture「家具」	desk「机」、chair「椅子」、cabinet「棚」
☐	appliance「電化製品」	refrigerator「冷蔵庫」、fridge「冷蔵庫」、microwave oven「電子レンジ」、air conditioner「エアコン」、vacuum cleaner「掃除機」

■ 文書種類別　内容パターン

文書の種類から、内容のパターンをある程度予測できます。Questions XX-XX refer to the following ○○.の部分を確認しましょう。

主な文書の種類	内容パターンの例
e-mail「Eメール」	社内：仕事の報告や依頼、管理職からの業務連絡 社外：顧客からの問い合わせ、見積もりの連絡
memo「メモ」	社内方針の変更、オフィス家具や備品に関する連絡
letter「手紙」	顧客への感謝または謝罪、契約に関する連絡
advertisement「広告」 brochure「パンフレット」	商品やサービスの宣伝、求人広告、イベントの告知
notice「お知らせ」 information「案内」	イベント案内、組織への支援のお願い、建設計画のお知らせ
Web site「ウェブサイト」	会社やイベントの詳細情報、会社の求人情報
review「レビュー」	購入商品や利用したサービスに対する批評
article「記事」	事業や人物の軌跡、企業の買収や合併、地域活動
text-message chain 「テキストメッセージのやりとり」	仕事の手伝いの依頼、トラブルの報告、検討事項に対するアイデア収集、仕事の手順の確認
form「記入用紙」	会員の申し込み、イベントの参加申し込み

■ 同義語問題で問われる多義語

同義語問題では、いろいろな意味を持つ「多義語」がピックアップされます。

	多義語の例	意　味
☐	apply	適用される、～を要求する、申し込む、～を加える
☐	way	方法、道、習慣
☐	cover	～を含む、～を覆う、～を報道する
☐	address	～に対処する、～に話しかける、～に演説する
☐	issue	課題、（雑誌・新聞の）号、（声明など）を出す、～を発行する
☐	common	広く知られた、平凡な、普通の、共通の
☐	practice	やり方、練習、慣行、開業する、～を実践する
☐	handle	～に対処する、～を扱う、～を握る

知識の底上げサプリ

知識の底上げサプリ

■「クロス問題」の３つのポイント

複数の文書で情報を結び付けて答える「クロス問題」は、「時・場所・条件」に反応することがポイントでしたね。以下の具体例を見て、どんな情報に反応すべきかを押さえておきましょう。

ポイント① 時		
例1	文書Ａ：求人情報と応募の注意事項 「応募メールは3月末までに送ってください」	文書Ｂ：○○さんの応募メール ヘッダーの日付欄に「4月7日」とある
	➡つまり、○○さんは応募の締め切りに間に合っていない！	
例2	文書Ａ：○○さんからのＥメール 「支払い請求日の翌日に、あなたに電話をしました」	文書Ｂ：請求書 請求日の欄に「6月15日」とある
	➡つまり、○○さんが電話をしたのは6月16日！	

ポイント② 場所		
例1	文書Ａ：イベント準備に関するＥメール 「○○広場で行う予定です」	文書Ｂ：実際のイベントのパンフレット 場所の欄に「××広場」とある
	➡つまり、計画当初からイベントの会場が変更になった！	
例2	文書Ａ：会社のホームページ 「シドニーにある我々の本社には…」	文書Ｂ：○○さんからのＥメール 「2月に本社を訪れたのですが…」
	➡つまり、○○さんは2月にシドニーに行った！	

ポイント③ 条件		
例1	文書Ａ：求人情報 経理部スタッフの応募者の条件に「3年以上の実務経験が必要」とある	文書Ｂ：○○さんからの職の応募メール 「私は××社で2年間、経理を担当していました」
	➡つまり、○○さんは応募条件を満たしていない！	
例2	文書Ａ：商品の広告 「2つ以上の購入で割引します」	文書Ｂ：○○さん（客）からのＥメール 「先日、その商品を3つ購入しました」
	➡つまり、○○さんは割引を受けた！	
例3	文書Ａ：寄付金を募る案内 「50ドル以上の寄付金を提供していただいた方には、記念パーティーに招待します」	文書Ｂ：○○さんの寄付金申込フォーム 寄付金額の欄に「$60」とある
	➡つまり、○○さんは記念パーティーに招待される！	

実戦問題

ここまでで学んだことを活かして、Part 7の問題を解いてみましょう。1文書の問題が3題、2文書の問題が1題、3文書の問題が1題あります。

Questions 1-2 refer to the following notice.

NOTICE TO ALL USERS OF DOUGLASS FERRY SERVICES

From May 7, the 10:00 A.M. service and the 2:00 P.M. service will be giving priority boarding to trucks from the Avery Freight Company. As a result, there is a chance that there will be insufficient room on the ferry for other vehicles. A very small number of tickets for passenger vehicles will be available for reservation at the terminal. Otherwise, you will be boarded on a first-come-first-served basis. We regret any inconvenience this causes. You can contact our customer service team at 555-8423. For a full list of departure times visit our Web site at www.douglassferryservices.com.

1. What does the notice announce?

   (A) The schedule has been temporarily changed.
   (B) Service may be denied at certain times.
   (C) Some vehicle types will no longer be accepted.
   (D) Ticket prices will be raised shortly.

2. According to the notice, how can people check the timetable?

   (A) By visiting the ferry terminal
   (B) By calling customer service
   (C) By accessing the Web page
   (D) By contacting a freight company

Questions 3-5 refer to the following e-mail.

To:	Ron Gregory <rgregory@stinsonauto.com>
From:	Henrietta Chang <hchang@downtontravel.com>
Date:	February 25
Subject:	Confirmation
Attachment:	📎 Itinerary

Dear Mr. Gregory,

The itinerary for your upcoming trip to the United Kingdom is attached to this e-mail. I have arranged a rental vehicle from Barkworth Rent-a-car and the key can be picked up from the customer service desk at Gatwick Airport upon your arrival. I understand that you will be visiting various regional centers to inspect and buy classic cars you intend to ship back to the United States. As this is likely to require you to travel long distances, I have rented the vehicle through a company with no daily limit on the distance traveled. It is an option that you can cancel if you wish for a savings of $50 on your total rental fee.

Please note that all of the hotels you are staying at have both breakfast and dinner included. They are all buffet-style restaurants, and they do not charge any cancellation fees. As you will be away for more than two weeks, you will not be able to leave your car in the airport parking lot. I advise that you use a shuttle bus service such as Airport Connexion. Please visit their Web site to make a reservation.

Sincerely,

Henrietta Chang
Downton Travel

3. Why is Mr. Gregory traveling to the United Kingdom?

(A) To purchase automobiles
(B) To visit family members
(C) To apply for a job
(D) To attend a conference

4. What is a reason that Ms. Chang chose Barkworth Rent-a-car?

(A) It offers a special discount during the month of February.
(B) It rents vehicles with advanced equipment.
(C) It is a leading company in the United Kingdom.
(D) It provides a service for long-distance travels.

5. What is indicated about Mr. Gregory?

(A) He was formerly employed at Barkworth Rent-a-car.
(B) He was charged extra to cancel his dinner reservations.
(C) He does not have a driver's license.
(D) He plans to stay at several hotels.

Questions 6-8 refer to the following information.

The Stanthorpe Fun Run

The Stanthorpe Fun Run is a fundraising event held by the Stanthorpe Better Business Bureau (SBBB) to raise money to help support young business people as they launch their businesses. —[1]—. If you would like to be considered for financial assistance from the SBBB Young Business Founders' Fund, please contact the organization at 626-555-2669. —[2]—.

Joining the Fun Run

In order to participate in the Fun Run, you can sign up online at the Web site: www.stanthorpefunrun.org. You can also check the timetable for the event there. There is a registration fee of $50, which will be used by organizers to pay for the event. —[3]—. Any leftover funds will go to the SBBB Young Business Founder's Fund. There are four categories for runners to choose from. Category 1 is for people wishing to run a full marathon distance. Category 2 is for people intending to run in the 15-kilometer event. Category 3 is a three-kilometer run suitable for children and beginner runners. Category 4 is a special race with no set distance. Runners have three hours to cover as much distance as possible in the Sam Roe Indoor Arena. —[4]—. All proceeds will be given to the SBBB Young Business Founders' Fund.

6. What is a goal of the Stanthorpe Fun Run?

(A) To assist in the establishment of new companies
(B) To promote fitness among the residents of Stanthorpe
(C) To encourage participation in professional sports
(D) To provide opportunities to local businesses

7. According to the information, what is available from the Stanthorpe Fun Run Web site?

(A) An event schedule
(B) An application for assistance
(C) A list of previous winners
(D) A link to an article

8. In which of the positions marked [1], [2], [3], and [4] does the following sentence best belong?

"They are sponsored by local businesses at a rate of $3 per kilometer."

(A) [1]
(B) [2]
(C) [3]
(D) [4]

Questions 9-13 refer to the following article and online form.

Audition for a television talent show

HARTFORD, CT—Moss Productions, the production firm responsible for *Extreme Kitchen* and *Heartbreak Island*, is getting ready to film a new reality television show tentatively named *Musicality*. It will follow amateur musicians as they compete to win a recording contract with Sunfield Records. Moss Productions produces reality television programs exclusively and has had massive success with its two prior efforts, both of which were broadcast internationally via the Nilevids online streaming service. The producers will be holding auditions for the upcoming program from April 10 at the McMillan Convention Center in Hartford. Thousands of people have already registered to take part in the auditions. Only 30 people will be selected. The entire audition process will also be filmed, and even unsuccessful applicants will appear on the first episode of the show. One condition of auditioning is that applicants must allow the production company to interview them while they line up for their audition and the audition itself.

There are two rounds of auditions. In the first, people must sing a well-known song, and in the second, they are required to sing one that they have composed themselves. Shooting of the program's first season will end on May 15. Episodes will be broadcast nightly from April 12 to May 17 with the winner announced on the series finale.

◄ ► | http://www.mossprodco.com/musicalityaud

Home \ **Jobs** \ **Audition Application** \ **Broadcast Schedule**

Name: Gwen Cathern
Telephone Number: 650 555 9323
E-mail: gcathern@stopkat.com
Home Address: 12 Montgomery Road, Lake Reed, California

• **Occupation**
Professional athlete (Athletics)

• **Musical Training**
I was trained at home by my mother, who is a professional dancer.

• **What is your preferred musical genre?**
I like rock, jazz, and pop.

• **Have you taken part in any kind of talent contest in the past?**
My parents entered me in several singing and dancing contests when I was in middle school. I traveled to Chicago and New York to take part. I was not successful, but I found it to be a very rewarding experience.

• **What songs do you plan to sing at the audition?**
The first song is *New Horizons*, a famous song made by the band DelTime. The other is named *Flight Quest*, and it is about a baby bird learning to fly.

Please upload a video of yourself singing one of the songs you plan to use in your audition.

9. What is probably true about *Heartbreak Island*?

(A) Its broadcast has been delayed.
(B) It is a non-fiction production.
(C) It was filmed in multiple countries.
(D) Its staff members won an award.

10. When will filming of the new program begin?

(A) On April 10
(B) On April 12
(C) On May 15
(D) On May 17

11. What is NOT mentioned as a detail of the audition?

(A) The deadline for application
(B) The requirements about participation
(C) The number of supposed successful candidates
(D) The location of the venue

12. Why was Ms. Cathern in New York?

(A) To take part in a talent contest
(B) To accept an award for excellence
(C) To accompany her parents on a business trip
(D) To take singing and dancing lessons

13. What is most likely true about *Flight Quest*?

(A) It was featured in a television drama.
(B) It was written by Ms. Cathern.
(C) It was produced by Sunfield Records.
(D) It has been released for sale.

Questions 14-18 refer to the following memo, e-mail, and report.

MEMO

To: Marketing Employees
From: Gene Manning
Date: September 29
Subject: Subscriptions

Dear All,

This quarter, for the first time in the company's history, we have had negative growth. Since June, almost 70,000 people have left and only 15,000 new subscribers have joined.

I need you to discover the reasons behind this and find ways to turn it around. Our response to this news will depend on the cause. If quality is an issue, we must purchase well-reviewed movies and series that will satisfy our subscribers. If our prices are too high, we have to offer a cheaper subscription plan that includes some advertising during programs. Perhaps we need to provide more content for children to watch. While I am interested in attracting new subscribers, I think it is more important that we find ways to keep the subscribers we currently have.

Gene Manning

To:	Gene Manning <gmanning@megastream.com>
From:	Cho Chang <cchang@megastream.com>
Date:	September 30
Subject:	Subscription slump

Dear Gene,

Last night I spoke with Jenny Orta about our recent slump in viewer numbers. Ms. Orta's firm has done some excellent work for us in the past. She suggested that we begin by conducting a survey to work out how likely it is that this trend will continue, the reason for people dropping their subscriptions, and what people would like us to improve in the future. I have asked her to start working on it immediately. I will keep you informed about the progress.

Sincerely,

Cho Chang
Head of Marketing — Megastream

Survey Results for Megastream Online Video

Synopsis

From October 10 to October 15, Adams Associates surveyed current Megastream subscribers. We were able to find out how inclined customers are to continue their subscriptions, and what aspects of the service they are least satisfied with. 80 percent of subscribers are not considering canceling. Of those who are considering canceling, the vast majority mentioned financial reasons. It seems that they are considering switching to less expensive services.

14. Why does Mr. Manning send the memo?

(A) To congratulate staff on their good work
(B) To draw attention to a serious problem
(C) To suggest ways to reduce production costs
(D) To announce a change in company policy

15. When did Ms. Chang contact Ms. Orta?

(A) On September 29
(B) On September 30
(C) On October 10
(D) On October 15

16. What is suggested about Ms. Orta?

(A) She is a member of Ms. Chang's department.
(B) She has a subscription to Megastream.
(C) She works at Adams Associates.
(D) She was recently promoted.

17. What does the survey reveal about Megastream?

(A) It has recently updated its catalog.
(B) Its advertising campaign was ineffective.
(C) Some of its productions have been canceled.
(D) Most of its customers intend to remain.

18. What is probably true about Megastream?

(A) It will generate income through commercial sponsors.
(B) It will produce more programs for children.
(C) It will be negotiating a merger with one of its competitors.
(D) It will invest in more non-fiction content.

実戦問題

実戦問題　解答・解説

問題1-2は次のお知らせに関するものです。

ダグラスフェリーサービスをご利用の全ての皆さまへのお知らせ

5月7日より、午前10時の便および午後2時の便はアヴェリー運送会社のトラックに優先乗船権を与えることになりました。その結果、フェリーに他の車両用の十分なスペースがなくなる可能性がございます。ターミナルでは乗用車用チケットがごくわずかですがご予約可能です。その分以外は、先着順での乗船となります。ご不便をおかけして申し訳ございません。555-8423で私どものカスタマーサービスチームにご連絡いただけます。出発時刻の一覧は、私どものウェブサイトwww.douglassferryservices.comにてご確認ください。

語注　□ **priority** 名 優先　□ **boarding** 名 乗船　□ **freight** 名 貨物
□ **as a result** 結果として　□ **insufficient** 形 不十分な　□ **room** 名 余地、スペース
□ **vehicle** 名 乗り物　□ **passenger** 名 乗客　□ **available** 形 利用できる
□ **otherwise** 副 それを除くと　□ **first-come-first-served** 形 先着順の
□ **basis** 名 基準　□ **regret** 動 〜を残念に思う　□ **inconvenience** 名 不便
□ **cause** 動 〜を引き起こす　□ **departure** 名 出発

1. お知らせは何を知らせていますか。

    (A) 一時的にスケジュールが変更になった。
    (B) いくつかの時間帯でサービスが提供されない可能性がある。
    (C) いくつかの種類の乗り物が今後受け入れられなくなる。
    (D) チケットの値段が近いうちに引き上げられる。

解説

全体の内容を問う問題です。(即効薬①) 冒頭部分に注意して根拠を探します。この文書はフェリーサービスについてのお知らせであり、1文目で「午前10時の便および午後2時の便はアヴェリー運送会社のトラックに優先乗船権を与えることになった」と知らせています。その後 there is a chance that there will be insufficient room on the ferry for other vehicles 「フェリーに他の車両用の十分なスペースがなくなる可能性がある」と加えています。これはつまり他の車両は乗船できない可能性があるということなので、これを service may be denied 「サービスが提供されない」と言い換えた(B)が正解です。at certain times は「午前10時の便および午後2時の便」の2つの時間を指します。(A)と(D)については言及がなく、アヴェリー運送会社のトラック以外が特定の時間に乗れなくなる可能性はあるものの、全く乗れないわけではないので(C)も不適切です。

語注　□ **temporarily** 副 一時的に　□ **deny** 動 ～を与えない
□ **no longer** もはや～ない　□ **shortly** 副 近いうちに

2. お知らせによると、時刻表はどうやって調べられますか。

    (A) フェリーターミナルを訪れることによって
    (B) カスタマーサービスに電話することによって
    (C) ウェブページにアクセスすることによって
    (D) 貨物会社に連絡することによって

解説

the timetable 「時刻表」を意識しながら文書を読んでいきますが、本文と設問文で表現が言い換えられている場合が多いため、「時刻」や「表」に関する表現に注意して読み進めます。すると、最後の文に a full list of departure times 「出発時刻の一覧」という表現が見つかります。the timetable はこれを言い換えたものと考えられるため、visit our Web site の visit を access に、our Web site を the Web page と言い換えた(C)が正解と分かります。

語注　□ **timetable** 名 時刻表

Part 7

実戦問題　解答・解説

問題3-5は次のEメールに関するものです。

受信者：ロン・グレゴリー <rgregory@stinsonauto.com>
送信者：ヘンリエッタ・チャン <hchang@downtontravel.com>
日付：2月25日
件名：確認
添付：旅程表

グレゴリー様

間近に迫った英国へのご旅行の旅程表がこのメールに添付されています。バークワースレンタカー社からレンタカーを手配しており、鍵は到着されたらすぐにガトウィック空港のカスタマーサービスカウンターでお受け取りになれます。クラシックカーを調査し購入するためにいくつかの支店を訪問し、ご購入車はアメリカに送られると伺っております。長距離移動が必要かと思いますので、日ごとの移動距離制限のない会社を通じて車を借りております。これはオプションですので、レンタカー代総額に対して50ドルの節約をお望みになるなら、キャンセルいただくことも可能です。

お泊まりになるホテルには全て、朝食と夕食が含まれています。全てビュッフェタイプのレストランで、キャンセル料はかかりません。2週間を超えて旅に出られることになるので、空港の駐車場に車を停めておくことはできません。エアポート・コネクションのようなシャトルバスサービスをご利用になることをお勧めします。ご予約はウェブサイトからお願いいたします。

よろしくお願いいたします。

ヘンリエッタ・チャン
ダウントン・トラベル

語注　□ confirmation 名 確認　□ itinerary 名 旅程表　□ upcoming 形 来るべき
□ attach 動 〜を添付する　□ pick up 〜 〜を受け取る　□ inspect 動 〜を点検する
□ intend to *do* 〜するつもりである　□ ship 動 〜を輸送する
□ require *A* to *do* *A*が〜することを要求する　□ distance 名 距離
□ vehicle 名 乗り物　□ note 動 〜に注意する　□ parking lot 駐車場

3. グレゴリーさんはなぜ英国に旅行しますか。

(A) 自動車を購入するため　　(B) 家族を訪問するため
(C) 仕事に応募するため　　　(D) 会議に出席するため

解説

Mr. Gregory「グレゴリーさん」はこのEメールの受信者です。冒頭に your upcoming trip to the United Kingdom「間近に迫ったあなたの英国へのご旅行」とあるため、このメールはグレゴリーさんの英国旅行についてだと分かります。そして同段落に you will be visiting various regional centers to inspect and buy classic cars「あなたはクラシックカーを調査し購入するためにいくつかの支店を訪問する」とあるため、英国を訪れる目的は車の購入だと分かります。よって、buy を purchase に、classic cars を automobiles と言い換えた (A) が正解です。

語注　□ **automobile** 名 自動車　□ **apply for 〜** 〜に応募する　□ **conference** 名 会議

4. チャンさんがパークワースレンタカー社を選んだ理由は何ですか。

(A) 2月の間は特別な割引を提供しているから。
(B) 高性能機器の付いた車を貸し出しているから。
(C) 英国の主要企業だから。
(D) 長距離移動のためのサービスを提供しているから。

解説

第1段落の冒頭で、チャンさんは「パークワースレンタカー社からレンタカーを手配している」と書いており、同段落の中盤には「長距離を移動する必要があるので、日ごとの移動距離制限のない会社を通じて車を借りている」とも述べています。よって、パークワースレンタカー社を選んだ理由は、長距離移動に適しているためであると分かるので、(D) が正解です。

語注　□ **discount** 名 割引　□ **advanced** 形 進んだ、高度な　□ **leading** 形 主要な

5. グレゴリーさんについて何が示されていますか。

(A) 以前パークワースレンタカーに勤めていた。
(B) 夕食の予約をキャンセルするのに追加で料金を請求された。
(C) 運転免許証を持っていない。
(D) いくつかのホテルに滞在するつもりだ。

解説

Eメールの受信者であるグレゴリーさんに対して、第2段落の1文目で Please note that all of the hotels you are staying at have both breakfast and dinner included.「お泊まりになるホテルには全て、朝食と夕食が含まれています」と伝えられています。all of the hotels「全てのホテル」から、グレゴリーさんは複数のホテルに宿泊する予定であることが分かります。よって、(D) が正解です。

語注　□ **formerly** 副 以前は　□ **charge** 動 〜に請求する

問題6-8は次の案内に関するものです。

スタンソープ・ファン・ラン

スタンソープ・ファン・ランは、若い実業家がビジネスを立ち上げる際のサポートに役立つお金を集めるために、スタンソープ・ベター・ビジネス・ビューロー(SBBB)によって開催される募金活動イベントです。—[1]—もしSBBB青年実業家基金からの経済的な支援を受ける候補となることをお望みでしたら、626-555-2669にて同団体にご連絡ください。—[2]—

ファン・ランに参加する

ファン・ランへ参加される場合は、ウェブサイトwww.stanthorpefunrun.orgにてオンライン登録ができます。そちらでイベントの予定表も確認できます。登録料は50ドルで、主催者がイベントの支払いをするために使われます。—[3]—残った資金はSBBB青年実業家基金に充てられます。ランナーには選べる4つのカテゴリーがあります。カテゴリー1はフルマラソンの距離を走ってみたい方へのもの。カテゴリー2は15キロのイベントで走ることをお考えの方のもの。カテゴリー3は子どもや初心者の方に適した3キロ走です。カテゴリー4は決まった距離のない特別なレースです。ランナーはサム・ロー屋内アリーナで3時間の間にできるだけたくさんの距離を走ります。—[4]—全ての利益はSBBB青年実業家基金に充てられます。

語注　　□ fun run 市民参加マラソン　　□ fundraising 名 資金調達
□ launch 動 ～を立ち上げる　　□ participate in ～ ～に参加する
□ registration 名 登録　　□ fee 名 料金　　□ leftover 名 残り　　□ fund 名 資金
□ distance 名 距離　　□ suitable 形 適した　　□ cover 動 （ある距離）を移動する
□ proceed 名 収益

---

6. 正解：(A)　難易度：🖊🖊🖊

6. スタンソープ・ファン・ランの目的は何ですか。

(A) 新しい会社を設立する際に支援する　(B) スタンソープの住民の健康を促進する
(C) プロスポーツへの参加を促す　(D) 地元企業に機会を提供する

■解説

イベントなどの開催目的は冒頭部分に書かれていることが多く、本問でも冒頭に to raise money to help support young business people as they launch their businesses 「若い実業家がビジネスを立ち上げる際のサポートに役立つお金を集めるため」とあるため (A) が正解です。（即効薬①）本文の launch 「～を立ち上げる」や、選択肢の establishment 「設立」は TOEIC 頻出の単語なので覚えておきましょう。

■語注　□ **establishment** 名 設立　□ **promote** 動 ～を促進する　□ **fitness** 名 健康
□ **resident** 名 居住者　□ **opportunity** 名 機会

---

7. 正解：(A)　難易度：🖊

7. 案内によると、スタンソープ・ファン・ランのウェブサイトから何が入手できますか。

(A) イベントのスケジュール　(B) 支援の申込用紙
(C) 以前の優勝者のリスト　(D) 記事へのリンク

■解説

ウェブサイトについては第2段落の1文目で言及されており、you can sign up online at the Web site 「ウェブサイトにてオンライン登録ができる」とあります。そして続けて、You can also check the timetable for the event there. 「そこでイベントの予定表も確認できる」と説明を加えているので、(A) が正解です。

■語注　□ **previous** 形 以前の

---

8. 正解：(D)　難易度：🖊🖊

8. [1]、[2]、[3]、[4] と記載された箇所のうち、次の文が入るのに最もふさわしいのはどれですか。
「彼らは1キロメートル当たり3ドルの割合で地元企業から寄付をされます」

(A) [1]　(B) [2]　(C) [3]　(D) [4]

■解説

挿入する文に per kilometer 「1キロメートル当たり」とあることがポイント。第2段落半ばから、マラソンのそれぞれのカテゴリーの「距離」が述べられています。カテゴリー4の説明で「決まった距離のない特別なレースです。ランナーはサム・ロー屋内アリーナで3時間の間にできるだけたくさんの距離を走る」とあるため、[4] に挿入文を入れてみると、They が Runners を指し、3時間でランナーが走った距離に対して1キロメートル当たり3ドルで地元企業がお金を出すという自然な流れになるため、(D) が正解です。また、[4] の後ろにある all proceeeds 「全ての収益」が、地元企業が寄付した金額を指すことにもなり、自然につながります。

Part 7

実戦問題　解答・解説

241

問題9-13は次の記事とオンラインのフォームに関するものです。

文書1：記事

才能発掘テレビ番組のオーディション

ハートフォード（コネチカット州）―モス・プロダクションズは、エクストリーム・キッチンとハートブレイク・アイランドを担当したプロダクション会社で、ミュージカリティと仮で名付けられた新しいリアリティテレビ番組を撮影する準備をしている。この番組は、アマチュアのミュージシャンがサンフィールド・レコーズとのレコーディング契約を勝ち取るために競い合う様子を追いかける。モス・プロダクションズはテレビのリアリティ番組を専門的に制作し、先の2つの番組では大きな成功を収め、その2つの両方がナイルヴィッズオンラインストリーミングサービスを通じて国際的に放映された。プロデューサーたちは新番組のオーディションを4月10日からハートフォードのマクミラン会議センターにおいて行う。何千人もの人々がすでにオーディションに参加するために登録した。選ばれるのは30人だけだ。オーディションの全過程も撮影され、不合格となった応募者も、番組の最初のエピソードに登場する予定だ。オーディションを受ける条件は、応募者がオーディションを待っている間とオーディション自体の間にプロダクション会社からインタビューを受けることを許可しなくてはならないということだ。

オーディションは2段階に分けて行われる。第1段階には有名な曲を歌い、第2段階には自分で作曲した曲を歌う必要がある。この番組の最初のシーズンの撮影は5月15日に終わり、エピソードは4月12日から5月17日まで毎夜放送され、最終回で勝者が発表される。

語注	☐ tentatively 圖 暫定的に ☐ amateur 名 アマチュア
☐ compete 動 競争する ☐ exclusively 圖 もっぱら ☐ broadcast 動 〜を放映する
☐ via 前 〜を通じて ☐ convention 名 会議 ☐ register 動 登録する
☐ take part in 〜 〜に参加する ☐ entire 形 全部の ☐ applicant 名 応募者
☐ be required to do 〜する必要がある

http://www.mossprodco.com/musicalityaud

ホーム	求人	オーディションの応募	放映スケジュール

氏名：グウェン・キャサーン
電話番号：650 555 9323
Ｅメール：gcathern@stopkat.com
自宅住所：12 モンゴメリー通り、レイクリード、カリフォルニア

- **職業**
  プロの運動選手（陸上競技）

- **音楽の訓練**
  家庭でプロのダンサーである母の指導を受けました。

- **好きな音楽のジャンルは？**
  ロックとジャズとポップスが好きです。

- **過去に何らかの才能発掘コンテストに参加したことはありますか。**
  私が中学生の時、両親がいくつかの歌とダンスのコンテストに私を応募しました。
  私は参加するためにシカゴやニューヨークまで出向きました。うまくはいきま
  せんでしたが、とてもやりがいのある経験だと思いました。

- **オーディションではどの曲を歌うつもりですか。**
  最初の曲はデルタイムというバンドによって作られた有名な曲ニュー・ホライ
  ゾンズです。もう１曲はフライト・クエストという名前で、飛び方を学ぼうと
  しているひな鳥についての曲です。

オーディションで使用する曲のうち１曲を歌っているビデオをアップロードして
ください。

語注 □ **occupation** 名 職業 □ **professional** 形 プロの □ **athlete** 名 アスリート
□ **athletics** 名 陸上競技 □ **prefer** 動 〜を好む □ **genre** 名 ジャンル
□ **enter** 動 〜を出場させる □ **successful** 形 成功した □ **rewarding** 形 価値のある
□ **learn to** *do* 〜するようになる □ **upload** 動 〜をアップロードする

9. ハートブレイク・アイランドについて何が正しいと考えられますか。

(A) 放映が遅れている。　　(B) ノンフィクションの作品である。
(C) 複数の国で撮影された。　(D) スタッフたちが賞を獲得した。

解説

Heartbreak Island「ハートブレイク・アイランド」に注意して読むと、記事中の冒頭に「モス・プロダクションズは、エクストリーム・キッチンとハートブレイク・アイランドを担当したプロダクション会社」とあります。さらに読み進めると Moss Productions produces reality television programs exclusively「モス・プロダクションズはテレビのリアリティ番組を専門的に制作」とあるので、モス・プロダクションズが手がけたハートブレイク・アイランドはリアリティ番組＝ノンフィクションの作品だと分かります。よって(B)が正解です。(C)は文中の internationally に関連した multiple countries を使ったひっかけの選択肢。複数の国で撮影されたわけではないので不正解です。

語注　□ **broadcast** 名 放送　□ **delay** 動 ～を遅らせる
□ **film** 動（映画など）を撮影する　□ **multiple** 形 複数の

10. 新しい番組の撮影はいつ始まりますか。

(A) 4月10日　(B) 4月12日　(C) 5月15日　(D) 5月17日

解説

文中の日付を意識しながら読んでいくと、記事の第1段落の中盤に The producers will be holding auditions for the upcoming program from April 10「プロデューサーたちは新番組のオーディションを4月10日から行う」とあるため、オーディションが4月10日に始まることが分かります。同じ段落に The entire audition process will also be filmed「オーディションの全過程も撮影され」ともあり、オーディション時から撮影されることが分かるため、(A)が正解です。

11. オーディションの詳細として述べられていないものは何ですか。

(A) 応募の締め切り　　(B) 参加に関する要件
(C) 想定の合格者数　　(D) 会場の場所

解説

書かれていない内容を選ぶので、選択肢を1つずつ本文と照らし合わせて除外していきましょう。(即効薬②) (B)については、記事の第1段落の最後に、オーディションを受ける際の要件として「プロダクション会社からインタビューを受けることを許可しなくてはならない」と書かれています。またその少し前には、(C)の合格者数について、「30人だけが選ばれる」とあります。さらに、(D)の会場の場所についても、第1段落の中盤で「オーディションをハートフォードのマクミラン会議センターにおいて行う」と言及されています。よって、残った(A)が正解です。

語注　□ **deadline** 名 締め切り　□ **application** 名 応募　□ **requirement** 名 要件
□ **candidate** 名 候補者　□ **venue** 名 会場

---

12. 正解：(A)　難易度： 🖉

12. キャサーンさんはなぜニューヨークにいましたか。

   (A) 才能発掘コンテストに参加するため
   (B) 優秀賞を受け取るため
   (C) 出張で両親に同行するため
   (D) 歌とダンスのレッスンを受けるため

解説

キャサーンさんの名前を意識して読むと、オンラインのフォームの氏名欄に見つかります。過去のコンテスト参加の有無の項目で、My parents entered me in several singing and dancing contests「両親がいくつかの歌とダンスのコンテストに私を応募した」、I traveled to Chicago and New York to take part.「私は参加するためにシカゴやニューヨークまで出向いた」とあるため、(A)が正解。take partの後ろには、前の文のin singing and dancing contestsが省略されています。

語注　□ take part in ～ ～に参加する　□ award 名 賞　□ excellence 名 優秀さ

---

13. 正解：(B)　難易度： 🖉🖉🖉

13. フライト・クエストについて何が正しいと考えられますか。

   (A) テレビドラマで特集された。
   (B) キャサーンさんによって書かれた。
   (C) サンフィールド・レコーズによって制作された。
   (D) すでに売り出されている。

解説

文書1と文書2の情報を組み合わせて答える問題です。以下の流れで答えを導きましょう。

＜文書2：オーディション申込のフォーム＞
　最後にある「歌う曲」についての欄を見ると……
　設問にあるキーワード「フライト・クエスト」という固有名詞が見つかる
　→「最初の曲はデルタイムというバンドによって作られた有名な曲ニュー・ホライゾンズ」「もう1曲はフライト・クエストという名前で、飛び方を学ぼうとするひな鳥についての曲」
　　　↓
＜文書1：番組のオーディションに関する記事＞
　第2段落を見ると……
　オーディションについての説明
　→「1回目には有名な曲を歌い、2回目には自分で作曲した曲を歌う必要がある」
　→キャサーンさんが歌う2曲のうち、ニュー・ホライゾンズは「有名な曲」
　＝もう1曲のフライト・クエストはキャサーンさんが作曲したもの
　＝(B)が正解

語注　□ feature 動 ～を特集する　□ release 動 ～を発表する

Part 7

実戦問題　解答・解説

問題14-18は次のメモ、Eメール、報告書に関するものです。

文書1：メモ

宛先：マーケティングスタッフ
差出人：ジーン・マニング
日付：9月29日
件名：定額サービス

この四半期、会社の歴史で初めて、私たちはマイナス成長を記録しました。6月以降は約70,000人が退会し、新規加入した利用者はわずか15,000人です。

私は皆さんに原因を見つけ出し、この状況を好転させる方法を探してもらう必要があります。この知らせに対しての私たちの対応は、その原因によって決まります。もし品質が問題なら、利用者を満足させるようなレビュー評価の高い映画やシリーズ物を購入する必要があります。もし値段が高過ぎるなら、番組中に広告を含むもっと安い定額サービスプランを提供する必要があります。子どもが見るためのコンテンツをもっと提供する必要があるのかもしれません。新規利用者を引きつけたいとは思っていますが、既存の利用者をつなぎ止める方法を見つける方が重要だと思います。

ジーン・マニング

語注 ☐ **subscription** 名 定額サービス ☐ **quarter** 名 四半期
☐ **negative** 形 マイナスの ☐ **growth** 名 成長 ☐ **subscriber** 名 定額サービス利用者
☐ **discover** 動 ～を見つける ☐ **turn ～ around** ～を好転させる
☐ **depend on ～** ～によって決まる ☐ **issue** 名 問題 ☐ **purchase** 動 ～を購入する
☐ **well-reviewed** 形 レビュー評価の高い ☐ **satisfy** 動 ～を満足させる
☐ **advertising** 名 広告 ☐ **currently** 副 現在

受信者：ジーン・マニング <gmanning@megastream.com>
送信者：チョー・チャン <cchang@megastream.com>
日付：９月30日
件名：定額サービスの不振

ジーンへ

昨夜、私たちの最近の視聴者数の不振についてジェニー・オルタと話をしました。オルタさんの会社は過去に私たちのために素晴らしい仕事をしてくれました。彼女は、この傾向が続く見込みはどれくらいか、定額サービスをやめる人々の理由、そして人々が私たちに今後何を改善して欲しいのかを分析する調査を行ってみてはどうかと提案してくれました。オルタさんにはすぐにその作業に取りかかるよう頼んでいます。進捗については適宜お知らせいたします。

よろしくお願いいたします。

チョー・チャン
マーケティング部門長 ― メガストリーム

語注	☐ **slump** 名 不振　☐ **firm** 名 会社　☐ **in the past** 過去に

☐ **conduct** 動 ～を実施する　☐ **survey** 名 調査　☐ **work out ～** ～を理解する
☐ **trend** 名 傾向　☐ **drop** 動 ～をやめる　☐ **improve** 動 ～を改善する
☐ **immediately** 副 すぐに　☐ **inform** *A* **about** *B* ＡにＢについて知らせる
☐ **progress** 名 進捗、進歩

メガストリームオンラインビデオ調査結果

概要

10月10日から10月15日にかけて、アダムス・アソシエーツは現在のメガストリームの定期サービス利用者に対して調査を行いました。顧客がどれくらい定額サービスを続けたいと思っているか、そして、サービスのどの側面に一番満足していないかを調べることができました。80%の定期サービス利用者は解約を検討していません。解約を検討していた人々のうち、圧倒的多数が経済的理由を挙げました。彼らはより安価なサービスへの乗り換えを検討しているようです。

> **語注** ☐ **survey 動** 〜を調査する　☐ **current 形** 現在の　☐ **aspect 名** 側面
> ☐ **least 形** 最も低い　☐ **inclined 形** 傾向がある　☐ **vast 形** 膨大な
> ☐ **majority 名** 大多数

---

14. 正解:(B) 難易度:✎✎

14. マニングさんはなぜメモを送っていますか。

(A) スタッフの良い仕事ぶりを祝うため
(B) 深刻な問題へ関心を向けてもらうため
(C) 生産コストを削減する方法を提案するため
(D) 会社の方針の変更を知らせるため

解説

メモについての概要を問う問題なので、読むのはメモだけでOK。冒頭に注意すると、This quarter, for the first time in the company's history, we have had negative growth. 「この四半期、会社の歴史で初めて、私たちはマイナス成長を記録しました」とあり、その後は、数字を挙げ、その具体的な内容が続いています。したがって、会社がマイナス成長しているという問題についてのメモだと分かるため、(B)が正解です。negative growthがa serious problemと言い換えられています。(A)、(C)については言及がありません。(D)は、確かに後半にさまざまな施策が挙げられていますが、これらについてはメモの中盤で「皆さんに原因を見つけ出し、この状況を好転させる方法を探してもらう必要がある」とあるように、今後の方針変更の可能性について述べたものなので、不適切です。

語注 ☐ **congratulate 動** 〜を祝う　☐ **attention 名** 注目　☐ **reduce 動** 〜を削減する
☐ **production 名** 製造

15. チャンさんはいつオルタさんに連絡をしましたか。

　　(A) 9月29日　　(B) 9月30日　　(C) 10月10日　　(D) 10月15日

解説

チャンさんの名前を探すと、Eメールの差出人に見つかります。Eメールの日付は9月30日です。次にオルタさんの名前を探すと、Eメールの本文にLast night, I spoke with Jenny Orta「昨夜ジェニー・オルタと話をしました」とあるため、9月30日の前夜、すなわち9月29日の夜に連絡したと考えられます。よって(A)が正解です。

16. オルタさんについて何が分かりますか。

　　(A) チャンさんの部署の1人である。
　　(B) メガストリームの定額サービスを利用している。
　　(C) アダムス・アソシエーツで働いている。
　　(D) 最近昇進した。

解説

オルタさんについてはEメールで言及されており、She suggested that we begin by conducting a survey「オルタさんは、私たちは調査を行うことから始めるのを提案してくれた」ことが分かります。そしてメールの後半にI have asked her to start working on it immediately「オルタさんにはすぐに取りかかるよう頼んでいる」とあるため、チャンさんはオルタさんの働く会社に調査をするよう依頼したことが分かります。そして調査の報告書を見ると、冒頭で「アダムス・アソシエーツは現在のメガストリームの定期サービス利用者を調査した」とあるため、アダムス・アソシエーツがオルタさんの働く会社だと分かります。したがって(C)が正解です。他の選択肢については言及がありません。

語注　☐ **department** 名 部署　☐ **promote** 動 ～を昇進させる

17. 正解：(D)　難易度：💊💊

17. 調査はメガストリームについて何を明らかにしていますか。

    (A) カタログを最近新しくした。
    (B) 広告キャンペーンに効果がなかった。
    (C) 制作の一部がキャンセルになった。
    (D) 顧客の大半はとどまるつもりだ。

解説

調査の報告書の中ほどに、80 percent of subscribers are not considering canceling「80%の定期サービス利用者は解約を検討していない」とあるため、(D)が正解です。80 percentがmostに、not considering cancelingがremainと言い換えられています。

語注　□ update 動 ～を更新する　□ ineffective 形 効果のない

18. 正解：(A)　難易度：💊💊💊

18. メガストリームについて正しいと考えられることは何ですか。

    (A) コマーシャルのスポンサーを通じて収入を生み出すつもりだ。
    (B) 子ども向けの番組をもっと制作するつもりだ。
    (C) 競合の１社との合併を交渉するつもりだ。
    (D) ノンフィクションのコンテンツにもっと投資するつもりだ。

解説

以下のように、文書１と文書３の情報を組み合わせて答える問題です。

＜文書１：マニングさんからのメモ＞
　マニングさんの会社（メガストリーム）の利用者が減っている問題について……
　考えられるいくつかの原因とそれぞれの対処法について具体例を挙げている
　→値段が原因の場合：「もし値段が高過ぎるなら、番組中に広告を含むもっと安い定額サービスプランを提供する必要がある」
　　　↓
＜文書３：利用者調査に関する報告書＞
　メガストリームのサービス利用者の調査結果について……
　「解約を検討していた人々の中で、圧倒的多数が経済的理由を挙げた」
　＝「値段」が利用者減少の原因になっている
　＝メモの内容より、メガストリームは対処法として「番組中に広告を含むもっと安い定額サービスプランを提供する」可能性が高い
　＝それによりメガストリームは広告の収入を得る
　＝(A)が正解

語注　□ generate 動 ～を生み出す　□ income 名 収入　□ negotiate 動 ～を交渉する
□ merger 名 合併　□ competitor 名 競合相手　□ invest in ～ ～に投資する

攻略！ Ｅメールの文書

Part 7にはさまざまな文書タイプが登場しますが、毎回のテストで必ず出てくるのがＥメールです。ここでは、そのＥメールの意外な攻略法について皆さんにお話しします。

実は、Ｅメールではヘッダー部分が大きなカギを握っています。サラッと読み飛ばしてしまいそうな部分ですが、重要な要素や問題のヒントが含まれていることも非常に多いんです。具体的に見てみましょう。

受信者と送信者：
　　ここの人名は設問にも登場してきます。誰が誰に送っているＥメールなのかを把握しておくと、問題の根拠が見つけやすくなります。

Ｅメールアドレスの＠以下：
　　この部分で受信者と送信者の関係性を確認することができます。受信者と送信者のアドレスを見て、＠以下が同じ場合は社内のメール、異なる場合は取引先や顧客に向けたメールだと分かります。

日付：
　　日付は問題の根拠になりやすいです。細かく覚えておく必要はないですが、目を通して意識しておくと良いでしょう。

件名：
　　このＥメールの主題が分かります。Ｅメールを読む前に主題を押さえらえていると、本文が格段に読みやすくなります。

このようにヘッダーの情報をチェックしておくだけで、本文の内容が頭に入ってきやすくなり、問題の根拠も見つけやすくなります。ヘッダーは文章ではないので情報が読みとりやすいのも魅力。まさに、良いこと尽くしですね。

試験前の心構え

これから受験をするという皆さんに、試験前の心構えについてお伝えします。試験前はいろいろと焦ってしまう気持ちもあるかと思いますが、今の自分の力を最大限に発揮できるようにコンディションを整えることが第一です。試験1週間前〜前日あたりにかけては、以下の点を心がけましょう。

1. 新しい問題は解かない

試験前にとりあえずいろいろな問題を解いておこうとする学習者の方が非常に多いのですが、直前に新しい問題に手を出すことは実は逆効果。復習を繰り返して初めて自分の中に落とし込むことができるので、直前にさっと解くだけではほとんど何も身につきません。すでに解いたことのある問題を解いて、学んできたことを思い出すようにしましょう。

2. 覚え終わった単語をざっと復習する

単語も、むやみに新しいものを覚えようとする必要はありません。それよりも、何度も見てすでに覚えている単語や覚えていたはずの単語がしっかりと定着しているかをチェックしましょう。

3. 試験前日は早めに就寝する

試験前日、「ラストスパートだし頑張って夜遅くまで勉強しよう」などと考えていませんか？ 自分の力を最大限に発揮するためには、睡眠をしっかりとって体も万全な状態にしておくことが大切です。前日に追い込んだところで、そこまでスコアは変わりません。むしろ、良質な睡眠をとっておくことで試験中の集中力を高めた方がスコアアップにつながります。

最後に……
メディアビーコンの英語コーチ梅田から
皆さんへのメッセージがあります。

模擬試験
解答・解説

別冊の模擬試験の解答・解説です。
必ず復習までしっかり行い、
解いた問題を確実に自分のものに
していきましょう。

1.　正解：(D)　難易度： 🖊🖊　　🇨🇦 🔊)) 049

(A) She's putting on gloves.
(B) She's cleaning the floor.
(C) She's opening the oven.
(D) She's kneeling down.

(A) 彼女は手袋をはめているところである。
(B) 彼女は床を掃除している。
(C) 彼女はオーブンを開けている。
(D) 彼女はひざまずいている。

解説

1人の写真は動作に注意。(即効薬①) 写真に写っている女性は曲げた足を床に着けて「ひざまずいている」ため、(D) が正解です。(A) で使われている put on ～は「～を身に着ける」という動作を表します。女性は手袋をしているので一見正解に思えますが、手袋を「はめている途中」ではないため(A)は不適切です。(B)は掃除しているのが床ではなくオーブン、(C)は「開けている途中」ではないので写真と合いません。

語注　□ put on ～ ～を身に着ける　□ kneel down ひざまずく

2.　正解：(D)　難易度： 🖊　　🇦🇺 🔊)) 050

(A) They're working along the river.
(B) They're taking off their helmets.
(C) One of the men is inspecting the truck.
(D) One of the men is standing at a construction site.

(A) 彼らは川沿いで作業をしている。
(B) 彼らはヘルメットを外しているところである。
(C) 男性のうちの1人はトラックを調べている。
(D) 男性のうちの1人は建設現場で立っている。

解説

2人の写真は共通点と相違点を探しましょう。(即効薬②) 周りに足場などがあることから建設現場だと分かり、手前の男性のみ立っているため、(D) が正解です。(A)は、working「作業している」という部分までは正しいですが、川は見当たらないため不適切です。(B)は写真に写っているhelmet「ヘルメット」が出てきていますが、taking off「外している」という動作が写真と異なります。

語注　□ take off ～ ～を外す、～を脱ぐ　□ inspect 動 ～を調べる

3. 正解:(A)　難易度: 🔵 🔵　　　　　🇨🇦 🔊 051

(A) Bicycles are parked in front of a house.
(B) The windows are wide open.
(C) Some trees are being cut down.
(D) A building is under construction.

(A) 自転車が家の前に停められている。
(B) 窓が大きく開けられている。
(C) 木が切り倒されているところである。
(D) 建物が建設中である。

解説

人が写っていない風景の写真なので、物の状態と場所に注意して聞きましょう。(即効薬③)
自転車が数台家の前に停められている様子を説明した(A)が正解です。windows「窓」は写っていますが、どの窓も閉じられているため(B)は不適切。(C)も、木はありますが切り倒されている状況ではなく、動作主もいないため不適切です。

語注　□ park 動 ～を駐車する　□ wide 副 広く　□ cut down ～ ～を切り倒す
□ under construction 建設中で

---

4. 正解:(D)　難易度: 🔵　　　　　🇺🇸 🔊 052

(A) They're polishing some cups.
(B) They're reaching for pictures on the wall.
(C) A woman is arranging some tables.
(D) A man is making coffee on the counter.

(A) 彼らはコップを磨いている。
(B) 彼らは壁の絵に手を伸ばしている。
(C) 女性がテーブルを並べている。
(D) 男性がカウンターの上でコーヒーを入れている。

解説

左に写っている男性が、カウンターの上でコーヒードリッパーにお湯を注いでコーヒーを作っています。よって、男性のこの動作を表した(D)が正解です。その他の選択肢は、写真に写っている物は含まれているものの、動作の部分が合わないため不適切です。

語注　□ polish 動 ～を磨く　□ reach for ～ ～に手を伸ばす　□ arrange 動 ～を並べる

---

5. 正解:(C) 難易度: ✏️✏️

 053

(A) The door is kept open by a stone.
(B) Some plants are being watered.
(C) Some chairs are placed outdoors.
(D) The floor is filled with fallen leaves.

(A) ドアが石で開けたままにされている。
(B) 植物に水が注がれている。
(C) 椅子が屋外に置かれている。
(D) 床が落ち葉でいっぱいである。

解説

2脚の椅子がテラスに置かれているため、(C)が正解です。写真の中に植物は写っていますが、水をやっている人は写っていないため、(B)は不適切です。人のいない写真でbeingが聞こえたら、その時点で除外しましょう。(即効薬④)(A)のドアや石、(D)の落ち葉は写真内にはありません。

語注 ☐ water 動 ～に水をやる ☐ place 動 ～を置く ☐ outdoors 副 屋外で
☐ be filled with ～ ～でいっぱいである

---

6. 正解:(D) 難易度: ✏️✏️✏️

 054

(A) She's standing at the checkout counter.
(B) She's pointing at a poster on the wall.
(C) Some shopping carts are being pushed.
(D) Some items are displayed on the shelf.

(A) 彼女はレジで立っている。
(B) 彼女は壁のポスターを指さしている。
(C) ショッピングカートが押されている。
(D) 商品が棚に展示されている。

解説

女性は商品陳列棚の間の通路にいます。棚に商品が置かれている状態を受動態で表した(D)が正解です。女性はスーパーマーケットと思われる場所にいますがレジにはいないため、(A)は不適切。ポスターと複数台のショッピングカートは写っていないので、(B)と(C)も不適切です。

語注 ☐ checkout counter レジ ☐ point at ～ ～を指さす ☐ display 動 ～を展示する

7. 正解：(A)　難易度：🖊🖊

🇺🇸 → 🇬🇧 🔊 056

Where is the contract Noriko drew up yesterday?

(A) On the top shelf of the bookcase.

(B) We plan to build a new facility.

(C) I updated our contact information.

ノリコが昨日作成した契約書はどこにありますか。

(A) 本棚の一番上の棚です。
(B) 私たちは新しい施設を建設するつもりです。
(C) 私たちの連絡先情報を更新しました。

解説

Where 〜? で「契約書がどこにあるのか」を尋ねているのに対し、具体的な場所を答えている (A) が正解です。(即効薬①) where で始まる場所を問う問題では、on や at などの前置詞を意識しながら聞いていきましょう。(C) は、contract と似た音の contact を使ったひっかけの選択肢です。(即効薬②)

語注 □ contract 名 契約書　□ draw up 〜 〜を作成する　□ shelf 名 棚
□ bookcase 名 本棚　□ facility 名 施設　□ update 動 〜を更新する

8. 正解：(B)　難易度：🖊🖊

🇨🇦 → 🇦🇺 🔊 057

How many employees will attend the training session on Monday afternoon?

(A) On the second floor.

(B) We prepared fifty seats.

(C) No, at three o'clock.

月曜の午後に研修会に参加する従業員は何人ですか。

(A) 2階です。
(B) 50席を用意しました。
(C) いいえ、3時です。

解説

How many 〜? で「研修会に参加する従業員の人数」を尋ねているのに対し、研修会のために用意した席数を答えている (B) が正解です。(即効薬①)「人数」が聞かれているということを意識しながら選択肢を聞くと、「場所」を答えている (A) や、「時間」を答えている (C) は不正解だと分かります。

語注 □ employee 名 従業員　□ attend 動 〜に参加する　□ session 名 集会
□ prepare 動 〜を準備する

9. 正解：(B)　難易度： 🖊🖊

🇬🇧 → 🇺🇸 🔊 058

Haven't you signed all the documents?

(A) Can I borrow a cup?

(B) No, not yet.

(C) There's a printing shop.

全ての書類にまだサインをしていないのですか。

(A) コップを借りてもいいですか。
(B) はい、まだです。
(C) 印刷所があります。

解説

否定疑問文で「まだサインをしていないのか」と尋ねているのに対して、Noと答え、まだサインし終えていないことを伝えている(B)が正解です。(即効薬③) No, not yet. はNo, I haven't signed them yet.「それらにまだサインをしていません」ということ。否定疑問文に対するNoは、日本語の応答としては「はい」という意味になるので、注意しましょう。(C)は、documentsから連想されるprintingを使ったひっかけの選択肢です。

語注 □ **sign** 動 ～にサインする　□ **document** 名 書類　□ **borrow** 動 ～を借りる
□ **cup** 名 コップ　□ **printing** 名 印刷

10. 正解：(C)　難易度： 🖊

🇦🇺 → 🇬🇧 🔊 059

Do I need my ID card for the interview?

(A) It suits her schedule.

(B) The game industry.

(C) Yes, you must bring it.

面接に身分証明書は必要ですか。

(A) それは彼女のスケジュールに好都合です。
(B) ゲーム業界です。
(C) はい、持ってくる必要があります。

解説

身分証明書が必要かどうかを尋ねているのに対し、Yesと答え、義務を表す助動詞のmustを用いて「持ってくる必要がある」と答えているシンプルな応答の(C)が正解です。itはyour ID cardを意味することになります。interviewから連想されるsuitやscheduleを使った(A)、実際の仕事の面接の場面なら関連しそうな(B)は、ひっかけの選択肢です。

語注 □ **suit** 動 ～に都合が良い　□ **industry** 名 業界

11. 正解:(C) 難易度: 🗴🗴🗴

🇨🇦 ➔ 🇦🇺 🔊 060

How about installing a new photocopier?

(A) Cameras for the office.

(B) On the desk near the window.

(C) We can still use the current one.

新しいコピー機を設置するのはどうですか。

(A) オフィス向けのカメラです。
(B) 窓の近くの机の上です。
(C) 私たちはまだ今のものを使えます。

解説

How about ～?という表現を用いて「新しいコピー機の設置」を提案しているのに対し、「まだ今のものを使える」と言うことで「だから新しいものを設置しなくてよい」と間接的に提案を断っている(C)が正解です。(即効薬④) one は photocopier を指すことになります。

語注 □ install 動 ～を設置する　□ photocopier 名 コピー機　□ current 形 現在の

12. 正解:(C) 難易度: 🗴🗴🗴

🇬🇧 ➔ 🇨🇦 🔊 061

Do you want to use the red ink or the blue ink?

(A) Yes, I need a pen to write with.

(B) The illustrator comes to the firm.

(C) How about using green instead?

赤色のインクを使いたいですか、それとも青色のインクを使いたいですか。

(A) はい、書くペンが必要です。
(B) イラストレーターが会社に来ます。
(C) 代わりに緑色を使うのはどうですか。

解説

「赤色のインクと青色のインクのどちらを希望するか」という質問に対して、そのどちらでもなく「緑色はどうか」と提案している(C)が正解です。(即効薬④) Do you で始まっていても、or を用いた選択疑問文の場合は Yes/No では答えられないので、(A)は不適切です。また、A or B で聞かれる選択疑問文では、本問のように、「A でも B でもなく C」と第3の選択肢を挙げている応答が正解となる場合もあります。

語注 □ firm 名 会社　□ instead 副 代わりに

模擬試験 解答・解説　Part 2

13. 正解：(A) 難易度： 🌶🌶 　🇦🇺 → 🇬🇧 🔊 062

You've already sent the résumé, haven't you?

(A) Yes, I have.
(B) About five cents.
(C) Letters from an actor.

履歴書はもう送ったんですよね？

(A) はい、送りました。
(B) 約5セントです。
(C) 俳優からの手紙です。

解説

付加疑問文で「履歴書はもう送ったか」と確認しているのに対して、Yesと答え、「送った」と伝えている(A)が正解です。（即効薬③）これは、Yes, I have already sent it. を省略したものです。金額や手紙に関連する話はしていないので、(B)と(C)は不適切です。

語注 □ **résumé** 名 履歴書　□ **cent** 名 セント（通貨単位）　□ **actor** 名 俳優

14. 正解：(A) 難易度： 🌶🌶 　🇺🇸 → 🇬🇧 🔊 063

Why hasn't the online catalogue been updated?

(A) Due to the power outage yesterday.
(B) Because few people will attend it.
(C) The updated invoice.

オンラインカタログはなぜ更新されていないのですか。

(A) 昨日の停電が理由です。
(B) それに出席する人はほとんどいないからです。
(C) 更新された請求書です。

解説

Why～?で理由を尋ねているのに対し、理由を表すdue to～という表現を用いて、「停電が原因だ」と答えている(A)が正解です。(B)もBecauseで始まり理由を述べていますが、itがthe online catalogueを指すことになり、意味が通らない文になるので不適切です。(C)は、質問文にあるupdatedが使われていますが、理由を尋ねる質問文への応答にはなりません。

語注 □ **update** 動 ～を更新する　□ **due to ～** ～が原因で　□ **power outage** 停電
□ **attend** 動 ～に出席する　□ **invoice** 名 請求書

15. 正解:(B) 難易度: ✐

🇨🇦 ➡ 🇺🇸 🔊)) 064

Could you notify passengers of the arrival time?

(A) I arrived there at nine A.M.

(B) Of course, I will.

(C) There are no vacant seats.

乗客に到着時間を知らせてくれませんか。

(A) 私は午前9時にそこに到着しました。
(B) もちろん、そうします。
(C) 空席はありません。

解説

Could you ～?という依頼の表現を用いて「乗客に到着時間を知らせること」を頼んでいるのに対し、「もちろん、そうします」と答えている(B)が正解です。依頼に対し、快く引き受けることを伝える表現のof courseがポイントとなります。(A)は、質問文のarrivalに対して、arriveを用いたひっかけの選択肢です。(即効薬②)

語注 ☐ **notify A of B** AにBを知らせる　☐ **passenger** 名 乗客　☐ **arrival** 名 到着
☐ **arrive** 動 到着する　☐ **vacant** 形 空いている

16. 正解:(C) 難易度: ✐✐✐

🇬🇧 ➡ 🇨🇦 🔊)) 065

I heard a new hardware store will open.

(A) Could you lend me a wearable computer?

(B) There're gardening gloves outside.

(C) I saw that information on a flyer today.

新しいホームセンターがオープンすると聞きました。

(A) ウェアラブルコンピューターを貸してもらえませんか。
(B) ガーデニング用の手袋が外にあります。
(C) 私は今日その情報をチラシで目にしました。

解説

「新しいホームセンターがオープンすると聞いた」という発言に対し、「その情報をチラシで見た」と答えている(C)が正解です。that informationは「新しいホームセンターがオープンすること」を指すことになります。(A)はhardwareのwareと同じ音を含むwearable、(B)は「ホームセンター」から連想される「ガーデニング用の手袋」が使われたひっかけの選択肢です。(即効薬②) 平叙文は返答を予測しづらいので、会話の場面を想像しながら聞くことがポイントです。

語注 ☐ **hardware store** ホームセンター　☐ **lend A B** AにBを貸す
☐ **wearable** 形 着用できる　☐ **glove** 名 手袋　☐ **outside** 副 外に　☐ **flyer** 名 チラシ

17. 正解：(C)　難易度：🖊🖊🖊　🇺🇸 → 🇨🇦 🔊 066

Can you illustrate the advantages and disadvantages of this strategy?

(A) Send me the sample picture.

(B) In the training program.

(C) We don't have enough time now.

この戦略の長所と短所を説明してもらえますか。

(A) 私にサンプルの写真を送ってください。
(B) 研修プログラムにおいてです。
(C) 今は十分な時間がありません。

解説
Can you ～?という依頼の表現を用いて、「長所と短所の説明」をするよう頼んでいます。それに対し、「時間がない」と理由を述べることで、「できない」と直接言わずに、間接的に断っている(C)が正解です。（即効薬④）

語注　□ illustrate 動 ～を説明する　□ advantage 名 長所　□ disadvantage 名 短所
□ strategy 名 戦略　□ enough 形 十分な

18. 正解：(C)　難易度：🖊🖊　🇨🇦 → 🇦🇺 🔊 067

Who's in charge of the legal department?

(A) Actually, we need to charge a battery.

(B) More than five law firms.

(C) Sorry, I've just joined the company.

法務部の責任者は誰ですか。

(A) 実は、私たちは電池を充電する必要があります。
(B) 5つ以上の法律事務所です。
(C) すみません、私はこの会社に入ったばかりなんです。

解説
Who ～?で「責任者が誰か」を尋ねているのに対し、「すみません」と詫びてから「私はこの会社に入ったばかりだ」と質問に答えられない理由を述べている(C)が正解です。be in charge of ～は「～を管理している」という意味で、「～を充電する」という意味の動詞chargeとは違うので(A)を選ばないようにしましょう。質問文に出てくる語と同じ語が聞こえたら、ひっかけの可能性大です。（即効薬②）

語注　□ be in charge of ～ ～を管理している　□ legal department 法務部
□ charge 動 ～を充電する　□ battery 名 電池　□ law 名 法律　□ firm 名 会社

19. 正解：(B) 難易度：🖊🖊

🇺🇸 → 🇬🇧 🔊 068

What's needed to receive the special discount?

(A) Yes, your efforts paid off.
(B) Just sign up for membership.
(C) Two feet in width.

特別割引を受けるには何が必要ですか。

(A) はい、あなたの努力は報われました。
(B) 会員の申し込みをするだけです。
(C) 幅2フィートです。

┃解説┃

What ～？で「割引を受けるのに必要なもの」を尋ねているのに対し、「会員の申し込みをする」という割引の条件を答えている(B)が正解です。(B)は、You just need to sign up for membership.の省略だと考えることができます。疑問詞のwhatを使った疑問文に対する応答なので、Yesから始まる(A)は不適切です。

┃語注┃ ☐ **discount** 名 割引　☐ **effort** 名 努力　☐ **pay off**（努力などが）報われる
☐ **sign up for ～** ～の申し込みをする　☐ **membership** 名 会員　☐ **width** 名 幅

---

20. 正解：(A) 難易度：🖊🖊

🇬🇧 → 🇦🇺 🔊 069

Doesn't the cinema you work for specialize in French films?

(A) No, it has changed the policy.
(B) Please fill out this form.
(C) Let's meet at the theater.

あなたが働いている映画館はフランス映画を専門にしているのではないのですか。

(A) はい、方針が変わったのです。
(B) この用紙に記入してください。
(C) 劇場で会いましょう。

┃解説┃

否定疑問文で、相手が働いている映画館について「フランス映画を専門にしているのではないのか」と尋ねています。それに対してNoと答え、「方針が変わった」と伝えることで、もうフランス映画を専門にしているわけではないことを伝えている(A)が正解です。itはthe cinema I work for「私が働いている映画館」を意味することになります。否定疑問文に対する応答のNoは、日本語では「はい」という意味になるので注意しましょう。(即効薬③)

┃語注┃ ☐ **cinema** 名 映画館　☐ **specialize in ～** ～を専門とする　☐ **policy** 名 方針
☐ **fill out ～** ～に記入する　☐ **form** 名 用紙

21. 正解:(A)　難易度: ✎

🔊 070

When will this travel voucher expire?

(A) In August next year.
(B) At the travel agency.
(C) You will need more than ten.

この旅行のクーポン券はいつ期限が切れますか。

(A) 来年の8月です。
(B) 旅行代理店においてです。
(C) あなたは10以上必要になります。

解説

When ～?で「いつ期限が切れるのか」を尋ねているのに対し、「来年の8月だ」と答えている(A)が正解です。(B)は「いつ」と聞かれているのに対して「場所」を答えているので、不適切です。質問文の出だしのwhereとwhenは聞き間違えやすいので、前の問題から気持ちを切り替え、冒頭に特に注意して聞きましょう。(即効薬①)また、travelは質問文と同じ語を使ったひっかけでもあるので、この点にも注意が必要です。

語注　□ **voucher** 名 クーポン券　□ **expire** 動 期限が切れる　□ **agency** 名 代理店

22. 正解:(A)　難易度: ✎✎

🔊 071

Do you know if Mr. Tanaka likes pastries?

(A) He prefers salty foods.
(B) Paste it into an e-mail.
(C) No, they disposed of everything.

タナカさんが焼き菓子が好きかどうか知っていますか。

(A) 彼は塩辛い食べ物の方が好きです。
(B) Eメールにそれを貼り付けてください。
(C) いいえ、彼らは全てを処分しました。

解説

「タナカさんが焼き菓子が好きかどうか知っているか」と尋ねているのに対し、「塩辛い食べ物の方が好き」とタナカさんの好みを答えることで、間接的に焼き菓子は好きではないと答えている(A)が正解です。Do youで始まる疑問文であっても、必ずしもYes/Noで答えるわけではないことに注意しましょう。(B)は、pastriesと似た音のpaste itが使われたひっかけの選択肢です。

語注　□ **pastry** 名 (ケーキなどの) 焼いた菓子 (類)　□ **prefer** 動 むしろ～の方を好む　□ **salty** 形 塩辛い　□ **paste** 動 ～を貼り付ける　□ **dispose of ～** ～を処分する

23. 正解:(A) 難易度:🖉🖉🖉   🇺🇸 → 🇬🇧 🔊 072

Sakura is going to prepare the schedule for the annual conference, isn't she?

(A) Please check with the manager.

(B) Yes, the job fair is on the next floor.

(C) No, because of media coverage.

サクラが年次会議のスケジュールを準備するんですよね?

(A) 部長に確認してください。
(B) はい、就職説明会は次の階です。
(C) いいえ、マスコミの報道が理由です。

解説

「サクラがスケジュールを準備するかどうか」を確認しているのに対し、その答えを言うのではなく、「部長に確認してください」と伝えている(A)が正解です。付加疑問文で尋ねられているのでYes/Noで始まる(B)や(C)を選びたくなりますが、(B)は「場所」を、(C)は「理由」を答えているので、応答として不適切だと分かります。

語注 ☐ **annual** 形 年次の ☐ **conference** 名 会議 ☐ **job fair** 形 就職説明会
☐ **coverage** 名 報道

---

24. 正解:(C) 難易度:🖉🖉   🇨🇦 → 🇦🇺 🔊 073

Which seasoning do you think is better, mayonnaise or sauce?

(A) It's our busiest season.

(B) A new source of energy.

(C) The latter must be better.

どちらの調味料の方が良いと思いますか、マヨネーズですか、それともソースですか。

(A) 私たちの最も忙しい時期です。
(B) 新しいエネルギー源です。
(C) 後者の方が良いに違いありません。

解説

Which ~, A or B?の形で「AとBのどちらの方が良いか」を尋ねているのに対し、「後者の方が良い」と答えている(C)が正解です。The latter は、mayonnaise or sauceの後ろの方、すなわちsauceを指すことになります。(A)のseason は「時期」という意味でseasoning「調味料」とは関係なく、また(B)もsauce「ソース」とsource「源」の音が似ていますが、意味は異なるので、ひっかからないようにしましょう。

語注 ☐ **seasoning** 名 調味料 ☐ **source** 名 源 ☐ **the latter** 後者

25.　正解：(B)　難易度： 🖊🖊　　🇺🇸 → 🇨🇦 🔊 **074**

Haven't the new carpets arrived yet?

(A) As soon as we copy it.

(B) I'll call the courier to confirm.

(C) It's up to you.

新しいカーペットはまだ届いていないのですか。

(A) 私たちがそのコピーをとったらすぐです。

(B) 運送業者に電話して確認します。

(C) あなた次第です。

解説

「新しいカーペットはまだ届いていないのか」と尋ねているのに対し、「確認する」と答えている (B) が正解です。否定疑問文の場合、事実を尋ねているというより、その事実を踏まえた上で、驚きを伝える場合に使われることが多く、「理由」や「対策」を答える選択肢が正解であることがよくあります。

語注　□ **courier** 名 運送業者　□ **confirm** 動 ～を確認する　□ *be* up to ～ ～次第だ

26.　正解：(C)　難易度： 🖊　　🇬🇧 → 🇦🇺 🔊 **075**

What increased the workload of the accounting department?

(A) Actually, neither did I.

(B) To take it into account.

(C) I don't know much about it.

何が経理部の仕事量を増やしましたか。

(A) 実は私もそうしませんでした。

(B) それを考慮に入れるためです。

(C) それについてはあまり知りません。

解説

「仕事量の増加の原因は何なのか」を尋ねているのに対し、「それについてあまり知らない」と答えている (C) が正解です。it は「経理部の仕事量」を指すことになります。(A) の neither did I は、「～しなかった」という発言に対して「私もそうしなかった」という答える場合に用いられるものなので、不適切です。

語注　□ **increase** 動 ～を増加させる　□ **workload** 名 仕事量　□ **accounting** 名 経理
□ **department** 名 部門　□ **take** ～ **into account** ～を考慮に入れる

27. 正解:(B)　難易度:🖊🖊　🇨🇦 → 🇺🇸 🔊 076

Everyone's required to submit the questionnaire on work environment.

(A) For nature preservation.

(B) When is the due date?

(C) Feel free to ask any questions.

全員が労働環境についてのアンケートを提出する必要があります。

(A) 自然保護のためです。
(B) 期日はいつですか。
(C) どんな質問でも自由にしてください。

解説

「全員がアンケートを提出する必要がある」との発言に対し、「期限はいつか」を尋ねている(B)が正解です。「提出」する際「期限」は重要な関連情報なので、自然なやりとりになります。(A)はenvironmentから連想しかねないnature preservation「自然保護」が、(C)はquestionnaireと音の似たquestionが用いられたひっかけの選択肢です。

語注 □ *be* required to *do* 〜するように求められている　□ submit 動 〜を提出する
□ questionnaire 名 アンケート　□ preservation 名 保護　□ due 形 期限がきた

28. 正解:(B)　難易度:🖊🖊🖊　🇦🇺 → 🇨🇦 🔊 077

When should I apply for the scholarship?

(A) There's repair work in July.

(B) You'd better ask Ms. Lee.

(C) At the real estate agency.

いつ奨学金を申し込めばよいでしょうか。

(A) 7月に改修工事があります。
(B) リーさんに尋ねるべきです。
(C) 不動産業者です。

解説

「いつ奨学金を申し込めばよいか」を尋ねているのに対し、自分ではなく「リーさんに尋ねるべき」だと答えている(B)が正解です。「いつ」に対する直接的な答えではないので選びづらい選択肢です。「改修工事」も「不動産業者」も奨学金とは関係ないので(A)も(C)も不適切です。

語注 □ apply for 〜 〜に申し込む　□ scholarship 名 奨学金　□ repair 名 修理
□ real estate 不動産　□ agency 名 代理店

29. 正解：(A)　難易度： ✎ ✎　🇬🇧 → 🇺🇸 🔊 078

I handed your manuscript to the editor.

(A) Did he say anything about it?
(B) Yes, your book will be published soon.
(C) It was hands-on training.

編集者にあなたの原稿を渡しました。

(A) 彼はそれについて何か言っていましたか。
(B) はい、あなたの本はもうすぐ出版されます。
(C) それは実地訓練でした。

解説
「編集者にあなたの原稿を渡した」という発言に対して、編集者が何か言っていたかどうかを尋ねている(A)が正解です。he は the editor を、it は my manuscript を指すことになります。(B)は、your manuscript「あなたの原稿」と言っていることから、本が出版される状況だとしても your book ではなく my book となるはずなので、不適切です。

語注 □ **hand** 動 ～を手渡す　□ **manuscript** 名 原稿　□ **editor** 名 編集者
□ **publish** 動 ～を出版する　□ **hands-on** 形 実地の

30. 正解：(B)　難易度： ✎ ✎　🇺🇸 → 🇦🇺 🔊 079

Are you working on the revision of the specifications?

(A) It was installed to specify the cause.
(B) I will finish it in five minutes.
(C) The administration division.

仕様書の修正に取り組んでいるのですか。

(A) それは原因を特定するためにインストールされました。
(B) 5分後に終わります。
(C) 管理部門です。

解説
「あなたは仕様書の修正に取り組んでいるのか」と尋ねているのに対し、「それを5分後に終える」と答えている(B)が正解です。it が the revision of the specification を指すことになります。(A)は、it が同じく「仕様書の修正」を指すことになり、それが「取り付けられる」のは不自然なので不適切です。(C)は、revision と似た発音の division が用いられているひっかけの選択肢です。

語注 □ **work on ～** ～に取り組む　□ **revision** 名 修正　□ **specify** 動 ～を特定する
□ **cause** 名 原因　□ **administration** 名 管理　□ **division** 名 部門

🇬🇧 → 🇦🇺 🔊 080

Shouldn't the grand opening be prepared before sunset?

(A) Please reduce it in advance.

(B) It was open to the public.

(C) We're understaffed, though.

グランドオープンの準備は日没前にしておいた方がよいのではないですか。

(A) それを前もって減らしてください。
(B) それは一般公開されていました。
(C) でも私たちは人手が足りていません。

解説

「グランドオープンの準備は日没前にしておくべきではないのか」と尋ねているのに対し、「人手が足りていない」と述べ、相手の意見に賛成できない理由を伝えている(C)が正解です。(A)は、beforeに近い意味のin advance「前もって」が使われていますが応答として成立しません。(B)は、openingと同じ音を含むopenを使ったひっかけの選択肢です。

語注 □ **grand opening** グランドオープン（オープンを祝うための催し）
□ **sunset** 名 日没　□ **reduce** 動 ～を減らす　□ **in advance** 前もって　□ **public** 名 大衆
□ **understaffed** 形 人員不足の

放送される会話文　M: 🇺🇸　W: 🇬🇧　　🔊 082

Questions 32 through 34 refer to the following conversation.

M: ❶ The printing company has sent us a sample of the design for our new business cards. What do you think?

W: I don't like it, to be honest. ❷ I want something more modern. This looks like it was designed about twenty years ago.

M: I think so, too. One of the problems is our logo, though. ❸ I think we need to have that updated first.

W: I'm fine with that. ❹ Why don't you give Mark Day at MDG Graphic Design a call? He's made some excellent graphics for us in the past.

会話文の和訳

問題 32-34 は次の会話に関するものです。

男性：　印刷会社から私たちの新しい名刺のデザインの見本が送られてきました。どう思いますか。

女性：　正直言って、私は好きではありません。もっと現代的なものがいいです。これは20年くらい前にデザインされたように見えます。

男性：　私もそう思います。でも、問題の1つは私たちのロゴです。まずそれを新しくしてもらう必要があると思います。

女性：　それでいいと思います。MDG グラフィック・デザイン社のマーク・デイに電話してみたらどうですか。彼はこれまで素晴らしいグラフィックを作ってきてくれました。

語注　□ **business card** 名刺　□ **to be honest** 正直に言うと　□ **modern** 形 現代的な
□ **look like ~** ~のように見える　□ **design** 動 ~をデザインする
□ **update** 動 ~を最新のものにする　□ **give A a call** A に電話をかける
□ **in the past** これまで

32. 正解:(A) 難易度: ✎

32. 話し手たちは何について話し合っていますか。

(A) 名刺
(B) ウェブサイト
(C) スマートフォンのアプリケーション
(D) 製品カタログ

解説

男性が冒頭で❶「印刷会社から私たちの新しい名刺のデザインの見本が送られてきた」と言っています。その後、名刺のデザインについて男性は女性に意見を求め、女性もそれに答えているので、話し手たちが話し合っているのは(A)名刺についてであることが分かります。(即効薬①)

---

33. 正解:(B) 難易度: ✎✎

33. 女性はデザインについて何と言っていますか。

(A) いくつかの情報が欠けている。
(B) 時代遅れである。
(C) 生産コストが高くなる。
(D) 承認された。

解説

新しい名刺のデザインの見本について感想を聞かれた女性は、❷で「もっと現代的なものがいい。これは20年くらい前にデザインされたように見える」と言っています。これを「時代遅れである」と言い換えた(B)が正解です。(即効薬②)

語注 □ **missing** 形 欠けている □ **outdated** 形 時代遅れの
□ **approve** 動 ～を承認する

---

34. 正解:(C) 難易度: ✎✎

34. デイさんとは誰だと考えられますか。

(A) 会計士
(B) 販売員
(C) グラフィックデザイナー
(D) オフィスマネージャー

解説

男性が❸で「まずそれ (ロゴ) を新しくしてもらう必要があると思う」と言ったのを受けて、女性は❹で「MDGグラフィック・デザイン社のマーク・デイに電話してみたらどうか」と提案しています。続けて、「彼はこれまで素晴らしいグラフィックを作ってきてくれた」と説明していることがポイントです。この流れから、マーク・デイさんは(C)グラフィックデザイナーだろうと推測できます。

　W: 🇨🇦　M: 🇦🇺　🔊 **083**

Questions 35 through 37 refer to the following conversation.

W: Good morning. Sherman Hotel. This is Shelly speaking. How can I help you?

M: Hi. It's Ralph Sayles at Moreton Furniture. Um… We have a conference room booked for three P.M. tomorrow. I know it's short notice, but ❶ I'd like to bring the reservation forward to one P.M., if possible.

W: OK, let me see. Um... It looks like we have some maintenance scheduled for that time. ❷ Apparently, they're replacing the faulty projector in the room.

M: I see. We don't need to be in that big room. ❸ A lot of the people we expected to come won't be available. Perhaps you have a smaller room we could use instead.

会話文の和訳

問題35-37は次の会話に関するものです。

女性：　おはようございます。シャーマンホテルです。こちらはシェリーです。どのようなご用件でしょうか。

男性：　こんにちは。こちらはモアトン家具社のラルフ・サイルズです。ええと……明日の午後3時に会議室を予約しています。急であることは承知しておりますが、もし可能なら、予約を午後1時に前倒ししていただきたいのですが。

女性：　分かりました、少々お待ちください。ええと……その時間帯に予定されたメンテナンスがあるようなんです。どうやら、その部屋にある故障したプロジェクターを交換するようです。

男性：　分かりました。私たちは、そんなに大きな部屋を使う必要はありません。来ると想定していた人たちが大勢来られないようなのです。代わりに利用できるもっと小さな部屋があったりはしませんか。

語注　□ **furniture** 名 家具　□ **conference** 名 会議　□ **book** 動 ～を予約する
□ **short notice** 急な知らせ　□ **bring ～ forward** ～を繰り上げる
□ **if possible** できるなら　□ **apparently** 副 どうやら～らしい
□ **replace** 動 ～を交換する　□ **faulty** 形 欠陥のある　□ **instead** 副 その代わりに

35. 正解:(C) 難易度: ✎

35. 男性はなぜ電話しているのですか。

(A) 仕事を紹介するため
(B) 同僚を推薦するため
(C) 予約を変更するため
(D) 業者に感謝を伝えるため

解説

男性が❶「もし可能なら、予約を午後1時に前倒ししてほしい」と言っているので、(C)が正解です。その後、女性がメンテナンスや修理の話をしていますが、「感謝を伝える」とは言っていないので、(D)は不正解です。

語注 □ position 名 職 □ recommend 動 ～を推薦する □ colleague 名 同僚
□ supplier 名 納入業者

36. 正解:(A) 難易度: ✎✎

36. 何が問題ですか。

(A) 装置が故障している。
(B) 注文品が届いていない。
(C) 費用が高過ぎる。
(D) 何人かの客は招待されなかった。

解説

男性の希望している時間帯に会議室が使えない理由として、女性は❷で「どうやら、その部屋にある故障したプロジェクターを交換するようだ」と言っているので(A)が正解です。「注文品」や「費用」の話は一切していないので、(B)と(C)は不正解です。「来ると思っていた人たちが来ない」と言っているだけなので、(D)も不正解です。

語注 □ device 名 装置 □ malfunction 動 うまく機能しない

37. 正解:(D) 難易度: ✎✎

37. 男性は自身の会議について何と言っていますか。

(A) 中止された。
(B) 招待状が何枚か返送された。
(C) ホワイトボードが必要である。
(D) 何人かの人が欠席する。

解説

会議について、男性は❸で「来ると想定していた人たちが大勢来られなくなっている」と言っているので(D)が正解です。男性は、来られなくなった人の話はしていますが、会議そのものを中止するとは言っていないので(A)は不正解です。招待状やホワイトボードの話は出てこないので、(B)も(C)も不正解です。

語注 □ whiteboard 名 ホワイトボード

Questions 38 through 40 refer to the following conversation.

W: We have ❶ about two hours before our flight leaves. ❷ Shall we sit down and have something to eat? There're some restaurants on the third floor.

M: That's a great idea. ❸ I'd like to get a cart for our luggage. I wonder where they keep them. I haven't seen any yet.

W: There's one over there. No one's using it. Why don't you take that one?

M: Good idea. ❹ What do you feel like eating?

会話文の和訳

問題38-40は次の会話に関するものです。

女性：　飛行機の出発まであと2時間ほどあります。座って何か食べましょうか。3階にレストランがあります。

男性：　それはいい考えですね。荷物用のカートを取ってきたいです。どこにあるのでしょうか。まだ1つも見ていませんが。

女性：　あそこに1つありますよ。誰も使っていません。あれを取ってきたらどうですか。

男性：　いいですね。何を食べたい気分ですか。

語注　□ **flight** 名 飛行機の便、フライト　□ **luggage** 名 荷物
□ **wonder** 動 ～だろうかと思う　□ **over there** あそこに
□ **Why don't you ～?** ～してはどうか。　□ **feel like** *doing* ～したい気分だ

38. 正解：(B)　難易度：✐

38. 話し手たちはどこにいると考えられますか。

(A) バスターミナル
(B) 空港
(C) ショッピングセンター
(D) 旅行代理店

解説

女性が冒頭で❶「飛行機の出発まであと2時間ほど」と言っているので、話し手たちはもうすぐ飛行機で旅立つと分かります。その後「荷物用のカート」の話などもしているので、彼らは(B)の空港にいると考えられます。

39. 正解：(D)　難易度：✐

39. 男性は何を探していますか。

(A) 予定表
(B) パスポート
(C) カタログ
(D) カート

解説

男性が❸で「荷物用のカートを取ってきたい」と言い、「どこにあるのだろうか。まだ1つも見ていない」と続けているので、(D)の「カート」が正解です。(A)(B)(C)については会話に出てきません。

40. 正解：(D)　難易度：✐ ✐

40. 男性は女性に何を尋ねていますか。

(A) プロジェクトの予算
(B) 保管のための施設
(C) 顧客の名前
(D) 食べ物の好み

解説

男性が女性に問いかけているのは、❹の「何を食べたい気分か」という部分です。これは、女性が❷で「座って何か食べましょうか」と提案しているのを受けてのものです。よって、(D)が正解です。

語注　□ **budget** 名 予算　□ **storage** 名 保管、貯蔵　□ **preference** 名 好み

Questions 41 through 43 refer to the following conversation.

W: We're taking everything for ❶ Ms. Downey's retirement party to the hotel this afternoon, but ❷ I can't find the flowers to decorate the room.

M: Actually, <u>I am supposed to go to a flower shop after work</u>. We decided to buy flowers today so that we can keep them as fresh as possible.

W: I see. If you're having them delivered to the hotel, make sure you mention that it's for a party in the Goldblum Room.

M: Will do. Oh, ❸ will there be free parking at the hotel, or should I take the train?

会話文の和訳

問題41-43は次の会話に関するものです。

女性：　私たちは今日の午後、ダウニーさんの退職パーティーに必要なものを全部ホテルに持って行きますが、部屋の装飾用の花が見つかりません。

男性：　実は、私が仕事終わりに花屋に行くことになっています。花をできる限り新鮮な状態にしておけるよう、今日買うことにしたんです。

女性：　分かりました。もしそれらをホテルに届けてもらう予定なら、ゴールドブラム・ルームでのパーティーのためだということを必ず言うようにしてください。

男性：　そうします。ああ、そうだ、ホテルには無料駐車場がありますか。それとも私は電車に乗るべきでしょうか。

語注　□ retirement 名 退職　□ deliver 動 ～を配達する
□ make sure ～ 必ず～するように留意する

41. 正解:(C) 難易度: 🖊

41. 話し手は主に何について話し合っていますか。

(A) あるイベントの場所
(B) 建物のデザイン
(C) パーティーの手配
(D) 展覧会のチケット

解説
女性が最初の発言で、❶「ダウニーさんの退職パーティー」という言葉を出し、その後、部屋の装飾用の花の購入、その配達、そしてホテルまでの交通などの話をしています。つまりこの会話の話題は、(C)の「パーティーの手配」です。

語注 □ **arrangement** 名 手配　□ **exhibition** 名 展覧会

---

42. 正解:(B) 難易度: 🖊

42. 男性はなぜ"I am supposed to go to a flower shop after work"と言っていますか。

(A) 同僚を買い物に誘うため
(B) 足りないものについて説明するため
(C) 計画の修正を確認するため
(D) お金の節約になるアイディアを勧めるため

解説
女性が❷「部屋の装飾用の花が見つからない」と言ったのに対して、男性は「仕事終わりに花屋に行くことになっている」と答えています。つまり「部屋の装飾用の花がないのは、まだ買っていないからだ」と説明していることになるので、(B)が正解です。(即効薬⑤)

語注 □ **missing** 形 行方不明の、欠けている　□ **confirm** 動 ～を確認する
□ **amendment** 名 修正　□ **money-saving** 形 お金を節約するための

---

43. 正解:(C) 難易度: 🖊

43. 男性は何について尋ねていますか。

(A) 電車の時刻表
(B) 開始時間
(C) 駐車場が利用できるか
(D) 天気予報

解説
男性は❸で、ホテルに無料駐車場があるか尋ねたあと、「それとも私は電車に乗るべきだろうか」と質問しています。駐車場が利用できそうなら車で行こうと考えていると推測できます。よって、正解は(C)です。「電車」についても言及していますが、電車の時刻表について尋ねているわけではないので、(A)は不正解です。

語注 □ **availability** 名 利用可能性

W: 🇨🇦 M: 🇦🇺 🔊 086

Questions 44 through 46 refer to the following conversation.

W: Good morning, Walter. ❶ I have a favor to ask. ❷ I was going to drive down to the train station and pick up the visitors from Burton and Chandler when they arrive. ❸ I was hoping you could go instead of me.

M: Helen, I wish I could, but ❹ I came on the train myself today. I don't have my car.

W: ❺ How about using a taxi, then? They're important clients, so someone really should be there to meet them when they get here.

会話文の和訳

問題44-46は次の会話に関するものです。

女性： おはようございます、ウォルター。お願いがあります。私は駅まで車で行って、バートン・アンド・チャンドラー社のお客さまが到着したら彼らを車に乗せてくる予定でした。私の代わりにあなたが行ってくだされればありがたいのですが。

男性： ヘレン、そうしたいのですが、今日は私自身が電車で来たのです。自分の車を持っていません。

女性： ではタクシーを使うのはどうですか。重要なお客さまですから、彼らが到着したときに本当に誰かがお迎えした方がいいと思うのです。

語注 ☐ **have a favor to ask** お願いしたいことがある　☐ **instead of ～** ～の代わりに

44. 正解：(A) 難易度： 🖊🖊

44. 女性は男性に何をするように頼んでいますか。

(A) 来客を迎えに行く
(B) 商品を配達する
(C) 修理をする
(D) ソフトウェアをアップデートする

解説

女性は、❶で「お願いがある」と告げたあと、自分が本来やろうと思っていたことを❷で説明し、❸でそれを男性にやってくれるように頼んでいます。女性がもともとやる予定だったこととは、❷で説明されている「お客さまが到着したら、彼らを車に乗せてくる」ということです。

語注 ☐ carry out ~ ~を行う ☐ update 動 ~をアップデートする

45. 正解：(A) 難易度： 🖊

45. 男性は今日どうやって仕事に来ましたか。

(A) 電車で
(B) バスで
(C) 車で
(D) 自転車で

解説

男性は❹で「電車で来た」と言っているので(A)が正解です。(C)の「車」は、お客を迎えに行くために使う乗り物です。(B)の「バス」と(D)の「自転車」は、この会話では言及されていません。

46. 正解：(D) 難易度： 🖊

46. 女性は男性に何をするように提案していますか。

(A) 注文をする
(B) 領収書を渡す
(C) Eメールを送る
(D) タクシーを利用する

解説

❹で「今日は電車で来た」と言った男性に対して、女性は、❺で「タクシーを使ってはどうか」と提案しています。そのあと、「重要なお客さまだから、誰かが必ず迎えに行かなければならない」と説明しています。(A)～(C)のような内容は、まったく出てきません。

語注 ☐ place an order 注文をする ☐ hand in ~ ~を手渡す
☐ receipt 名 領収書、レシート

W: 🇬🇧 M: 🇺🇸　🔊 087

Questions 47 through 49 refer to the following conversation.

W: Hi, Dale. ❶ Did you know that Chapman Cleaning has an online price estimator for its cleaning services? I want to compare their prices with the firm we currently use.

M: Great idea. I think we're being overcharged.

W: Could you measure the size of the office for me? ❷ They need to know the size of the carpeted areas and the tiled areas separately. They also need details about the number and the size of the bathrooms.

M: ❸ I'll take care of that. When do you need the measurements by?

W: Today preferably. ❹ I want to use the quote in my negotiations with our current cleaning firm tomorrow morning.

会話文の和訳

問題47-49は次の会話に関するものです。

女性：　こんにちは、デール。チャップマン清掃会社に清掃サービスについてのオンライン価格見積もり機能があるのを知っていましたか。彼らの料金を今私たちが利用している会社のものと比べてみたいのです。

男性：　いい考えですね。私たちは現在、適正価格よりも高く請求されていると思います。

女性：　事務所の広さを測ってもらえますか。彼らは、カーペットが敷かれている場所と、タイル張りの場所の広さをそれぞれ知る必要があるそうです。また、お手洗いの数や広さについても詳しく知る必要があるそうです。

男性：　それは私がやります。いつまでに測定結果が必要ですか。

女性：　できれば今日中がいいです。明日の朝、現在の清掃業者との交渉に見積書を使いたいのです。

語注　□ **estimator** 名 見積もり機能　□ **compare *A* with *B*** 動 A を B と比較する　□ **overcharge** 動 ～に法外な額を請求する　□ **measure** 動 ～を測定する　□ **carpet** 動 ～にカーペットを敷く　□ **tiled** 形 タイル張りの　□ **separately** 副 別々に　□ **detail** 名 詳細　□ **measurement** 名 測定値　□ **preferably** 副 できれば　□ **quote** 名 見積もり　□ **negotiation** 名 交渉

47. 正解:(D) 難易度: 🔎🔎

47. 話し手たちは主に何について話し合っ
ていますか。

(A) 返品の方針
(B) 床の損傷
(C) 年間スケジュール
(D) 清掃サービス

解説
女性が❶で「チャップマン清掃会社に清掃
サービスについてのオンライン価格見積も
り機能がある」ことについて話し出し、今
利用している清掃会社と比べたいと話して
います。「清掃サービス」を頼む会社を検討
するための話をしていると分かるので、正
解は(D)です。❷で、女性が「床面積を測定
する必要がある」という話をしていますが、
「損傷」については話していないので、(B)
は不正解です。

語注 □ damage 名 損傷 □ yearly 形 1年限りの

48. 正解:(C) 難易度: 🔎

48. 女性は男性に何をするように頼んでい
ますか。

(A) 製品を検査する
(B) メモを送る
(C) 部屋の大きさを測る
(D) 会議を手配する

解説
問題文の先読みから、女性が男性に何かを
頼むことが予測できます。(即効薬③) 女性
が❷「カーペットが敷かれている場所と、タ
イル張りの場所の大きさをそれぞれ知る必
要がある」と言い、男性が「それは私がやり
ます」と答えています。つまり、女性が男性
に頼んだことは(C)の「部屋の大きさを測る」
ことです。

語注 □ arrange 動 〜を手配する

49. 正解:(A) 難易度: 🔎

49. 女性は明日の朝何をすると言っていま
すか。

(A) 値段の交渉をする
(B) 家具の配置を変える
(C) 文書を印刷する
(D) 修理業者に連絡する

解説
女性は❹で「明日の朝、現在の清掃業者と
の交渉に見積書を使いたい」と言っています。
よって(A)が正解です。オフィスの部屋の話
をしていますが、家具の話はしていないので、
(B)は不正解です。(C)(D)のような話は、まっ
たく出てこないので、これらも不正解です。

語注 □ rearrange 動 〜を再び配列する □ repairperson 名 修理工

　M1: 🇺🇸　**W:** 🇬🇧　**M2:** 🇦🇺　　　🔊 **088**

Questions 50 through 52 refer to the following conversation with three speakers.

M1: Good morning. We're from Haliburton Industries. ❶ We're here to carry out an inspection of some air filters in the laboratories.

W: ❷ Oh, I didn't expect you to be here so soon. I only called this morning.

M1: We understand that you are conducting very important research here so we thought it best to come straight away.

M2: Sorry. We should have let you know what time we'd arrive.

W: No problem at all. ❸ I'll have one of our researchers come and direct you to the equipment we need you to look at.

M2: Thanks.

会話文の和訳

問題50-52は3人の話し手による次の会話に関するものです。

男性1：おはようございます。私たちはハリバートン工業社の者です。研究室のエアフィルターの検査を行うために来ました。

女性：　ああ、こんなに早くいらっしゃるとは思いませんでした。今朝電話したばかりですのに。

男性1：ここでとても重要な研究をされているとのことでしたので、すぐにお伺いするのが一番良いと思ったのです。

男性2：すみません。何時に着くかお知らせするべきでした。

女性：　まったく問題ありません。研究員の1人を呼んで、見ていただく必要がある機器のところに案内させます。

男性2：ありがとうございます。

語注　□ **industry** 名 工業、産業　□ **carry out ~** ～を実行する
□ **inspection** 名 検査　□ **air filter** エアフィルター　□ **laboratory** 名 研究室
□ **expect A to do** Aが～すると予測する　□ **conduct** 動 ～を行う
□ **straight away** すぐに　□ **direct** 動 ～を案内する　□ **equipment** 名 機器

50. 正解：(A)　難易度：🔹

50. 会話はどこで行われていると考えられ
ますか。

(A) 研究施設
(B) 病院
(C) 歯科医院
(D) 工場

解説

1人目の男性は、冒頭で❶「研究室のエア
フィルターの検査を行うために来た」と言っ
ています。つまりこの会話をしている場所
は研究室のある場所＝「研究施設」だと考
えられるため、(A)が正解です。その後に
researcher「研究員」という言葉が出てき
ていることもヒントになります。

語注　□ **facility** 名 施設

---

51. 正解：(C)　難易度：🔹

51. なぜ女性は驚いているのですか。

(A) 彼女は以前その男性たちに会った
ことがある。
(B) 機器が取り外された。
(C) 男性たちが早く到着した。
(D) 彼女のコンピューターが更新されて
いた。

解説

女性の❷の「ああ、こんなに早くいらっしゃ
るとは思いませんでした。今朝電話したばか
りですのに」という発言から、予想していた
よりも早く男性たちが到着したことに女性は
驚いていると分かります。(B)のequipment
は会話の中に出てきますが、「男性たちを機
器のところに案内する」と話しているだけ
なので(B)は不正解です。

語注　□ **remove** 動 ～を取り外す　□ **update** 動 ～を更新する、～をアップデートする

---

52. 正解：(B)　難易度：🔹🔹

52. 女性は何をすることを申し出ていますか。

(A) 写真を見せる
(B) スタッフに指示を出させる
(C) 軽食を用意する
(D) 会議の予定を変更する

解説

女性が❸で「研究員の1人を呼んで、見ても
らう必要がある機器のところに案内させる」
と言っているので、(B)が正解です。本文の
one of our researchers「研究員の1人」
は、選択肢では、a staff member「スタッ
フ」と言い換えられています。(即効薬②)

語注　□ **guidance** 名 案内、指導　□ **refreshments** 名 軽食

放送される会話文 M: 🇦🇺　W: 🇬🇧　🔊)) **089**

Questions 53 through 55 refer to the following conversation.

M: ❶ OK, I have your order as two T-bone steaks, with a garden salad, and one tea and one coffee to be served at the end of your meal. Would you like dessert with that?

W: ❷ That's all, thank you. ❸ Is it likely to take long? <u>We have a meeting from one o'clock.</u>

M: No, we're not too busy at the moment. If you don't mind, ❹ could you fill out one of these surveys while you wait? We're trying to improve our service.

W: Sure thing. I don't really have any suggestions, though.

会話文の和訳

問題53-55は次の会話に関するものです。

男性：　では、ご注文はTボーンステーキ2つ、ガーデンサラダ1つ、紅茶とコーヒーはお食事の最後に1つずつですね。一緒にデザートもいかがですか。

女性：　以上で大丈夫です、ありがとうございます。時間はかかりそうですか。<u>1時から会議があるんです</u>。

男性：　いいえ、今の時間はあまり忙しくはありません。もしよろしければ、お待ちいただく間にこれらのアンケートにお答えいただけないでしょうか。サービスの向上に努めているのです。

女性：　もちろんです。特に提案はないのですが。

語注　□ **order** 名 注文　□ **T-bone steak** Tボーンステーキ
□ **serve** 動 （食事など）を出す　□ **dessert** 名 デザート
□ **be** likely to *do* 〜しそうである　□ **at the moment** 今のところ
□ **if you don't mind** もしよければ　□ **fill out** 〜 〜に記入する
□ **survey** 名 アンケート　□ **improve** 動 〜を向上させる　□ **Sure thing.** もちろんです。
□ **suggestion** 名 提案

53. 正解:(D) 難易度: 💊

53. 男性は誰ですか。

(A) タクシーの運転手
(B) 清掃員
(C) 受付係
(D) 飲食店のウェイター

解説

男性が❶で注文の品を繰り返し、女性が❷で「以上です」と確認しています。このやりとりから、男性はウェイターであることが分かります。(D)のserverは「給仕する人」という意味ですが、この場合は飲食店のウェイターを表します。

語注 □ server 名 給仕係、ウェイター

---

54. 正解:(A) 難易度: 💊💊

54. 女性はなぜ"We have a meeting from one o'clock"と言っているのですか。

(A) あまり時間がないから。
(B) あとで問題について議論する予定だから。
(C) ある同僚に会う予定だから。
(D) 男性に会議に参加してほしいから。

解説

女性は、❷で注文を確認し、❸「時間がかかりますか」と尋ね、その後「1時から会議がある」と言っています。この流れから、女性は会議までに食事を終えられるか気にしていると推測できるので、(A)の「あまり時間がないから」が正解です。(即効薬⑤)

語注 □ matter 名 事柄 □ certain 形 ある

---

55. 正解:(D) 難易度: 💊

55. 女性は何をするように頼まれていますか。

(A) 予約を変更する
(B) コンテストに参加する
(C) 何か新しいものを試す
(D) アンケートに記入する

解説

男性が❹で「これらのアンケートにお答えいただけないでしょうか」と尋ねているので、女性はアンケートに答えるように頼まれたと分かります。surveyは「調査」の意味で、アンケートのような軽いものから、学術的な調査にまで使われる語です。

語注 □ take part in ～ ～に参加する □ complete 動 ～に記入する

放送される会話文　M: 🇺🇸　W1: 🇬🇧　W2: 🇨🇦　🔊)) 090

Questions 56 through 58 refer to the following conversation with three speakers.

M: Tina and Lucy, I heard you both went to see the new Max Wineheart film — ❶ the one about the famous novelist…

W1: Oh. Yes, ❷ the one about the writer of the Doppelganger books.

W2: Yes, we went a couple of nights ago.

M: I was planning on taking my family to see it, but I wanted to check whether or not it was appropriate for children first.

W2: ❸ There's nothing harmful to children in the movie, but it might be boring for them.

W1: ❹ Yes, I don't think they'd enjoy it.

M: I see. I'd better find something else. ❺ I'll take a look online and see what else is showing.

会話文の和訳

問題56-58は3人の話し手による次の会話に関するものです。

男性：　ティナとルーシー、2人ともマックス・ワインハートの新作映画を見に行ったそうですね――有名な小説家についての作品で……

女性1：ええ。そうです、ドッペルゲンガーの本の作者についての映画です。

女性2：はい、2、3日前の夜に行きました。

男性：　それを見に家族を連れて行こうと思っていたのですが、まず子どもたちにふさわしいものかどうか確認したかったんです。

女性2：映画内に子どもに有害なものは出てきませんが、退屈かもしれませんね。

女性1：そうですね、子どもが楽しむとは思えません。

男性：　なるほど。何かほかのものを探した方がいいですね。インターネットでほかに何が上映されているか見てみます。

語注　□ **Doppelganger** 名 ドッペルゲンガー、自分とそっくりな分身
□ **a couple of ~** 2、3の~　□ **appropriate** 形 適切な　□ **harmful** 形 有害な
□ **boring** 形 退屈な　□ **else** 形 ほかの　□ **take a look** 見る
□ **show** 動 (映画などが)上映される

56. 正解：(B)　難易度：🔵🔵

56. 映画は何についてのものですか。

(A) 音楽家
(B) 作家
(C) 探検家
(D) 発明家

解説

映画については、男性が❶で「有名な小説家についての作品」と言い、❷で1人目の女性が「ドッペルゲンガーの本の作者についての映画」と言っているので、作家についての映画だと分かります。(B)のauthorという語は、小説、詩、論文など、作品の形式を問わず「書いた人」という意味です。

---

57. 正解：(D)　難易度：🔵

57. 女性たちは映画について何と言っていますか。

(A) 制作費用がとても高かった。
(B) 有名な俳優が何人か出ている。
(C) もう映画館では上映されていない。
(D) 子どもには面白くないだろう。

解説

2人目の女性は❸で「子どもに有害なものは出てこないが、退屈かもしれない」と述べ、1人目の女性も❹でそれに同調して「子どもが楽しむとは思えない」と言っています。よって、(D)が正解です。(A)(B)のような話はまったく出てきません。男性が最後に「ほかに何が上映されているか見てみる」と言っていますが、「もうやっていない」とは言っていないので(C)は不正解です。

語注 □ not ~ anymore もう~ない

---

58. 正解：(D)　難易度：🔵🔵

58. 男性は次に何をすると考えられますか。

(A) 友人に電話をする
(B) 予約をする
(C) レビューを読む
(D) インターネットにアクセスする

解説

映画が子ども向けではないと聞いた男性は、❺で「インターネットでほかに何が上映されているか見てみる」と言っているので、(D)が正解です。（即効薬④）インターネットにアクセスする理由は上映映画を調べるためであって、予約を取ったりレビューを読んだりするためとは言っていないので(B)も(C)も不正解です。(A)のような話はまったく出てきません。

語注 □ review 名 批評、レビュー　□ access 動 ~にアクセスする

放送される会話文　M: 🇦🇺　W: 🇨🇦　　🔊 091

Questions 59 through 61 refer to the following conversation.

M: Hi Maxine. ❶Someone just brought a Holford Dreamspeed into the garage. It's a rare car with a few engine problems. ❷Mr. Smith has asked me to come up with a quote for the repairs, and I don't know where to start.

W: ❸I'd have a look at Kurtz Auto Parts Store. They have parts for a lot of unusual vehicles. Their entire catalog is available online, and ❹they have overnight shipping. You'll probably be able to get everything you need there.

M: Wow, thanks. I'm glad I asked you.

会話文の和訳

問題59-61は次の会話に関するものです。

男性：　こんにちは、マクシン。どなたかがガレージにホルフォード・ドリームスピードを持ち込みました。珍しい車で、エンジンにいくつか問題があるんです。スミスさんから修理の見積もりを出すように言われたのですが、どこから始めたらいいのか分からないのです。

女性：　私ならカーツ自動車部品店を見てみますね。そこにはたくさんの珍しい車の部品があります。カタログ全体がオンラインで手に入り、翌日配達もしてくれます。おそらく、必要なものが全て手に入るでしょう。

男性：　わあ、ありがとうございます。あなたに聞いてよかったです。

語注　□ **rare** 形 珍しい　□ **come up with ~** ~を用意する　□ **quote** 名 見積もり
□ **repair** 名 修理　□ **have a look at ~** ~を見る　□ **unusual** 形 珍しい
□ **vehicle** 名 乗り物　□ **entire** 形 全体の　□ **overnight** 形 一晩での、一泊の
□ **shipping** 名 送付、出荷

59. 正解:(C)　難易度: ✐

59. 話し手たちは誰だと考えられますか。

(A) 配達ドライバー
(B) イベントプランナー
(C) 自動車整備士
(D) 市の職員

解説

男性は❶で車がガレージに持ち込まれたと述べたあと、❷で修理の見積もりを出すように頼まれたと言っています。それに対し、女性が❸で「私ならカーツ自動車部品店を見てみる」と助言しています。これらの会話から、話し手はどちらも自動車整備士であると考えられるので、(C)が正解です。

語注　☐ delivery 名 配達　☐ auto 名 自動車　☐ mechanic 名 整備士

---

60. 正解:(C)　難易度: ✐ ✐

60. スミスさんは男性に何をするように頼みましたか。

(A) 顧客と話す
(B) 車を買う
(C) 見積もり価格を算出する
(D) 会議に出席する

解説

男性が❷で「スミスさんから修理の見積もりを出すように言われた」と言っているので、(C)が正解です。本文のquoteという語を、選択肢ではprice estimateという語で言い換えていることに注意。(即効薬②)どちらも「見積もり」という意味です。

語注　☐ purchase 動 ～を購入する　☐ calculate 動 ～を算出する
☐ estimate 名 見積もり

---

61. 正解:(B)　難易度: ✐ ✐

61. 女性はカーツ自動車部品店について何と言っていますか。

(A) 割引を提供している。
(B) 配達をする。
(C) 現地の事務所を持っている。
(D) 遅くまで営業している。

解説

「カーツ自動車部品店」という言葉が出てくるのは、女性の❸の発言です。その後、女性はこのお店についていくつか説明をしていますが、❹で「翌日配達もしてくれる」と言っているので、(B)が正解です。

語注　☐ discount 名 割引

Questions 62 through 64 refer to the following conversation and graph.

W: I'd like to talk about one of our competitors. It isn't a big problem now, but I think it has real potential to steal our market share in the future.

M: ❶ Are you thinking of acquiring another company?

W: ❷ Well… in short, yes. At the moment, we're the largest bakery in the state, but our sales have been suffering from the rapid growth of this company. ❸ They have thirteen percent of the market, and they only opened seven months ago.

M: ❹ I'd rather not go through another costly acquisition process. ❺ It'd cost less to lower our prices or start offering a larger variety of products.

会話文の和訳

問題62-64は次の会話とグラフに関するものです。

女性：　競合他社の１社についてお話ししたいと思います。今は大きな問題ではありませんが、その会社は将来的には私たちの市場シェアを奪う可能性があると思います。

男性：　ほかの会社の買収を考えているのですか。

女性：　ええと……要するに、そういうことです。今のところ、私たちは州内で最大のベーカリーですが、この会社の急成長によって私たちの売り上げは苦しんでいるんです。彼らは市場の13パーセントを占めているのですが、7カ月前にオープンしたばかりなのですよ。

男性：　私はコストのかかる買収プロセスをまた経る気にはなりませんね。私たちの商品の値段を下げたり、商品の種類を増やしたりする方が、コストがかからないでしょうね。

語注　□ **competitor** 名 競合他社、競争相手　□ **potential** 名 可能性
□ **steal** 動 ～を奪う　□ **market share** 市場シェア
□ **acquire** 動 ～を獲得する、～を買収する　□ **in short** 要するに
□ **at the moment** 今のところ　□ **bakery** 名 ベーカリー　□ **state** 名 州
□ **suffer from ～** ～で苦しむ　□ **rapid** 形 急速な　□ **growth** 名 成長
□ **I'd rather not ～.** 私はできれば～したくない。　□ **go through ～** ～を経験する
□ **costly** 形 高額な　□ **acquisition** 名 買収、獲得　□ **lower** 動 ～を下げる
□ **a larger variety of ～** より幅広い種類の～

62. 正解：(A)　難易度：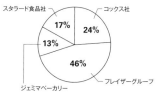🖊

62. 話し手たちは主に何について話し合っていますか。
- (A) 企業の買収
- (B) 生産性を示す数値
- (C) 広告予算
- (D) エネルギー効率

解説
男性が❶で「ほかの会社の買収を考えているのですか」と問いかけ、女性は❷で「要するに、そういうことです」と答えています。その後、女性は買収したい競合他社について詳しく説明しているので、(A)が正解です。

語注 □ productivity 名 生産性　□ advertising 形 広告に関する　□ efficiency 名 効率

63. 正解：(D)　難易度：🖊

63. 図を見てください。急成長しているのはどの会社ですか。
- (A) コックス社
- (B) スタラード食品社
- (C) フレイザーグループ
- (D) ジェミマベーカリー

市場シェア

スタラード食品社 17%　コックス社 24%　13%　46%　ジェミマベーカリー　フレイザーグループ

解説
女性は❸で、ある競合他社について「彼らは市場の13パーセントを占めている」と言っています。グラフを見ると13パーセントを占めているのは「ジェミマベーカリー」なので(D)が正解です。先に図表に目を通しておけると、何らかの市場のシェアについての話が出てくると予測できます。（即効薬⑥）

64. 正解：(B)　難易度：🖊

64. 男性はなぜ女性の提案に反対しているのですか。
- (A) 数字があてにならないから。
- (B) もっと安い解決策を試したいと思っているから。
- (C) 新しい法律が発表されるから。
- (D) 戻ってきた顧客もいるから。

解説
男性は❹で「私はコストのかかる買収プロセスをまた経る気にはならない」と言っています。anotherという語があることで「過去に似たような買収計画があったが、大きなコストがかかった」ということが示唆されています。男性はさらに❺で「商品の値段を下げたり、商品の種類を増やしたりする方が、コストがかからない」と言っているので(B)が正解です。

語注 □ figure 名 （グラフなどの）数値　□ dependable 形 信頼できる
□ solution 名 解決策　□ announce 動 ～を発表する

Questions 65 through 67 refer to the following conversation and map.

M: OK, Jane. I'm looking forward to ❶ meeting you tomorrow to discuss the wall coverings and the furnishings for your new offices. ❷ I have a lot of samples I'd like you to see.

W: Great. See you then. Oh, I'll be driving in. Where should I leave my car?

M: We have a couple of spaces in a parking lot across the street. ❸ They're on either side of a small garden in the corner.

W: OK. My assistant will also be attending the meeting. ❹ She is taking the train, and she may arrive before me. ❺ Her name is Angela Boorman.

会話文の和訳

問題65-67は次の会話と地図に関するものです。

男性：　では、ジェーン。明日お会いして、新しいオフィスの壁紙と家具についてお話しするのを楽しみにしています。見ていただきたいサンプルがたくさんあるんです。

女性：　いいですね。では、また。そうだ、私は車で行きます。車はどこに停めればいいですか。

男性：　通りを渡ったところの駐車場に2台分のスペースがあります。角にある小さな花壇の両側にあります。

女性：　分かりました。私のアシスタントも会議に参加する予定です。彼女は電車で来るので、私より先に着くかもしれません。彼女の名前はアンジェラ・ボーマンです。

語注　□ **look forward to** *doing* ～することを楽しみにする　□ **wall covering** 壁紙　□ **furnishing** 名 備え付け家具　□ **sample** 名 サンプル　□ **a couple of** ～ 2つの～　□ **either** 形 両方の

65. 正解：(A) 難易度： 🖊🖊

65. 男性は誰だと考えられますか。

(A) 室内装飾業者
(B) 建築家
(C) 写真家
(D) ファッションデザイナー

解説

男性が❶「明日会って、新しいオフィスの壁紙と家具についてお話しする」と言い、さらに❷で「見ていただきたいサンプルがたくさんある」と言っているので、(A)が正解。(B)の「建築家」も紛らわしい選択肢ですが、男性が話した内容は内装についてだけなので、やはり(A)の方が適切です。

66. 正解：(B) 難易度： 🖊🖊🖊

66. 図を見てください。女性はどこに車を停めると考えられますか。

(A) スペースD
(B) スペースF
(C) スペースN
(D) スペースS

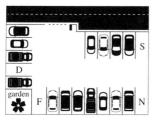

解説

駐車場については、男性は❸で「角にある小さな花壇の両側にある」と言っています。地図を見ると、花壇に面している空きスペースはFなので、(B)が正解です。地図や図面の場合は、選択肢がどんな位置関係にあるかが重要になってきます。(即効薬⑥) 問題文からこれが駐車スペースであることも分かるので、関連した話題を待ち構えておきましょう。(即効薬③)

67. 正解：(D) 難易度： 🖊

67. 女性はボーマンさんについて何と言っていますか。

(A) 計画を立案した。
(B) 最近雇用された。
(C) 写真を撮る予定だ。
(D) 電車で移動する予定だ。

解説

Boormanという名前は❺で出てきますが、その前の❹で女性は「彼女は電車で来る」と言っているので(D)が正解です。女性はボーマンさんについて「私のアシスタント」だと説明していますが、それ以上の説明はないので、(A)(B)(C)は不正解です。

語注 □ prepare 名 ～を立案する □ hire 動 ～を雇用する
□ take a photograph 写真を撮る

Questions 68 through 70 refer to the following conversation and list.

W: ❶ Let's leave here at seven thirty tomorrow morning. I want to get on the highway before the morning rush.

M: Sure, I've reserved the van for three days, but I don't think there's much fuel in it. I'll fill it up before I leave this evening. Which hotel did you choose, again?

W: ❷ Oh, I've forgotten. It's in Stanton, though. Right by the sea.

M: Nice. We can put it in the navigation unit tomorrow morning. ❸ Make sure you put the portable projector in your suitcase. We haven't reserved one at the venue.

会話文の和訳

問題68-70は次の会話とリストに関するものです。

女性： 明日の朝、7時30分にここを出発しましょう。朝のラッシュの前に幹線道路に乗りたいです。

男性： そうですね、小型トラックを3日間予約してあるのですが、ガソリンがあまりないと思います。今日の夕方、出掛ける前に満タンにしておきますよ。ホテルはどこを選んだのでしたっけ。

女性： ああ、忘れてしまいました。スタントンにあるんですが。海のすぐそばです。

男性： いいですね。明日の朝までにナビに入れればいいですね。携帯用プロジェクターを必ずスーツケースに入れておいてください。会場では予約していないので。

語注　□ **highway** 名 幹線道路　□ **rush** 名 ラッシュ、混雑時間
□ **reserve** 動 ～を予約する　□ **van** 名 小型トラック、バン　□ **fuel** 名 ガソリン、燃料
□ **fill ～ up** ～を満タンにする　□ **navigation unit** ナビゲーション装置
□ **portable** 形 携帯用の　□ **venue** 名 （イベントの）会場

68. 正解:(C)　難易度: ✏

68. 女性は何時に出発したいと言っていますか。

(A) 午前6時30分
(B) 午前7時
(C) 午前7時30分
(D) 午前8時

解説
女性が冒頭で❶「明日の朝、7時30分にここを出発しましょう」と言っているので、(C)が正解です。女性がmorningと言っている部分を、選択肢ではA.M.を使って言い換えています。

69. 正解:(D)　難易度: ✏✏✏

69. 図を見てください。話し手たちはどのホテルに滞在すると考えられますか。

(A) ザ・リーダスホテル
(B) ザ・ノーマンタワー
(C) ザ・マギリカティロッジ
(D) ザ・ダンディーイン

ホテルの選択肢

ホテル	立地
ザ・リーダスホテル	コムストック
ザ・ノーマンタワー	ガトリン
ザ・マギリカティロッジ	ハーバー
ザ・ダンディーイン	スタントン

解説
男性にホテルについて尋ねられた女性は、❷で「忘れてしまった」と言い、ホテル名を答えていません。しかし、その直後に「それは、スタントンにあるんですが」と地名は答えています。表によると、スタントンにあるホテルはザ・ダンディーインなので、(D)が正解です。

70. 正解:(B)　難易度: ✏✏

70. 男性は女性に何をするよう念を押していますか。

(A) 宿を予約する
(B) 機器を荷物に詰める
(C) チケットを買う
(D) 同僚を招待する

解説
男性は❸で「携帯用プロジェクターを必ずスーツケースに入れておいてください」と念を押しています。本文で出てきたportable projector「携帯用プロジェクター」をsome equipment「機器」と言い換えた(B)が正解です。(即効薬②)

Questions 71 through 73 refer to the following talk.

Good morning and thanks for coming to ❶ this introductory seminar by Hank Lawson. As you must be aware, ❷ Hank is a world-renowned expert on financial planning and investments. His advice has helped private and corporate investors secure their financial futures. ❸ At the end of the seminar, ❹ Hank has set aside twenty minutes to answer questions from the audience. ❺ You can ask him general questions or even inquire about topics that are specific to you.

トーク文の和訳

問題71-73は次の話に関するものです。

おはようございます。ハンク・ローソンによるこの入門セミナーにお越しいただき、ありがとうございます。ご存じかと思いますが、ハンクはファイナンシャル・プランニングと投資における世界的に有名な専門家です。彼のアドバイスは、個人投資家や企業投資家が将来の財産を安定的なものとするのに役立ってきました。セミナーの最後には20分間、ハンクが聴衆からの質問に答える時間を設けています。一般的な質問はもちろん、ご自身特有のトピックだとしても、ハンクに尋ねることができます。

語注　□ **introductory** 形 入門的な　□ **seminar** 名 セミナー
□ *be* **aware** 気付いている　□ **world-renowned** 形 世界的に有名な
□ **investment** 名 投資　□ **corporate** 形 企業の　□ **investor** 名 投資家
□ **secure** 動 ～を安定的なものとする、確保する　□ **set aside ~** ～を確保しておく
□ **inquire about ~** ～について尋ねる　□ **specific to ~** ～に特有の

71. 正解：(D)　難易度：🖊🖊

71. 話はどこで行われていると考えられますか。

(A) 朗読会
(B) 企画会議
(C) 工場ツアー
(D) セミナー

解説
❶で「この入門セミナー」と言い、❸でも「セミナーの最後には」と言っているので、これはセミナーで話されていると分かります。よって、(D) が正解です。

語注 □ **take place** 行われる

72. 正解：(B)　難易度：🖊🖊🖊

72. 誰が講演を予定していますか。

(A) 議会の職員
(B) 財務の専門家
(C) 営業担当者
(D) 政治家

解説
話し手は❶で「ハンク・ローソンによるこの入門セミナー」と言っているので、このハンク・ローソンが講演者であると分かります。続けて、彼について❷で「ハンクはファイナンシャル・プランニングと投資の世界的に有名な専門家だ」と男性を紹介しているので、(B) が正解です。また、その後に「彼のアドバイスは、個人投資家や企業投資家が将来の財産を安定的なものとするのに役立ってきた」と言っていることもヒントになります。

語注 □ **council** 名 議会

73. 正解：(D)　難易度：🖊

73. 聴衆は何をするように勧められていますか。

(A) メモを取る
(B) イベントに登録する
(C) チケットを購入する
(D) 質問をする

解説
❹で「聴衆からの質問に答える時間を設けている」と言い、さらに❺で「一般的な質問はもちろん、ご自身特有のトピックだとしても、ハンクに尋ねることができる」と言っているので、(D) が正解です。You can ～.「あなたは～できます」という言い方で、何かをするように勧めることがよくあります。

語注 □ **encourage *A* to *do*** Aに～するように奨励する　　□ **take notes** メモをとる
□ **register for ～** ～に登録する

　🔊)) **097**

Questions 74 through 76 refer to the following telephone message.

Hi. It's Glen Bowes from Gladhill Pro Market. ❶ I'm calling about the order you placed yesterday for assorted meat and vegetables. Unfortunately, we're not going to be able to fulfil your entire order. ❷ We're out of lettuce and onion at the moment. ❸ There's been a statewide shortage. I recommend that you try to source them from a local supermarket instead. Although, they're likely to run out soon, too. ❹ I've recalculated your bill for the remaining items and sent it to you by e-mail. Please confirm the details.

トーク文の和訳

問題74-76は次の電話のメッセージに関するものです。

こんにちは。グラッドヒル・プロマーケットのグレン・ボウズです。昨日ご注文いただいた肉と野菜の詰め合わせの件でお電話しております。あいにく、注文の全てを満たすことができなさそうです。レタスと玉ねぎが現在品切れとなっています。州全体で不足しているのです。代わりに、お近くのスーパーマーケットで調達されることをお勧めします。それらもすぐになくなりそうではありますが。残りの商品の請求書を計算し直して、Eメールで送りました。詳細のご確認をお願いします。

語注　□ **order** 名 注文　□ **assorted** 形 詰め合わせの
□ **fulfil** 動 ～を満たす（fulfillという綴りもある）　□ **entire** 形 全体の
□ *be* **out of** ～ ～が不足している　□ **lettuce** 名 レタス　□ **statewide** 形 州全体の
□ **shortage** 名 不足　□ **source** 動 ～を入手する、～を調達する
□ **instead** 副 その代わりに　□ **run out** 尽きる　□ **recalculate** 動 ～を計算し直す
□ **bill** 名 請求書　□ **remaining** 形 残りの　□ **confirm** 動 ～を確認する
□ **detail** 名 詳細

74. 正解：(C)　難易度： 🖊🖊🖊

74. 何が注文されましたか。

　(A) 掃除用具
　(B) 電化製品
　(C) 食材
　(D) オフィス用文房具

解説

❶で「肉と野菜の詰め合わせの件で電話している」と言っているので、(C)が正解です。その後、❷で「レタスと玉ねぎが現在品切れとなっている」と言っていることからも、(C)が答えだと分かります。

語注 □ **ingredient** 名 材料　□ **stationery** 名 文房具

---

75. 正解：(A)　難易度： 🖊🖊🖊

75. 話し手はどんな問題に言及していますか。

　(A) 在庫が不足している。
　(B) 配達が遅れている。
　(C) 荷物が破損した。
　(D) 何人かのスタッフが欠席している。

解説

❷で「レタスと玉ねぎが現在品切れとなっている」と言っていることや❸で「州全体で不足している」と言っていることから、(A)が正解だと分かります。(B)や(C)は「注文」から連想されますが話されていない内容なので不正解。スタッフの話もしていないので(D)も不正解です。

語注 □ **stock** 名 在庫　□ **delay** 動 ～を遅延させる　□ **shipment** 名 積み荷
□ **damage** 動 ～に損傷を与える　□ **absent** 形 欠席で

---

76. 正解：(D)　難易度： 🖊🖊🖊

76. 聞き手は何をするように頼まれていますか。

　(A) ウェブサイトを更新する
　(B) マネージャーと話す
　(C) 郵便局を訪問する
　(D) Eメールのメッセージを確認する

解説

❹で「残りの商品の請求書を計算し直して、Eメールで送った」と言った後に「詳細を確認してください」と伝えているので、(D)が正解です。「ウェブサイト」も「マネージャー」も「郵便局」も話に出てきていないので、(A)(B)(C)は不正解です。

語注 □ **update** 動 ～を更新する

Questions 77 through 79 refer to the following advertisement.

This Sunday, June 17, ❶ Branson Gym will open its doors to the general public between eleven A.M. and four P.M. ❷ Anyone is welcome to come in, use the exercise equipment, and speak with our professional personal trainers. If you sign up on the day, ❸ you'll receive a free towel and a T-shirt worth forty-five dollars. ❹ Branson Gym is open twenty-four hours a day, seven days a week. That's not all. ❺ We have all the latest equipment, and we host regular events to keep you motivated year-round.

トーク文の和訳

問題77-79は次の広告に関するものです。

今週の日曜日、6月17日にブランソンジムは午前11時から午後4時の間、一般に開放されます。誰でも自由に入って運動器具を使ったり、当ジムのプロのパーソナルトレーナーと話をしたりできます。当日に入会登録していただくと、無料のタオルと45ドル相当のTシャツを差し上げます。ブランソンジムは24時間、年中無休で営業しています。<u>それだけではありません。</u>最新の設備を揃え、モチベーションを維持できるような定期イベントを年間を通して開催しています。

語注　☐ **the general public** 一般市民　☐ *be* **welcome to** *do* 自由に～してよい
☐ **equipment** 名 器具　☐ **sign up** 入会登録する　☐ **towel** 名 タオル
☐ **latest** 形 最新の　☐ **host** 動 ～を主催する　☐ **regular** 形 定期的な
☐ **motivate** 動 ～に動機を与える　☐ **year-round** 副 年間を通して

77. 正解:(A)　難易度: 🖊🖊🖊

77. どのようなイベントが宣伝されていますか。
  (A) フィットネスクラブの一般開放日
  (B) 新サービスの立ち上げイベント
  (C) 観光名所のオープン
  (D) 記念日のお祝い

解説

❶「ブランソンジムは一般に開放される」、❷「誰でも自由に入ってよい」といった話から、(A) が正解だと分かります。新しいサービスだという話は出てこないので(B)は不正解です。「観光名所」「記念日」という話も出てこないので、(C)(D) も不正解です。

語注　□ advertise 動 ～を宣伝する　□ fitness club フィットネスクラブ
□ launch 名（ビジネスなどの）立ち上げ　□ tourist attraction 観光名所
□ celebration 名 祝うこと　□ anniversary 名 記念日

78. 正解:(C)　難易度: 🖊🖊🖊

78. 新しい会員は何を受け取ることができますか。
  (A) 健康に関するアドバイス
  (B) 招待状
  (C) 1点の衣類
  (D) 何枚かのチケット

解説

開放日当日に会員になった人がもらえるものについては、❸で「無料のタオルと45ドル相当のTシャツ」と言っています。Tシャツを「1点の衣類」と言い換えた(C)が正解です。フィットネスジムの話なので、(A)や(D)は正しそうに見えますが、そのような話は出てきません。(B)の「招待状」という話も出てきません。

語注　□ clothing 名 衣服

79. 正解:(B)　難易度: 🖊🖊

79. 話し手はなぜ"That's not all"と言っていますか。
  (A) その店は複数の拠点を持っている。
  (B) その店はほかの特典も提供している。
  (C) その店は地域社会にも役立っている。
  (D) その店はいろいろなタイプの顧客にサービスを提供している。

解説

下線部の前では、❹「ブランソンジムは24時間、年中無休で営業している」と言って、便利さを強調しています。その後「それだけではありません」と言い、❺「最新の設備を揃え、モチベーションを維持できるような定期イベントを年間を通して開催している」と言って、このジムの良さをさらに伝えています。よって(B)が正解です。選択肢では、ジムのことをthe businessと言い換えています。(即効薬②、⑤)

語注　□ multiple 形 複数の　□ benefit 名 利点
□ serve 動 ～に奉仕する、～にサービスを提供する

（ 放送されるトーク文 ）　🔊 **099**

Questions 80 through 82 refer to the following announcement.

Good afternoon, shoppers and welcome to the new Pink's store in Richmond. ❶ Our grand opening was just yesterday, and we still have a lot of our opening day specials on the shelves. You can get ❷ great deals on paint, timber, ladders, and even some power tools. On Sunday this week, ❸ we're celebrating the opening of our first garden center with a free gardening workshop run by none other than television's Marge Whitman. ❹ She's one of Canada's most loved and knowledgeable celebrity gardeners, and she'll be here between one P.M. and five P.M. to share her amazing wisdom.

（ トーク文の和訳 ）

問題80-82は次のアナウンスに関するものです。

お買い物中のお客さま、こんにちは、リッチモンドの新しいピンクスストアへようこそ。昨日グランドオープンしたばかりで、開店日記念の特価品が棚にまだたくさん並んでいます。ペンキや木材、はしご、さらには電動工具まで、お買い得な商品をご用意しています。今週の日曜日には、ほかでもない、テレビでおなじみのマージ・ウィットマンによる無料のガーデニングワークショップを開催し、当店初のガーデンセンターのオープンを祝う予定です。彼女はカナダで最も愛されていて知識の豊富な有名園芸家の1人で、午後1時から5時までの間、その素晴らしい知恵を共有してくださいます。

語注　□ **shopper** 名 買い物客　□ **grand opening** グランドオープン
□ **special** 名 特価品　□ **deal** 名 お買い得の品　□ **paint** 名 ペンキ　□ **timber** 名 材木
□ **ladder** 名 はしご　□ **power tool** 電動工具　□ **celebrate** 動 ～を祝う
□ **run** 動 ～を主催する　□ **none other than ~** ～にほかならぬ
□ **knowledgeable** 形 知識豊富な　□ **celebrity** 名 著名人　□ **wisdom** 名 知恵

80. 正解：(A)　難易度： ✎✎✎

80. ピンクスはどんな事業を行っていますか。

(A) 金物店
(B) ファッションの店
(C) 造園会社
(D) 制作会社

解説

❷の「ペンキや木材、はしご、さらには電動工具まで」、❸の「無料のガーデニングワークショップを開催し、当店初のガーデンセンターのオープンを祝う」などの言葉から、園芸用品などを扱う金物店だと分かります。(A)のhardwareには「大工道具、園芸用具、ハードウェア」の意味があり、ホームセンターで売られているようなものを指します。

語注 □ **hardware** 名 大工道具、園芸用具、ハードウェア、金物
□ **landscaping** 名 造園、景観設計

81. 正解：(C)　難易度： ✎✎✎

81. ピンクスは最近何をしましたか。

(A) 新しい従業員を雇った
(B) 営業時間を変更した
(C) 新しい場所をオープンした
(D) オンライン広告を試した

解説

❶の「昨日グランドオープンしたばかり」や❸の「当店初のガーデンセンターのオープンを祝う」から、新しいお店が開店したと分かるので、(C)が正解です。マージ・ウィットマンという人が出てきますが、新しい従業員ではなくイベントのゲストなので(A)は誤り。(B)も、時間の話は「ワークショップの時間」についてのみの登場なので、不正解です。

語注 □ **advertising** 名 広告、宣伝

82. 正解：(C)　難易度： ✎✎

82. 聞き手は日曜日に何をするように勧められていますか。

(A) 特別な割引を受ける
(B) ファッションショーに参加する
(C) ガーデニングのワークショップに参加する
(D) 経営について学ぶ

解説

❸の「無料のガーデニングワークショップを開催し」や❹の「彼女はカナダで最も愛されていて知識の豊富な有名園芸家の1人で、その素晴らしい知恵を共有してくれる」から(C)が正解だと分かります。冒頭で「開店記念の特価品」について話していますが、日曜日に割引を受けられるとは言っていないので(A)は不正解です。

放送されるトーク文 🇦🇺　　　　🔊 100

Questions 83 through 85 refer to the following talk.

❶ Thanks for all your hard work, everyone. ❷ Please make sure you take away any left-over building materials when you leave this evening. The owners will be moving in tomorrow. ❸ Our next job is Hawkins Town Hall. ❹ On Friday, a wrecking crew will be in to demolish the old town hall. That means we can start work there on Monday morning. You don't need to come in to work on Wednesday or Thursday, but ❺ I suggest that you take the time to carry out any maintenance that may be necessary on your tools and vehicles.

トーク文の和訳

問題83-85は次の話に関するものです。

皆さん、大変なご尽力をどうもありがとうございました。今日の夜、帰るときには、残った建材を必ず持ち帰ってください。明日には持ち主が引っ越してくる予定です。次の仕事はホーキンス市庁舎です。金曜日に解体業者が来て、旧市庁舎を取り壊す予定です。つまり月曜の朝から作業に取りかかれるということです。水曜日と木曜日は出勤する必要はありませんが、時間を作って道具や車の必要なメンテナンスをしておくことをお勧めします。

語注 □ **make sure ~** 必ず~するようにする　□ **left-over** 形 残りの
□ **wrecking crew** 解体業者　□ **demolish** 動 ~を取り壊す
□ **carry out ~** ~を実行する　□ **maintenance** 名 メンテナンス、保守管理
□ **vehicle** 名 乗り物

83. 正解:(C)　難易度: ✐✐

83. この話は誰に向けられていますか。

(A) ファッションデザイナー
(B) 店舗の店員
(C) 建設作業員
(D) 議会職員

解説

❶で「大変なご尽力をどうもありがとうございました」と感謝を伝えたあと、❷で「残った建材を必ず持ち帰ってください」と言っているので、(C)が正解だと分かります。❸で「市庁舎」という言葉が出てきますが、これは次の建設現場を伝えたものなので、ここを聞いて(D)を選ばないようにしましょう。

語注　□ intend 動 ～を意図する　□ clerk 名 店員　□ construction 名 建設
□ council 名 議会

84. 正解:(B)　難易度: ✐✐✐

84. 今週の金曜日には何が行われますか。

(A) 契約が裁定される。
(B) 建物が取り壊される。
(C) クリアランスセールが行われる。
(D) テレビ番組が放送される。

解説

「金曜日」という言葉が出てくるのは❹ですが、ここでは「解体業者が来て、旧市庁舎を取り壊す予定だ」と言っているので(B)が正解です。(A)の「契約」、(C)の「セール」、(D)の「テレビ番組」という話はまったく出てきません。

語注　□ take place 起こる　□ contract 名 契約　□ award 動 ～を裁定する
□ hold 動 ～を催す　□ broadcast 動 ～を放送する

85. 正解:(D)　難易度: ✐✐

85. 話し手は聞き手に何をするように勧めていますか。

(A) 自分のオンラインプロフィールを更新する
(B) 倉庫設備を掃除するのを手伝う
(C) 防護服を購入する
(D) 備品のメンテナンスを行う

解説

❺で「道具や車の必要なメンテナンスをしておくことをお勧めする」と言っているので、(D)が正解です。(A)のような話は全く出てきません。(B)や(C)は建設作業の現場として連想はできますが、何かを手伝ったり買ったりする話ではないので不正解です。

語注　□ update 動 ～を更新する　□ help do ～するのを手助けする
□ storage 名 保管　□ facility 名 設備　□ protective clothing 防護服
□ carry out ～ ～を実行する

305

放送されるトーク文 🇨🇦 　　　　　🔊 101

Questions 86 through 88 refer to the following excerpt from a meeting.

❶ We've just gotten the sales report back from our sales and marketing division. ❷ Sales of our frozen dinners are down twenty percent from last year's numbers. We must take some action on this problem. ❸ Survey results have revealed that our main weakness is that the meals just don't look very tasty. This is something that our competitors have taken advantage of with their packaging. ❹ We need to redesign ours. But that isn't enough. ❺ I'd like to work on the quality of the meals themselves, too.

トーク文の和訳

問題86-88は次の会議の抜粋に関するものです。

販売・マーケティング部門から販売報告書が返ってきました。当社の冷凍食品の売り上げは、昨年の数字から20パーセント低下しています。私たちはこの問題に対処しなくてはいけません。アンケートの結果、私たちの主要な弱点は、単に食事があまりおいしそうに見えないことだと判明しました。競合他社はパッケージでこれをうまく生かしています。私たちのパッケージのデザインを変えなければなりません。しかし、それだけでは不十分です。食事そのものの質にも取り組んでいきたいです。

語注　□ **division** 名 部門　□ **frozen dinner** 冷凍食品
□ **survey** 名 調査、アンケート　□ **result** 名 結果　□ **reveal** 動 〜を明らかにする
□ **weakness** 名 弱点　□ **tasty** 形 おいしい　□ **competitor** 名 競争相手
□ **take advantage of 〜** 〜を利用する　□ **packaging** 名 パッケージ
□ **redesign** 動 〜のデザインを変更する　□ **work on 〜** 〜に取り組む　□ **quality** 名 質

86. 正解:(A) 難易度: ✐✐

86. 話し手はなぜ会議を招集しましたか。

(A) 商品の売上高を報告するため
(B) 方針の変更を発表するため
(C) 専門家を紹介するため
(D) 新製品について説明するため

解説

❶「販売報告書が返ってきた」、❷「冷凍食品の売り上げ」というところから、(A)が正解です。変更するのは方針ではなく既存商品のパッケージで、新製品でもないので(B)(D)は不正解。(C)のような話は全く出てきません。

語注 □ **call a meeting** 会議を招集する　□ **policy** 名 方針

---

87. 正解:(B) 難易度: ✐✐

87. 冷凍食品について、調査で分かったことは何ですか。

(A) 売り上げが伸びている。
(B) 見た目が魅力的でない。
(C) 準備の時間が長すぎる。
(D) 苦情が寄せられている。

解説

❸で「食事があまりおいしそうに見えない」と言っていることから、「見た目がよくない」ということが分かるので、(B)が正解です。❷で売り上げについて「20パーセント低下している」と言っているので(A)は不正解です。準備時間についての話は出てこないので、(C)も不正解です。話し手は❸で「アンケートの結果」を伝えていますが、これは「苦情」とは違うので、(D)も不正解です。

語注 □ **appearance** 名 外見、見た目　□ **unattractive** 形 魅力のない
□ **complaint** 名 苦情

---

88. 正解:(A) 難易度: ✐✐✐

88. 話し手はなぜ"that isn't enough"と言っていますか。

(A) 製品を改良する必要がある。
(B) アンケートの詳細が少なすぎた。
(C) 調査対象グループの規模が小さすぎた。
(D) 値段を上げる必要がある。

解説

❹で「パッケージのデザインを変えなければならない」と言った後、「それだけでは不十分だ」と言っています。その後、❺で「食事そのものの質にも取り組んでいきたい」と言っているので、これを言い換えた(A)が正解です。(即効薬②、⑤)「アンケート」の話は出てきますが、(B)(C)のようには言っていません。値段についての話も出てこないので、(D)も不正解です。

語注 □ **improve** 動 〜を改良する　□ **raise** 動 〜を上げる

放送されるトーク文　🇬🇧

🔊 **102**

Questions 89 through 91 refer to the following radio broadcast.

Welcome back, listeners. You're listening to Radio 6KG — I'm Amanda Simons, and this is *Rock Hour*. ❶ Today, I have Rhod Davies in the studio with me. ❷ Of course, he's the lead singer from Pickle Riot, whose latest album is selling out around the world. To celebrate their upcoming concert tour, we're holding a competition. ❸ In a few moments, I'll play a song from Pickle Riot's latest album. ❹ The first person to call in with the name of that song will be our winner. ❺ He or she will receive two tickets for the Pickle Riot concert in the city of your choice.

トーク文の和訳

問題89-91は次のラジオ放送に関するものです。

リスナーの皆さん、お帰りなさい。皆さんは現在ラジオ6KGをお聞きになっています。私はアマンダ・シモンズで、この番組は*ロックアワー*です。今日はスタジオにロッド・ディヴィースさんをお迎えしています。もちろん、彼はピクル・ライオットのリードボーカルで、最新アルバムは世界中で売り切れそうな勢いです。来たるコンサートツアーを記念して、ゲームを行います。このあとすぐ、ピクル・ライオットの最新アルバムからある曲を流します。最初に電話をかけてきてその曲の名前を言った人の勝ちです。勝った人には、お好きな街でのピクル・ライオットのコンサートのチケットを2枚差し上げます。

語注 □ **lead singer** リードボーカル　□ **latest** 形 最新の　□ **sell out** 売り切れる
□ **around the world** 世界中で　□ **celebrate** 動 ～を記念する　□ **upcoming** 形 来たる
□ **hold** 動 ～を開催する　□ **competition** 名 競技会、コンテスト
□ **call in** (ラジオ・テレビ番組に) 電話をかける

89.　正解：(B)　難易度：

89. ロッド・ディヴィースとは誰ですか。
(A) イベントプランナー
(B) 人気歌手
(C) 天気予報士
(D) ラジオのアナウンサー

解説
❶でロッド・ディヴィースの名前を出した後、❷で「ピクル・ライオットのリードボーカル」と紹介しているので、(B)が正解です。(D)の「ラジオアナウンサー」は話し手の女性自身のことですが、女性は冒頭でアマンダ・シモンズと名乗っているので、ロッド・ディヴィースとは別人です。

90.　正解：(C)　難易度：

90. 聞き手は電話をかけるときに何をするように頼まれていますか。
(A) あだ名を教える
(B) 質問をする
(C) 曲の名前を言う
(D) ギフトを選ぶ

解説
❸で「このあとすぐ、ある曲を流す」と言い、❹で「最初に電話をかけてきてその曲の名前を言った人の勝ち」と言っているので、(C)が正解です。先読みの際に「電話をかけることを求められる」「その際の条件がある」という状況を想像できると解答しやすくなります。(即効薬③)

語注 □ **nickname** 名 あだ名

91.　正解：(D)　難易度：

91. 勝った人は何を受け取りますか。
(A) 音楽のアルバム
(B) サイン入りの写真
(C) プリペイドカード
(D) ショーのチケット

解説
❺で「勝った人にはピクル・ライオットのコンサートのチケットを2枚差し上げます」と言っているので(D)が正解です。本文のconcertを選択肢ではshowと言い換えていることに注意しましょう。「アルバム」の話をしていますが、プレゼントではないので(A)は不正解です。(B)(C)のような話は出てきません。

語注 □ **autograph** 動 ～にサインする　□ **prepaid** 形 前払いの

🔊 **103**

Questions 92 through 94 refer to the following telephone message.

Hi Mel. ❶ Sorry about the delay in submitting Hide Hirose's employment contract. I let him take it home to read before he signed it, and he forgot to bring it in with him. Of course, our insurance won't cover him unless we have a signed contract. He's taking part in an orientation session all day today and he won't be using any of the equipment. ❷ Obviously, we'll need it by tomorrow so that he can take part in the practical training sessions. I'll get on it. ❸ I'll remind him to bring it in tomorrow, and I'll deliver it to you myself first thing in the morning.

トーク文の和訳

問題92-94は次の電話のメッセージに関するものです。

こんにちは、メル。ヒデ・ヒロセの雇用契約書の提出が遅れて申し訳ありません。署名する前に、彼に家に持ち帰ってそれを読んでもらったのですが、彼はそれを持ってくるのを忘れてしまったのです。もちろん、署名した契約書がない限り、彼には保険が適用されません。彼は今日は1日中オリエンテーションに参加する予定ですが、設備には一切触らないようにしてもらいます。当然のことながら、彼が実地トレーニングに参加できるように、明日までには契約書が必要になります。私がそれに対応します。明日持ってくるように彼に念を押して、朝一番に私が自分でそちらに届けます。

語注 □ **delay** 名 遅延　□ **submit** 動 ～を提出する　□ **employment** 名 雇用
□ **contract** 名 契約書　□ **sign** 動 ～に署名する　□ **insurance** 名 保険
□ **cover** 動 ～に適用される　□ **signed** 形 署名した　□ **take part in ～** ～に参加する
□ **orientation session** オリエンテーションセッション　□ **all day** 一日中
□ **equipment** 名 設備　□ **obviously** 副 明らかに　□ **practical** 形 実地の、実際的な
□ **remind A to do** Aに～するように念を押す　□ **deliver** 動 ～を届ける
□ **first thing in the morning** 朝一番に

92. 正解：(D)　難易度： ✐✐✐

92. 話し手は何について電話していますか。

(A) 部門の予算を増やす
(B) 追加の労働者を雇う
(C) 来客のための交通手段
(D) 新しい従業員のための書類処理

解説

❶で「ヒデ・ヒロセの雇用契約書の提出が遅れている」ことについて謝罪し、その後その理由などを説明しています。雇用契約書を提出するのは新しい従業員ですから、(D)が正解です。(A)(B)(C)のような話は一切出てきません。

語注 □ increase 動 ～を増やす　□ budget 名 予算　□ additional 形 追加の
□ transportation 名 輸送手段　□ paperwork 名 事務処理

93. 正解：(B)　難易度： ✐✐

93. 話し手によると、明日何が行われますか。

(A) 建設作業
(B) 研修会
(C) 送別会
(D) 製品の検査

解説

❷で「彼が実地トレーニングに参加できるように、明日までには契約書が必要になる」と言っているので、(B)が正解です。(A)(C)(D)のような話は全く出てきません。日付や日時を表す語句は、設問にあるものがそのまま登場することも多いです。この場合は、tomorrowに注意して聞くようにしましょう。

語注 □ take place 起こる、行われる　□ construction 名 建設

94. 正解：(D)　難易度： ✐✐✐

94. 話し手はなぜ "I'll get on it" と言っているのですか。

(A) 彼は飛行機に乗るつもりだ。
(B) 彼は委員会に参加するつもりだ。
(C) 彼はパーティーの準備をするつもりだ。
(D) 彼はある問題を解決するつもりだ。

解説

この発言の前までに、「ヒデ・ヒロセの雇用契約書が提出できていない。明日は実地トレーニングなので契約書が必ず必要だ」という問題が語られています。その後❸で「明日は必ず提出する」と言っているので、(D)が正解です。

語注 □ flight 名 飛行機の便、フライト　□ committee 名 委員会
□ resolve 動 ～を解決する

放送されるトーク文 🔊 104

Questions 95 through 97 refer to the following excerpt from a meeting and map.

❶ Naturally, we have a lot of cleanup work to do following the winds and rain we had over the weekend. There's a fallen tree blocking the road on Carter Street and some damage to the roof of the community center on Wilcox Lane. ❷ We've been given permission to put some other projects on hold while we look after these more serious matters. ❸ I think the most urgent thing for us to look at is the footbridge over the Yates River to Harper Shopping Center. It was damaged by the winds, and we need to repair it as soon as possible.

トーク文の和訳

問題95-97は次の会議の抜粋と地図に関するものです。

当然ながら、週末にあった風雨を受けて清掃作業がたくさんあります。カーター通りでは倒木が道路を塞ぎ、ウィルコックス通りのコミュニティーセンターの屋根には破損が生じています。これらのより深刻な問題に対処する間、ほかのプロジェクトを保留にする許可を得ました。最も緊急に対処しないといけないのはイェーツ川にかかるハーパーショッピングセンターへの歩道橋だと思います。風で損傷してしまったので、できるだけ早く修理する必要があります。

語注　□ **cleanup work** 清掃作業　□ **following** 前 〜のあとで、〜に次いで
□ **fallen** 形 落ちた　□ **block** 動 〜を塞ぐ　□ **damage** 名 損傷　□ **roof** 名 屋根
□ **community center** 公民館　□ **permission** 名 許可　□ **put 〜 on hold** 〜を保留する
□ **urgent** 形 緊急の　□ **footbridge** 名 歩道橋　□ **damage** 動 〜に損傷を与える
□ **repair** 動 〜を修理する　□ **as soon as possible** できるだけ早く

95. 正解：(C)　難易度：✏✏

95. 話し手によると、週末に何がありましたか。
    (A) 会社が大きな注文を受けた。
    (B) グランドオープンが行われた。
    (C) 悪天候に見舞われた。
    (D) 建設作業が始まった。

解説

❶の「週末にあった風雨」を「悪天候」と言い換えている(C)が正解です。(即効薬②)(A)(B)のような話は出てきません。破損や修理の話はしていますが、週末に起こったこととは違うので、(D)も不正解です。

語注 □ order 名 注文　□ grand opening グランドオープン　□ hold 動 〜を開催する
□ inclement 名 (天候が)厳しい　□ construction 名 建設　□ commence 動 始まる

96. 正解：(A)　難易度：✏✏✏

96. 聞き手は何をすることを許可されましたか。
    (A) 仕事を延期する
    (B) 食事代の払い戻しを受ける
    (C) 会社の備品を家へ持ち帰る
    (D) 早く帰宅する

解説

❷「これらのより深刻な問題に対処する間、ほかのプロジェクトを保留にする許可を得た」と言っています。つまり「ほかの仕事を延期してもよくなった」ということなので、(A)が正解です。put 〜 on hold「〜を保留にする」をpostpone「〜を延期する」で言い換えていることに注意しましょう。(即効薬②)

語注 □ allow *A* to *do* Aに〜することを許す　□ postpone 動 〜を延期する
□ reimbursement 名 弁償　□ equipment 名 設備、備品

97. 正解：(D)　難易度：✏✏✏

97. 図を見てください。聞き手は最初にどこに行くと考えられますか。
    (A) カーター通り
    (B) ウィルコックス通り
    (C) スミス通り
    (D) ダン大通り

解説

❸で「最も緊急に対処しないといけないのはイェーツ川にかかるハーバーショッピングセンターへの歩道橋だ」と言っていますが、これは地図を見るとダン大通りの延長上の橋だと分かります。そこで、(D)が正解です。

放送されるトーク文 🍁　　　　　　　　🔊 **105**

Questions 98 through 100 refer to the following talk and graph.

❶ I was asked to come here today to talk about Clement Stationery's profitability. Sales have been declining and if they continue to do so, the company may be forced to close its doors. ❷ At Barkworth Associates, we have a lot of experience turning around companies like yours. To put it simply, your sales are down because your competitors are outperforming you. ❸ I conducted a survey at four of your stores. The results show that the sales are directly connected to convenience. ❹ I advise closing the least convenient location and reopening somewhere with more potential customers. ❺ Of course, we should first invite the store manager in to hear her thoughts.

トーク文の和訳

問題98-100は次の話とグラフに関するものです。

クレメント文具社の収益性について話をするために、私は今日ここに来るように頼まれました。売り上げは減少し続けており、もしこれが続くのであれば、会社は閉鎖せざるを得なくなるかもしれません。バークワースアソシエイツ社には、御社のような企業を再生させた経験がたくさんあります。端的に言うと、御社の売り上げが落ちているのは、競合他社が御社を上回っているためです。私は御社の4つの店舗で調査を行いました。結果は売り上げが利便性に直結していることを示しています。最も利便性の低い店舗を閉めて、より見込み客の多い場所で再オープンすることを提案します。もちろん、まずは店長をお招きして、意見を聞くべきではありますが。

語注　□ **stationery** 名 文房具　□ **profitability** 名 収益性　□ **decline** 動 低下する
□ **force A to do** Aに〜することを強いる　□ **close one's doors** 廃業する、閉店する
□ **turn around 〜** 〜を好転させる　□ **to put it simply** 端的に言うと
□ **competitor** 名 競合他社　□ **outperform** 動 （業績で）〜を上回る
□ **conduct** 動 〜を行う　□ **survey** 名 調査　□ **result** 名 結果
□ **be connected to 〜** 〜に結び付く　□ **directly** 副 直接に
□ **convenience** 名 利便性　□ **advise doing** 動 〜するように助言する
□ **convenient** 形 便利な　□ **location** 名 立地　□ **reopen** 動 〜を再開する
□ **potential** 形 潜在的な

98. 正解：(A)　難易度：🖊🖊🖊

98. 話し手は誰だと考えられますか。

　　(A) コンサルタント
　　(B) 会計士
　　(C) 大学教授
　　(D) 営業部長

解説

❶の「収益性について話をするために、ここに来るように頼まれた」、❷の「バークワースアソシエイツ社には、御社のような企業を再生させた経験がたくさんある」という発言から、話し手は、傾いた企業の再生を請け負うコンサルタントであると推測できます。よって(A)が正解です。会計や営業の話だけをしているわけではないので、(B)や(D)は不適切です。

99. 正解：(D)　難易度：🖊🖊

99. 話し手は何をしたと言っていますか。

　　(A) 競合他社を訪問した
　　(B) 購入を承認した
　　(C) 何人かの従業員を雇った
　　(D) 調査を行った

解説

❸で「4つの店舗で調査を行った」と言っているので、(D)が正解です。競合他社の話はしていますが、「訪問した」とは言っていないので、(A)は不適切です。(B)(C)のような話は出てきません。

語注　□ approve 動 〜を承認する

100. 正解：(A)　難易度：🖊🖊

100. 図を見てください。話し手はどの店長から意見を聞きたいと言っていますか。

　　(A) ハリスビル店の店長
　　(B) ダルトン店の店長
　　(C) ベノワ店の店長
　　(D) レッドクリフ店の店長

解説

❺「店長を招いて、意見を聞くべきだ」と言っていますが、どの店舗の店長かは、その前の❹「最も利便性の低い店舗を閉めて、より見込み客の多い場所で再オープンすることを提案する」というところから分かります。グラフを見ると、最も売り上げが低いのはハリスビル店なので、(A)が正解です。

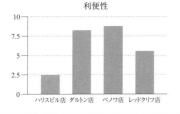

利便性

模擬試験 解答・解説 Part 5

模擬試験 解答・解説 Part 5

101. 正解：(A) 難易度：

訳 イワナガさんはカニスター・エディティングの最終面接についての詳細が記された添付書類付のEメールを受け取りました。

(A) 名 添付書類
(B) 形 添付された
(C) 動 ～を添付する
(D) 形 取り付けられる

解説 空所の前に冠詞のanがあり、後ろには前置詞のwithがあるため、空所には名詞が入ると考えられます。そこで(A) attachmentを入れてみると、後ろの前置詞with以下がan attachmentを修飾し意味が通るため(A)が正解です。（即効薬②）

102. 正解：(B) 難易度：

訳 ルーセントドリームドットコムはヨーロッパのライバル企業に対抗するために配送料を無料にし始めました。

(A) 名 小包
(B) 名 費用
(C) 名 日付
(D) 名 戦略

解説 選択肢は全て名詞なので意味から考える語彙の問題です。（即効薬①）waiveが「～を当面見送る」という意味の他動詞（目的語が必要）なので、shippingと空所がひとまとまりでwaiveの目的語になると考えられます。「ライバル企業に対抗するため」に行うことなので、(B) chargesを入れshipping charges「配送料」とすると意味が通ります。よって(B)が正解です。

語注 □ waive 動 ～を当面見送る □ shipping 名 配送 □ compete 動 競う

103. 正解：(B) 難易度：

訳 取締役会は会社の運命を決定するきわめて重要な計画について議論します。

(A) 代 彼らは
(B) 代 彼らの
(C) 代 彼らを
(D) 代 彼ら自身

解説 空所の前は前置詞のof、後ろは名詞のcompanyなので、空所とcompanyがひとまとまりでofの目的語になると考えられます。よって所有格の代名詞である(B) their「彼らの」を入れ「彼らの会社」とすると意味が通るため、(B)が正解です。(A)は主格の代名詞、(C)は目的格の代名詞、(D)は再帰代名詞です。

語注 □ board 名 委員会 □ director 名 役員 □ crucial 形 きわめて重要な

104. 正解：(D) 難易度：

訳 タイムアウト・テックの新しい電話のユーザーは頑丈で耐久性のある表面に満足しています。

(A) 名 需要
(B) 名 保証
(C) 名 風味
(D) 名 表面

解説 選択肢は全て名詞なので、語彙の問題です。（即効薬①）まず、itsはTimeout Tec's new phoneを指しており、空所には、この新しい携帯電話が持つ何らかの特徴が入ると分かります。また、2つの形容詞sturdy「頑丈な」とdurable「耐久性のある」に修飾され意味が通る必要もあるため、これらの点から (D) surface「表面」が正解だと分かります。

語注 □ be satisfied with ～ ～に満足している □ sturdy 形 頑丈な
□ durable 形 耐久性のある

316

105. 正解:(D) 難易度: 🔵🔵

🈂 どのソーシャルメディアのプラットフォーム
が次の販売促進イベントに最も効果的かを専門
家が分析しました。

(A) 形 分析の
(B) 副 分析的な
(C) 名 分析
(D) 動 〜を分析した(過去形)

解説 選択肢は全て同じ語幹なので、品詞に注目します。(即効薬②) 空所の前後を確認す
ると、文の主語であるThe expertに対応する動詞がありません。そこで、空所に動詞
analyze「〜を分析する」の過去形(D) analyzedを入れると、which以下の名詞節が
analyzedの目的語となり意味が通るため(D)が正解です。

---

106. 正解:(C) 難易度: 🔵🔵

🈂 アンダーソンさんはチームのメンバーの相
当な努力に対して感謝の意を示しました。

(A) 形 残念な   (B) 形 情報に富む
(C) 形 相当な   (D) 形 抵抗力のある

解説 選択肢は全て形容詞なので、語彙の問題です。(即効薬①) 空所には、後ろの名詞
effortを修飾する語が入り、theirはthe members of his teamを指しています。チームの
メンバーの「どんな」努力にappreciation「謝意」を表しているのか、と考えたときに意味が通
る(C)が正解です。

---

107. 正解:(D) 難易度: 🔵🔵🔵

🈂 資格のある弁護士が今週に限り無料で、あ
なたが心配していること全てにアドバイスいた
します。

(A) 名 資格
(B) 動 〜に資格を与えている(ing形)
(C) 動 〜に資格を与える
(D) 動 資格を与えられた(過去分詞)

解説 選択肢は全て同じ語幹なので、品詞に注目します。(即効薬②) 主語lawyerと他動
詞giveが対応し、giveの目的語もすでにあるので文型として抜けはありません。となると空
所にはlawyersを修飾する形容詞や分詞が入ると考えられるため(B)と(D)を検討しますが、
動詞qualifyは「〜資格を与える」という意味で、弁護士は「資格を与えられている」側なので、
過去分詞の(D)が正解です。

---

108. 正解:(C) 難易度: 🔵🔵

🈂 私たちから配達物を受け取ったら、まず最初
に注文した商品が入っていることを確認してく
ださい。

(A) 動 (現在完了形)
(B) 動 (過去形・過去分詞)
(C) 動 (3人称単数現在形)
(D) 動 (未来)

解説 時制が問われています。(即効薬③) 空所はconfirm「〜を確認する」の目的語の
that節内にあり、配達物の到着時に確認すべきことは、到着したその時に商品が入っている
かどうかなので、現在形の(C)が正解です。なお、現在完了形も現在の状態を表す時に用いら
れますが、基本的にcontainは「〜を含む」という意味では現在完了形で使われないため、(A)
は不適切です。

109.　正解：(C)　難易度： ✎

🚇 商業地区に最近オープンした金物店はガーデニング用品を取り扱っています。

(A) 副 現在　　　　(B) 副 急いで
(C) 副 最近　　　　(D) 副 かろうじて

解説 選択肢は全て副詞なので、語彙の問題です。(即効薬①) 空所は、その位置から、動詞was openedを修飾していると考えられます。The hardware storeが「どのように」オープンされたかを考えると(C) recently「最近」が適しています。(A)は動詞が過去形なので不適切、(B) quicklyは「仮店舗が急いでオープンされた」や「認可をとらず急いでオープンされた」など意味的に何かquicklyと結び付く文脈がないと不自然なため不適切です。

語注 □ **hardware store** 金物店　□ **district** 名 地域　□ **supply** 名 用品

110.　正解：(D)　難易度： ✎✎

🚇 営業担当者は満足度を測るため顧客に新製品についてのアンケートを記入するよう勧めました。

(A) 前 ～とともに　(B) 前 ～の
(C) 前 上に　　　　(D) 前 外へ

解説 熟語の問題です。the questionnaire「アンケート」を目的語に取って意味が通るのは、「～を記入する」という意味になる(D) outです。fill out ～で「(申込用紙など) を記入する」という意味です。(A)と(B)はfillと組み合わせても意味をなしません。(C)は、fill up～で「～をいっぱいにする」という意味になりますが、ここでは意味が通りません。

語注 □ **encourage** *A* **to** *do* Aに～するよう勧める　□ **questionnaire** 名 アンケート
□ **measure** 動 ～を測る　□ **degree** 名 度合い

111.　正解：(D)　難易度： ✎

🚇 ホンドー・カー・シャインは非常に競争力のある料金で顧客にクリーニングとメンテナンスサービスの両方を提供します。

(A) 接 ～と…　　　(B) 副 ～か…
(C) 接 しかし　　　(D) 副 両方の

解説 offerはoffer *A* to *B*「AをBに提供する」の形で使われます。空所からservicesまでがofferの目的語と考えられるので、cleaningとmaintenanceの間にandがあることに注目し、(D) bothを入れboth *A* and *B*の形にすると「クリーニングとメンテナンスサービスの両方」となり意味が通ります。よって(D)が正解です。

語注 □ **competitive** 形 競争力のある　□ **rate** 名 料金

112.　正解：(B)　難易度： ✎

🚇 長期休暇を取る時はあなたが直属の上司からの許可を得るのが必要不可欠です。

(A) 形 監督上の　　(B) 名 監督者
(C) 名 監督　　　　(D) 動 監督する

解説 選択肢は全て同じ語幹なので、品詞に着目して解きます。(即効薬②) 空所の前にはdirectという形容詞、その前には所有格の代名詞yourがあるため、空所には「あなたの直接の」がかかる名詞が入ると考えられるため、(B)か(C)が入ります。休暇の許可を得るのは人からなので、人を表す(B) supervisor「監督者」が正解です。

語注 □ **essential** 形 必要不可欠な　□ **obtain** 動 ～を得る　□ **permission** 名 許可

113. 正解:(D) 難易度: 💊

🔈 顧客は非常に役に立った販売員が誰か選ぶ
よう頼まれています。

(A) 形 異議の出そうな　(B) 名 例外
(C) 形 例外的な　　　 (D) 副 並外れて

解説 選択肢は全て同じ語幹なので、品詞の問題です。（即効薬②）空所とhelpfulは、be動詞isの後ろにあるので、ひとまとまりで補語になっていると考えられます。そこで空所はhelpfulを修飾する語が入ると考えられ、形容詞を修飾するのは副詞なので(D) exceptionallyが正解です。

語注 □ helpful 形 助けとなる

114. 正解:(B) 難易度: 💊

🔈 スカイ・エレクトリシティは来年の10月に
ブレスト社と合併すると発表しました。

(A) 動 〜を獲得する
(B) 動 合併する
(C) 動 〜を提供する
(D) 動 〜を証明する

解説 空所は助動詞willの後ろなので動詞が入り、その動詞は直後にwithを伴って意味が通るものです。その点から(B) mergeが正解と分かります。merge with 〜で「〜と合併する」という意味です。その他の動詞は、通常他動詞として用いられます。

語注 □ announce 動 〜を発表する

115. 正解:(D) 難易度: 💊💊

🔈 スパイスボックス・ヌークストアは欠陥商
品をリコールした過去の経験はありません。

(A) 形 もとの　　　 (B) 形 資格のある
(C) 形 近く起こる　 (D) 形 以前の

解説 選択肢は全て形容詞で、空所は後ろの名詞experienceを修飾していると考えられます。recalling以下もexperienceを修飾し、experience (in) *doing*で「〜する経験」という意味なので、experience recalling of defective productsは「欠陥商品をリコールした経験」という意味です。この名詞句を修飾する形容詞として意味が通るのは(D) previous「以前の」です。

語注 □ recall 動 〜を回収する　□ defective 形 欠陥のある

116. 正解:(A) 難易度: 💊💊

🔈 ウェールズさんは入念に準備したのでチャリ
ティーの催しを成功させられると確信しています。

(A) 形 確信している　(B) 形 秘密の
(C) 名 秘密性　　　　(D) 名 確信

解説 同じ語幹の選択肢が並んでいるので、正しい品詞が問われています。(A)と(B)は形容詞、(C)と(D)は名詞です。空所の前にはbe動詞があるため、空所にはbe動詞の補語として形容詞も名詞も入りえます。そこで、意味が通るものを考えると「ウェールズさん」とイコールにならない(A)以外を除外できます。直後にthat節を伴えるものという点で選択肢を見ても、(A) confidentが正解と分かります。be confident that 〜で「〜と確信している」という意味です。

語注 □ function 名 催事　□ elaborately 副 入念に

117.　正解:(C)　難易度: 🖊

📖 人事部は優れた職員を雇う相当な努力をしており、それは結果として企業の利益になります。

(A) 動 〜に知らせる
(B) 動 〜を点検する
(C) 動 〜を雇う
(D) 動 〜を差し引く

解説　選択肢は全て他動詞なので、語彙の問題です。人事部が行う努力として、優れた職員に対し「何をすること」が結果的に企業の利益になるのかを考えると、(C) hire「〜を雇う」が正解と分かります。

語注　☐ **human resources** 人的資源　☐ **superior** 形 優れた　☐ **personnel** 名 職員

118.　正解:(B)　難易度: 🖊

📖 ブバズ・キッチンの台所器具は、テレビ番組で全国的に特集されるとすぐに非常に人気になりました。

(A) 接 〜だけれども
(B) 接 〜するとすぐに
(C) 前 〜にもかかわらず
(D) 前 〜を除いて

解説　接続詞・前置詞を選ぶ問題です。(即効薬④) 空所の後ろには主語と動詞があり完全な文が続いているので、空所には前置詞ではなく接続詞が入ると考えられます。よって、前置詞として用いられる(C)と(D)は不適切です。「人気が出た」、「特集された」という空所の前後のつながりを考えると、(B)が正解です。

語注　☐ **appliance** 名 器具　☐ **feature** 動 〜を特集する　☐ **nationwide** 副 全国的に

119.　正解:(A)　難易度: 🖊🖊🖊

📖 デイヴィッドソンさんは予定よりも早く巨大なショッピングモールの建設プロジェクトを終えることができ喜びました。

(A) 形 喜んでいる　(B) 形 自発的な
(C) 形 楽しい　　　(D) 形 忠実な

解説　選択肢は全て形容詞なので、語彙の問題です。予定よりも早くプロジェクトを終えたデイヴィッドソンさんを描写する形容詞として自然な(A) delightedが正解です。「喜んでいる」という感情を表す語なので、to以下の不定詞は、その感情の原因を表すことになります。(B) voluntaryや(C) enjoyableは通常人を主語にとらないため、不適切です。

語注　☐ **enormous** 形 非常に大きい　☐ **ahead of 〜** 〜に先だって

120.　正解:(C)　難易度: 🖊🖊

📖 ブライトさんは、町についての有益な情報を得るためにハイニー・デイリープレスを定期購読し始めました。

(A) 前 〜の上に　(B) 前 〜と
(C) 前 〜に　　　(D) 前 〜の

解説　前置詞の問題です。subscribeは「定期購読をする」という意味で、何を購読するかは、「対象」を表す前置詞toを用いて表すため、(C)が正解です。

語注　☐ **obtain** 動 〜を得る

121. 正解:(C) 難易度: 🖊🖊🖊

訳 RJF賞の候補に選出されているアーティストの最新のリストが明日オンライン上で発表されます。

(A) 形 最後の　　　　　(B) 副 最近は
(C) 形 最新の　　　　　(D) 形 遅れている

解説 空所は、冠詞のtheと名詞のlistの間にあるので名詞を修飾する形容詞が入ると考えられ、副詞の(B)がまず不適切です。「どんな」リストかを考えると、(C) latestで「最新のリストが明日オンライン上で発表される」となり意味が通るため(C)が正解です。(A) lastは時間的・順序的な「最後」を表すので、この場合は不適切です。「最終的な」という意味を表すにはlastではなくfinalを使うことも押さえておきましょう。(D)のlateは、「遅れている」という意味では通常名詞の前に置かないうえ、置かれた場合は、例えばa late bus「遅い時間に走るバス」のように、「遅い時に」という意味になるため不適切です。

語注 □ nominate 動 ～を候補に指名する　□ award 名 賞　□ publish 動 ～を発表する

122. 正解:(B) 難易度: 🖊🖊

訳 ワウェル法律事務所は経費報告書上の多くのミスという問題に取り組むために新しい会計ソフトを導入しました。

(A) 動 (3人称単数現在形)
(B) 動 (to不定詞)
(C) 動 (原形・現在形)
(D) 動 (現在進行形)

解説 Wawel Law Firmが主語、introducedが動詞、new accounting softwareがその目的語で、すでに主語に対応する動詞があるので空所には動詞は入らず、(A)(C)(D)を除外できます。不定詞の(B)を入れると、ソフトウェアを導入する目的として解釈でき、意味が通るため、(B)が正解です。(即効薬③)

123. 正解:(D) 難易度: 🖊

訳 シャルロッテ川に橋を架ける計画は着実に進んでいます。

(A) 副 典型的に　　(B) 副 重く
(C) 副 流ちょうに　(D) 副 着実に

解説 選択肢は全て副詞なので、語彙の問題です。空所に入る副詞は、直前のis progressing「進んでいる」という動詞部分を修飾していると考えられ、意味が通る(D) steadily「着実に」が正解です。(C) fluentlyはたいていの場合、人に対して使われます。

124. 正解:(D) 難易度: 🖊🖊🖊

訳 M2k社は20年間にわたり楽器業界の売り上げの60%を占めています。

(A) 動 (受動態)　　(B) 動 (原形・現在形)
(C) 動 (未来)　　　(D) 動 (現在完了形)

解説 同じ動詞の異なる形が並んでいるので、時制と態を確認します。(即効薬③) まずaccountという動詞はaccount for ～で「～の割合を占める」という意味で、受動態にはしないため、(A)は不適切です。3人称単数のsがない(B)も不適切です。残りの(C)と(D)は、for twenty years「20年間」という時の長さを表す表現があるので、完了形の(D)が答えと分かります。

語注 □ account for ～ ～を占める　□ instrument 名 器具

模試解説

125.　正解：(B)　難易度： 🖊🖊🖊

訳 クルージー・クリーナーズは、マーケティング戦略にはいくつかの不都合な点もあるので、それを慎重に検討しています。

(A) 接 ～まで
(B) 接 ～なので
(C) 接 ～するために
(D) 前 ～にもかかわらず

解説 空所の前後には、主語と動詞を持つ完全な文があるので、空所には前置詞ではなく接続詞と分かり、(D)は不適切です。前後の意味のつながりを考えると、「慎重に検討する」のは「不都合な点がある」から、という関係なので理由を表す用法がある (B) since が正解です。

語注 □ consider 動 ～を検討する　□ strategy 名 戦略　□ disadvantage 名 不都合な点

126.　正解：(A)　難易度： 🖊🖊

訳 サニーランドホテルの欠員に応募する人たちは業界での3年間の経験が必要です。

(A) 代 (主格の関係代名詞)
(B) 代 誰でも
(C) 代 (主格・目的格の関係代名詞)
(D) 代 それは

解説 文全体の構造は、Those から Hotel までが主語、will be required が動詞と考えられるため、空所から Hotel までが Those を修飾していると思われます。この Those は、「応募する」や「経験を持つ」などの表現から、「人々」という意味だと考えられます。apply の主語に相当するものがないため、この Those「人々」を修飾する主格の関係代名詞 (A) who が正解です。

語注 □ apply for ～ ～に応募する　□ vacant 形 空いている　□ position 名 職

127.　正解：(B)　難易度： 🖊🖊

訳 いくつかの国内の賞が映画スウィート・ホーミーズを監督したケンゾー・キクチに与えられました。

(A) 形 それぞれの　(B) 形 いくつかの
(C) 形 全ての　(D) 形 たくさんの

解説 空所の後ろには national awards という複数形が続いているので、単数名詞に用いられる(A)と(C)は不適切です。また、不可算名詞に用いられる(D)も不適切です。よって(B) several が正解です。文意も「いくつかの国内の賞」となり通ります。

語注 □ national 形 国の　□ award 名 賞　□ direct 動 ～を監督する

128.　正解：(C)　難易度： 🖊

訳 カフェテリアは改装のため一時的に閉鎖されます。

(A) 副 さえ　　　　(B) 接 ～なので
(C) 前 ～の理由で　(D) 形 過去の

解説 空所の後ろには名詞があり、文は続いていないため、空所には前置詞が入ると考えられます。(即効薬④) よって(C) due to が正解です。due to は理由を表し、「改装」が理由で「閉鎖」されているとなり、文意も通ります。(B) because も理由を表しますが、接続詞なので主語と動詞を含む完全な文が続かなければならず不適切です。because of ～なら可能です。

語注 □ temporarily 副 一時的に　□ renovation 名 改装

129.　正解：(D)　難易度：✎✎

🈠 引越業者がアーネットさんに渡した見積も
りは人件費を含みます。

(A) 動 ～を購入する　　(B) 動 交渉する
(C) 動 ～を認可する　　(D) 動 ～を含む

解説　選択肢は全て動詞の3人称単数形なので、意味から考える語彙の問題です。空所の
主語 The estimate「見積もり」と、その目的語 labor costs「人件費」の関係を考えると、(D)
includes「～を含む」が正解です。

語注　☐ **estimate** 名 見積もり　☐ **moving company** 引越業者　☐ **labor** 名 労働

130.　正解：(C)　難易度：✎✎

🈠 担当スタッフは、作業は最初に予想してい
たよりも大変なものだと気付きました。

(A) 名 挑戦者
(B) 動 ～について異議を唱える（過去形・
　　過去分詞）
(C) 形 より難しい（比較級）
(D) 形 最も難しい（最上級）

解説　同じ語幹の選択肢なので、品詞に着目して解きます。（即効薬②）that節内は、her
task が主語、be動詞の was が動詞なので、空所には名詞や形容詞や分詞が入ります。空所の
後ろには than があるので、空所には形容詞の比較級が入ると分かり、(C)が正解です。

語注　☐ **in charge** 担当して　☐ **task** 名 任務、課題　☐ **at first** 最初は

問題131-134は次のEメールに関するものです。

受信者: ラス・タリー <rtully@vanceways.com>
送信者: ダニ・ロビンソン <drobinson@whiterealestate.com>
日付：9月12日
件名：プールのフィルター
添付ファイル：📎見積書

タリー様

10 マーデンコートにあるあなたの所有地で毎月のプールフィルターの **131.** メンテナンスを行っているプール清掃会社プール・プロから、フィルターの交換が必要であるとの連絡がありました。単にフィルターを修理することは不可能です。**132.** 水質が御社の借り手が泳ぐのに適していません。プール・プロは、**133.** 交換品の支給と設置のための価格見積もりを提示してきました。私たちが予想したより値段が少し高いので、もう少し手頃な価格でやってもらえるように、ほかのいくつかのプール清掃会社に連絡をとっています。何か新しい情報があったら、また **134.** ご連絡いたします。

敬具

ダニ・ロビンソン ― レンタルマネージャー
ホワイト不動産会社

語注　□ **property** 名 不動産、所有物　□ **inform** *A* **that** ～ Aに～だと知らせる
□ **be in need of** ～ ～を必要とする　□ **replacement** 名 交換品、交換
□ **provide** 動 ～を提供する　□ **estimate** 名 見積もり　□ **provision** 名 支給、供給
□ **installation** 名 設置　□ **approach** 動 ～に近づく、～に話をもちかける
□ **a couple of** ～ 2、3の～　□ **update** 名 最新情報　□ **real estate** 不動産

131.　正解：(D)　難易度：🖊🖊

(A) maintain
(B) maintaining
(C) maintainable
(D) maintenance

(A) 動 維持する（原形・現在形）
(B) 動 維持している（ing形）
(C) 形 維持できる
(D) 名 メンテナンス

解説
品詞を問う設問なので、空所が入っている文だけ見ればOK。本文1文目の主語はプール・プロという会社の名前で、the pool cleaning companyからat 10 Marden Courtまでは、同格としてプール・プロを説明する節です。節の中のthatは、その後にどんな会社かの説明が続きます。続くdoesは「～をする」という動詞で、(D)の名詞maintenance「メンテナンス」を入れると、「メンテナンスをする」という意味になって、うまくつながります。

132. 正解：(A)　難易度： ✐ ✐ ✐

(A) The water quality is unfit for your tenants to swim in.
(B) We will have them set up a new one immediately.
(C) Please contact your supplier about a replacement.
(D) We advise that you do not swim in it this week.

(A) 水質が御社の借り手が泳ぐのに適していません。
(B) 私たちはすぐに新しいものを設置してもらうつもりです。
(C) 交換について、業者に連絡してください。
(D) 今週は泳がないことをお勧めします。

解説
文挿入問題は前後の文を確認します。(即効薬①) プールのメンテナンスをする会社に関するメールというのは1問目ですでに分かっていて、空所の前で「単に修理することは不可能だ」と言っています。さらに空所の後では「価格見積もりを提示してきた」とあるので空所には「修理ではなく交換が必要な理由」が入ると推測できます。「水質が御社の借り手が泳ぐのに適していません」と理由を述べている(A)が正解です。

語注　□ quality 名 質　□ be unfit for ~ ~に適さない　□ tenant 名 借り手
□ set up ~ ~を設置する　□ immediately 副 すぐに　□ contact 動 ~に連絡する

133. 正解：(C)　難易度： ✐ ✐

(A) backup
(B) shelter
(C) replacement
(D) conversion

(A) 名 予備品
(B) 名 シェルター
(C) 名 交換品
(D) 名 改造

解説
品詞が同じなので文脈から判断します。本文1文目で「フィルターの交換が必要である」、2文目で「単に修理することは不可能だ」と述べ、聞かれている1文は「-------の補充と設置の~」と言っているので「交換品」の意味の(C)が正解です。(A)のbackupにも「予備品」という意味がありますが、必要なのは予備ではなく物自体の交換なので(C)の方がふさわしいです。

134. 正解：(B)　難易度： ✐ ✐

(A) contacted
(B) will contact
(C) were contacting
(D) have been contacted

(A) 動 (過去形・過去分詞)
(B) 動 (未来)
(C) 動 (過去進行形)
(D) 動 (現在完了形の受動態)

解説
本文の最後から2文目で、am approachingという現在進行形を使って「私は、ほかのいくつかのプール清掃会社に連絡をとっている」と言っています。「何かあったら連絡する」はその後に起こる出来事なので(B)が正解です。

問題135-138は次の記事に関するものです。

スタークロスホールが再オープン

長年にわたり、スタークロスホールは、ブリスベンの最も人気のあるライブ音楽イベント会場の1つだった。5年前、安全検査で不合格となった後、市から |135.| 閉鎖することを余儀なくされた。|136.| 所有者たちは建物を取り壊し、土地を売却することを選択した。そして、その場所には50階建てのオフィスビルが建てられた。それ以来、ブリスベン市は中心部にコンサート会場を欠いている。

今月、スタークロスホールはグランド・リニューアル・オープンする。ホイツショッピングセンターの |137.| 閉店により、オーナーらは絶好の機会に恵まれた。ほんの数カ月のうちに、ショッピングセンターの内装は3000人分もの座席 |138.| があるコンサート会場に改装されたのである。

語注　□ **venue** 名 会場　□ **force A to do** Aに〜することを強いる
□ **fail** 動（検査など）を満たさない　□ **erect** 動 〜を建てる　□ **sorely** 副 非常に
□ **lack** 動 〜を欠いている　□ **a matter of** 〜 ほんの〜、わずか〜
□ **convert A into B** AをBに改装する　□ **seating for** 〜 〜人分の座席
□ **as many as** 〜 〜もの多くの

135.　正解:(B)　難易度: 🖊🖊

(A) closing
(B) to close
(C) closure
(D) being closed

(A) 動（ing形）
(B) 動（to不定詞）
(C) 名 閉鎖
(D) 動（受動態の過去分詞）

解説

空所の前にwas forcedとあることから、(B)のto closeを入れます。*be* forced to *do*で「〜することを余儀なくされる」という意味です。なお、後ろにto不定詞ではなくing形を続ける場合は、前置詞のintoが必要です。

136.　正解:(C)　難易度: 🖊🖊🖊

(A) Millions of dollars have been spent on a renovation project.
(B) There is no longer sufficient interest to warrant such a business.
(C) The owners chose to demolish the building and sell the land.
(D) The company received financial assistance from the city council.

(A) 改装プロジェクトに何百万ドルも費やされている。
(B) もはやそのような事業を認可する十分な関心はない。
(C) 所有者たちは建物を取り壊し、土地を売却することを選択した。
(D) その会社は市議会から資金援助を受けた。

解説

空所の直後に「その場所には50階建てのオフィスビルが建てられた」とあるので、ここには
もうホールがないと分かり、(C)が正解となります。ホールの改修はしていないと分かるので(A)
は不正解です。関心の度合いについては論じていないので(B)も不正解です。「オフィスビル」
に公的資金が投入されるとは考えにくく、The companyがどの会社を指すのかもはっきり
させられないので、(D)も不正解です。

語注 ☐ **renovation** 名 改装 ☐ **no longer** ～ もはや～ない ☐ **sufficient** 形 十分な
☐ **warrant** 動 ～を認可する ☐ **demolish** 動 ～を取り壊す ☐ **city council** 市議会

137. 正解:(A) 難易度: 🖊🖊

(A) closure
(B) demolition
(C) announcement
(D) expansion

(A) 名 閉鎖
(B) 名 解体
(C) 名 発表
(D) 名 拡張

解説

名詞4つから正しいものを選びます。空所の前の文まではスタークロスホールの再オープンの
話をしていますが、空所の文ではホイツショッピングセンターの話になっています。ホールと
ショッピングセンターがどういう関係なのかは、次の文で分かります。「ショッピングセンター
の内装はコンサート会場に改装された」とあるので、(A)の「閉鎖」が正解です。convertは
convert *A* into *B* で「AをBに改装する」という意味なので、(B)の「解体」や(D)の「拡張」
は文脈上不適切です。「ショッピングセンターが閉店して、ホールに改装された」ということです。

138. 正解:(D) 難易度: 🖊🖊

(A) of (B) to (C) as (D) with

(A) 前 ～の (B) 前 ～に (C) 前 ～として (D) 前 ～を持つ

解説

空所の前はa concert venue「コンサート会場」、空所の後はseating「座席設備」ですが、(D)
のwith「～を持つ」を入れると、この2つはうまくつながります。日本語で考えると、(A)の
of「～の」も良さそうに思えますが、「venueがseatingを持っている」という関係なので(D)
の方が適切です。

問題139-142は次の広告に関するものです。

レイクサイドイン

次の休暇はレイクサイドインでお過ごしください。地元の多くの 139. 観光スポットとの提携のおかげで、驚くべき価格でエキサイティングな旅行パッケージをご提供できます。140. 当社の大人気のゴルフパッケージは、ボーモント・グリーンズでの18ホールのゴルフと、受賞歴のあるレストランでのディナーがセットになって、たったの320ドルです。劇場パッケージ、歴史ツアーパッケージ、あるいはテーマパークパッケージからお選びいただくこともできます。全てのパッケージに5つ星ホテルでの1泊の宿泊、素晴らしいショアラインレストランでの朝食、そしてレイクサイドインまでの送迎が 141. 含まれています。

詳しくは、ウェブサイトwww.oregonlakesideinn.comをご覧ください。142. 法人のお客さまには大幅な割引を提供しています。ご予約の際には、企業登録番号をお伝えください。

17 テラス大通り、イースト・ポートランド、オレゴン
電話：207-555-8342

語注　☐ **partnership** 名 提携　☐ **unbelievable** 形 信じがたい、驚くべき
☐ **ever-popular** 形 ずっと人気のある　☐ **include** 動 ～を含む
☐ **award-winning** 形 受賞歴のある　☐ **overnight** 形 1泊の
☐ **accommodations** 名 宿泊　☐ **transportation** 名 移動手段
☐ **mention** 動 ～に言及する　☐ **registration** 名 登録　☐ **booking** 名 予約

139.　正解：(A)　難易度：🖊

(A) attractions
(B) attractive
(C) attract
(D) attractively

(A) 名 観光スポット
(B) 形 魅力的な
(C) 動 ～を引きつける（原形・現在形）
(D) 副 魅力的に

解説
空所の前にはwithという前置詞、続いてmany local「たくさんの地元の」という修飾語が並んでいます。ここにうまくつながるのは、名詞である(A)です。attractionには「観光スポット」という意味があります。「ホテルと地元観光スポットが提携している」ということで、意味的にも自然です。

140.　正解：(D)　難易度：🖊🖊

(A) My
(B) Their
(C) Your
(D) Our

(A) 代 私の
(B) 代 彼らの
(C) 代 あなたの
(D) 代 私たちの

選択肢には代名詞の所有格が並んでいます。この文書はあるホテルの宣伝ですが、空所直前の文でwe are able to offer ～「私たちは～を提供することができます」と述べているので、weの所有格の(D) Our「私たちの」が自然です。お店や企業は自社のことには通常、weやourを使うことを覚えておきましょう。お客さんのことはyouやyourで呼びますが、ここではホテルが自社の提供するツアーについて宣伝しているので、(C)は不正解です。

---

141. 正解:(B)　難易度: 🖊🖊🖊

(A) reserve
(B) include
(C) attend
(D) consider

(A) 動 ～を予約する
(B) 動 ～を含む
(C) 動 ～に出席する
(D) 動 ～を考慮する

解説
空所の前の文では、パッケージツアーの名前を列挙しています。これらを指して、All「全て」と言った後に「5つ星ホテルでの1泊の宿泊、素晴らしいショアラインレストランでの朝食、そしてレイクサイドインまでの送迎」というふうにサービス内容に言及しているので、「～を含む」の意味の(B)が適切です。

---

142. 正解:(C)　難易度: 🖊🖊

(A) We hope you enjoyed your stay with us.
(B) The attractions are all on the hotel's grounds.
(C) We offer big discounts for corporate clients.
(D) There is an additional charge for meals.

(A) 当ホテルでの滞在をお楽しみいただいたことを願っています。
(B) 名所は全てホテルの敷地内にあります。
(C) 法人のお客さまには大幅な割引を提供しています。
(D) お食事には別途料金がかかります。

解説
空所の直後で「ご予約の際には、企業登録番号をお伝えください」とあり、ここまで出てこなかった法人に向けた話になっていることから、空所には後ろの文の前置きになるような企業関係者向けのメッセージが入ると推測できます。よって(C)が正解です。(A)はenjoyedと過去形になっているので、これから来る顧客へのメッセージとして不自然です。(B)(D)も話の流れに合わないので不適切です。

語注 □ **ground** 名 敷地、用地　□ **corporate** 形 法人の、会社の
□ **additional** 形 追加の　□ **charge** 名 料金

問題143-146は次のメモに関するものです。

宛先：従業員各位
差出人：ミッチ・ウォルターズ
日付：6月10日
件名：制服

皆さまへ

企業イメージを向上させるため、経営陣は最近、スタッフに制服を支給すること **143.** に
決めました。私たちは、ほとんどの人が自分の服のサイズは秘密にしておきたいことを
理解しています。**144.** そのため、従業員が業者のウェブサイトから直接制服を注文でき
るシステムを用意しました。このページの下にあるユーザー名とパスワードを使って、ウェ
ブサイトにログインしてください。注文フォームへと案内されますので、名前と希望のサイ
ズを入力してください。

145. 制服は6月23日に届けられます。その日付以降は、スタッフは勤務中は常に制服
146. を着用することが義務付けられます。

敬具

ミッチ・ウォルターズ

語注　□ **employee** 名 従業員　□ **uniform** 名 制服　□ **in order to** *do* ～するために
□ **enhance** 動 ～を高める　□ **supply** *A* **with** *B* AにBを供給する
□ **prefer** 動 ～を好む　□ **private** 形 秘密の　□ **arrange** 動 ～を手配する
□ **whereby** 副 それによって～するところの　□ **order** 動 ～を注文する
□ **directly** 副 直接　□ **supplier** 名 供給会社　□ **order form** 注文フォーム
□ **input** 動 ～を入力する　□ **preference** 名 好み　□ **compulsory** 形 義務的な
□ **on duty** 勤務時間中で

143.　正解：(C)　難易度：✏

(A) decision
(B) decidedly
(C) decided
(D) decisive

(A) 名 決断
(B) 副 明確に
(C) 動 ～に決める（過去分詞）
(D) 形 決定的な

解説
選択肢には動詞decideの派生語が並んでいます。空所の前はmanagement has recently
ですが、このhasに注目し、(C)のdecidedを空所に入れると〈has＋過去分詞〉になって現
在完了形ができます。空所の後のtoにもうまくつながり、decide to *do*「～することに決める」
という形にもなるので、(C)が正解です。

144. 正解：(B) 難易度：✎

(A) Nevertheless
(B) Therefore
(C) Besides
(D) Ever since

(A) 副 それにもかかわらず
(B) 副 それゆえ
(C) 副 その上
(D) 副 それ以来ずっと

解説
選択肢には、話の方向性を表す副詞や副詞句が並んでいます。そこで、空所の前後の文脈に着目します。(即効薬②) 空所の前では「ほとんどの人が自分の服のサイズは秘密にしておきたいことを理解している」と言い、後ろでは「従業員が業者のウェブサイトから直接制服を注文できるシステムを用意した」と言っているので、「それゆえ」という意味の(B)を選ぶと、うまくつながります。

145. 正解：(D) 難易度：✎✎

(A) The store will remain open until June 19.
(B) The clients will receive a reasonable discount.
(C) The cost will be calculated on a monthly basis.
(D) The uniforms will be delivered on June 23.

(A) その店は6月19日まで営業します。
(B) 顧客はお得な割引を受けることになります。
(C) 費用は月単位で計算されます。
(D) 制服は6月23日に届けられます。

解説
空所の直後にAfter that dateという表現が続いていることに注目しましょう。この代名詞のthatはそれ以前に出てきた語句を受けていると考えることができるので、that date「その日付」に当たる日付が入っている(A)か(D)が選択肢として残ります。空所の前では、オンラインでの制服の注文方法を説明しており、店の話はしていないので、(D)が正解です。

語注 □ **remain** 〜のままである　□ **calculate** 動 〜を計算する
□ **on a monthly basis** 月単位で　□ **deliver** 動 〜を配達する

146. 正解：(A) 難易度：✎

(A) wear
(B) apply
(C) conceal
(D) consider

(A) 動 〜を着ている
(B) 動 〜を適用する
(C) 動 〜を隠す
(D) 動 〜を考慮する

解説
選択肢には動詞の原形が並んでいます。空所以外を訳してみると「その日付以降は、スタッフは勤務中は常に制服------ことが義務付けられます」となります。文書の前半と中盤で、制服の導入の決定と注文の仕方が説明されているので、(A) wear「〜を着ている」が適切だと分かります。

問題147-148は次のお知らせに関するものです。

お知らせ
ハンセン国立公園へようこそ

- テントの設営は指定されたキャンプ場でのみ行ってください。小川エリアは洪水の恐れがありますので、避けてください。
- パークレンジャー事務所に連絡し、名前、電話番号、滞在予定期間を知らせることをお勧めします。
- ゴミは全てお持ち帰りください。ブライソン市には、無料でゴミを引き取ってくれるリサイクル工場があります。詳しい情報は、www.brysoncity.gov/recycleplant/ から入手できます。

語注 □ **set up ～** ～を設置する　□ **designated** 形 指定された
□ **campsite** 名 キャンプ場　□ **creek** 名 小川　□ **avoid** 動 ～を避ける
□ **flooding** 名 氾濫、出水　□ **park ranger** パークレンジャー　□ **duration** 名 期間
□ **charge** 名 手数料　□ **further** 形 さらなる

147.　正解：(A)　難易度： ✎

147. お知らせは誰に向けられていると考えられますか。

(A) キャンプをする人　　　(B) パークレンジャー
(C) ブライソン市の住民　　(D) 市議会で働く人

解説　まず、お知らせのタイトル「ハンセン国立公園へようこそ」から、外部から公園へやってきた人への呼びかけだと分かります。本文を見てみると、1番目の項目に「テントの設営は指定されたキャンプ場でのみ行ってください」とあるので、これはキャンプをする人への呼びかけだと分かり、(A)が正解です。（即効薬①）

語注 □ *be* intended for ～ ～に向けられている　□ **resident** 名 住民　□ **council** 名 議会

148.　正解：(D)　難易度： ✎ ✎

148. 読み手は何をするように勧められていますか。

(A) ブライソン市議会に連絡する　(B) 地図を1部購入する
(C) 小川エリアへ行く　　　　　　(D) 連絡先を提供する

解説　設問はreadersが主語である受動態の文ですが、本文では2番目の項目でWeが主語になって、We advise that you ～「私たちはあなた方が～することを勧める」という形で出てきており、この部分から(D)が正解です。連絡する相手はthe park rangers' office「パークレンジャー事務所」なので、(A)は不正解です。(B)の地図の話は出ておらず、(C)の小川エリアは近づかないようにと言われています。

問題149-150は次のテキストメッセージのやりとりに関するものです。

ソフィア・ジョルダーノ　午前10時50分
カーディーラーでバンを見ています。見てほしい車があるんです。お買い得ですし、バンは私たちにぴったりなのですが。

ウォルター・ホワイト　　午前10時53分
詳細を送ってくれますか。

ソフィア・ジョルダーノ　午前10時54分
もちろんです。KFRデュロバンです。写真を撮りますね。バンは新品同様です。数千キロしか走っていません。なのに1万5000ドルなんですよ！

ウォルター・ホワイト　　午前10時59分
写真を見なくちゃいけませんね。

語注 □ van 名 小型トラック、バン　□ deal 名 取引

149.　正解：(B)　難易度： 🖊

149. ジョルダーノさんはなぜテキストメッセージのやりとりを始めていますか。

(A) ホワイトさんのバンを見つけることができないから。
(B) 自分たちは車を買うべきだと思っているから。
(C) ホワイトさんに会う約束をしているから。
(D) 写真を受け取りたいと思っているから。

解説 文書の目的は冒頭を見ましょう。（即効薬①）ジョルダーノさんは1つ目の発言で「カーディーラーでバンを見ています。見てほしい車があるんです」と言い、さらに「お買い得ですし、バンは私たちにぴったりなのですが」と伝えています。ここから、バンを買いたがっていることが分かるので、(B)が正解です。

150.　正解：(C)　難易度： 🖊 🖊

150. 午前10時59分に、ホワイトさんはなぜ"I'd better look at those photographs"と書いているのですか。

(A) 彼はジョルダーノさんの写真を見たことがあるから。
(B) 彼はそのカーディーラーを訪れたことがあるから。
(C) 彼は価格が魅力的だと考えているから。
(D) 彼は予約を取り消すつもりだから。

解説 テキストメッセージの流れを追うと、カーディーラーで安くていい車を見つけたジョルダーノさんが、その車を買おうとホワイトさんに迫っています。ジョルダーノさんは「写真を撮りますね」と書いた後、車の価格を伝えます。価格を聞いたホワイトさんは最後に「写真を見なくちゃいけませんね」と書き送っています。以上の流れから、ホワイトさんは価格を聞いて、良さそうだと思ったということが推測できます。よって(C)が正解です。

問題151-152は次の広告に関するものです。

あなたのプロジェクトには、プロのナレーターや声優が必要ですか。

トリニティアソシエイツ社は、数百人もの才能あるナレーター、声優、アナウンサー、ニュースキャスター、司会者の代理をしています。エンターテインメント業界との幅広いコネクションにより、有能なパフォーマーと、そのスキルを存分に発揮できる仕事とのマッチングが可能です。ウェブサイトにアクセスして、私たちのお客さまの仕事のサンプルをお聞きになってください。弊社担当者にご連絡いただければ、お客さまのニーズをお伺いいたします。私たちは通常、最初のご連絡から48時間以内に、価格の交渉と仕事のスケジュールを組むことができます。トリニティアソシエイツ社は、自社のレコーディングスタジオと優秀なオーディオエンジニアも擁しております。プロジェクト全体の音声制作を弊社へ外注していただくことが、迅速で経済的な方法です。詳しくは、www.trinityassociates. com をご覧ください。

語注　☐ **represent** 動 ～の代理をする　☐ **extensive** 形 広範囲の
☐ **connection** 名 つながり　☐ **enable *A* to *do*** Aが～することを可能にする
☐ **showcase** 動 ～を披露する　☐ **sample** 名 サンプル
☐ **outsource** 動 ～を外注する

151. 正解:(C) 難易度: ✐

151. 何が宣伝されていますか。

(A) ニュース番組　　(B) 賞の授賞式　　(C) タレント事務所　　(D) 宝石店

解説 まず、広告の見出しに注目すると「あなたのプロジェクトには、プロのナレーターや声優が必要ですか」と書かれています。次に、1文目でTrinity Associates represents hundreds of talented narrators, voice actors, announcers, newsreaders, and presenters.「トリニティアソシエイツ社は、数百人もの才能あるナレーター、声優、アナウンサー、ニュースキャスター、司会者の代理をしている」と言った後、2文目ではenable us to match our highly qualified performers with jobs that showcase their skills perfectly「有能なパフォーマーと、そのスキルを存分に発揮できる仕事とのマッチングが可能だ」と述べています。ここから、(C)が正解です。talentには「才能」という意味と「才能ある人」という意味の両方があります。

152. 正解:(D) 難易度: ✐ ✐

152. トリニティアソシエイツ社について何が示唆されていますか。

(A) 複数の都市に事務所を持っている。　　(B) 最近設立された。
(C) 1日24時間営業である。　　　　　　　(D) 音声トラックを制作できる。

解説 最後から3文目にTrinity Associates even has its own recording studio and highly qualified audio engineers.「トリニティアソシエイツ社は、自社のレコーディングスタジオと優秀なオーディオエンジニアも擁している」とあり、続いてIt is a speedy and economical way to outsource the audio production of an entire project.「プロジェクト全体の音声制作を弊社へ外注していただくことが、迅速で経済的な方法だ」とあります。つまり、この会社で音声トラックを制作することも可能だと分かり、(D)が正解です。(A)事務所や(B)設立時期、(C)営業時間についての言及はありません。

語注 □ **indicate** 動 ～を暗に示す

問題 153-154 は次のウェブページに関するものです。

https://www.beaumontshelters.co.uk

ホーム	ポータブルトイレ	テント	キッチンカー

ポータブルトイレサービス

ビジネスや特別なイベントで仮設トイレが必要ではありませんか。ボーモントシェルターズ社では、あらゆるニーズに適した幅広い選択肢をご用意しております。高級モデルは、オフィスの改装中に勤務中の方々にご利用いただくのに最適ですが、コンサートやマラソンなどの屋外イベントに最適な、シンプルで耐久性に優れたものもご用意しています。弊社のポータブルトイレは、国や地方自治体の規定に適合しておりますし、汚物の取り出し、清掃、衛生管理も弊社が担当いたします。また、地方自治体が要件とする各種許可証類の取得を弊社営業スタッフがお手伝いします。

お見積もりの準備はできていますか。販売員が月曜日から金曜日の午前9時から午後6時までの間、お電話をお待ちしております。連絡先詳細については「ホーム」タブをクリックしてください。

お電話の際は、正確なご提案ができるよう、以下の情報を必ずご用意ください。

1. イベントの開催場所（芝生、土、アスファルトなど、地面の種類もお知らせください。）
2. イベントまたはプロジェクトに参加するグループの規模
3. イベントまたはプロジェクトの期間

語注　□ **portable** 形 ポータブルの、携帯用の　□ **bathroom** 名 トイレ、お手洗い
□ **temporary** 形 仮の、一時的な　□ **suit** 動 ～に合う　□ **luxury** 形 ぜいたくな
□ **remodel** 動 ～を改装する　□ **durable** 形 耐久性がある　□ **option** 名 選択肢
□ **comply with ～** （基準・規則など）に合致する　□ **regulation** 名 規則
□ **empty** 動 ～を空にする　□ **sanitation** 名 衛生　□ **obtain** 動 ～を取得する
□ **permit** 名 許可証　□ **require** 動 ～を（要件として）要求する　□ **body** 名 組織
□ **price quote** 価格見積もり　□ **accurate** 形 正確な　□ **recommendation** 名 提案
□ **dirt** 名 土、泥　□ **duration** 名 期間

153. 正解:(B)　難易度: 🖊🖊🖊

153. ボーモントシェルターズ社について何が示唆されていますか。

(A) 家族経営の企業である。
(B) さまざまな分野の顧客を持っている。
(C) 最近拡大した。
(D) ケータリングを提供することができる。

解説　1文目と2文目から、ボーモントシェルターズ社は仮設トイレを扱う会社であることが分かります。1～3文目より、ボーモントシェルターズ社が扱っている仮設トイレにはさまざまな種類があり、多様な場面やニーズに対応できることが読み取れます。ここから、同社の顧客にはさまざまな分野の人々がいると推測することができるので、(B)が正解です。Kitchen Vans「キッチンカー」も扱っていますが、ケータリング (配食) とは異なるので(D)を選ばないよう注意しましょう。

語注　□ **imply** 動 ～を暗に述べる　□ **a variety of ～** さまざまな～
□ **expand** 動 拡大する　□ **catering** 名 ケータリング、仕出し

154. 正解:(C)　難易度: 🖊🖊

154. 見積もりを依頼する際に必要でない情報は何ですか。

(A) 住所　　(B) 利用者の数　　(C) プロジェクトの予算　　(D) レンタル期間

解説　第3段落で、When you call, be sure to have the following information ready「お電話の際は、以下の情報を必ずご用意ください」と述べ、伝えてほしい情報を簡条書きで3つ挙げています。1のThe location「開催場所」は選択肢(A)のAn address「住所」に当たります。2のThe size of the group「グループの規模」は選択肢(B)のThe number of users「利用者の数」に当たります。3のThe duration「期間」は選択肢(D)のThe rental period「レンタル期間」に当たります。「予算」についての言及はないので、(C)が正解です。(即効薬②)

語注　□ **budget** 名 予算

模試解説

337

問題 155-157 は次の記事に関するものです。

コリンウッド市の鉄道システムは、この5月から携帯電話技術を使った支払いの受け付けを開始する予定だ。国内のほかの大都市では、通勤通学客が乗車料金を携帯電話で支払うために必要な設備をすでに導入しているが、コリンウッド市では現金での支払いしか受け付けていなかった。鉄道経営陣によると、設備導入を保留していたのは、主に金銭的な理由からだという。「新しい技術にはよくあることですが、初期モデルはたいてい非常に高価で故障しやすいのです」と地域マネージャーのテッド・レドモンド氏は説明し「当社の新しい発券機はコストが4分の1で済んだので、その節約分は切符代に反映されるでしょう」と言った。

通勤客は、さまざまな意見を述べた。ハナ・ノルベリーは「新しいことを取り入れるのに時間がかかるというのは恥ずべきことです」「ピーターソン市の住民は、もう何年間も携帯電話で切符を購入することができているというのに」と言った。この決済オプションは、それほど重要なものではないので鉄道会社がお金をかけることではないと感じた人もいた。実際、ピーターソン市の住民のうち、携帯電話での決済オプションを利用しているのはわずか12パーセントだ。多くの人が、もっと運行頻度を増やしたり、座席の質を改善したり、無料の無線インターネットを導入したりする方が、サービス向上につながる方法としてはるかに効果的だと主張している。

語注 ☐ install 動 〜を設置する　☐ equipment 名 設備　☐ financial 形 財政の
☐ *be* prone to *do* 〜する傾向がある　☐ a quarter of 〜 〜の4分の1
☐ reflect 動 〜を反映する　☐ commuter 名 通勤通学者　☐ express 動 〜を表明する
☐ feel embarrassed about 〜 〜を恥ずかしく思う　☐ adopt 動 〜を採用する
☐ resident 名 住民　☐ option 名 オプション、選択肢
☐ spend money on 〜 〜にお金を費やす　☐ indeed 副 実際に、現に
☐ wireless 形 無線の　☐ effective 形 効果的な　☐ improve 動 〜を改善する

155. 正解:(B) 難易度: ✐✐

155. 記事の目的は何ですか。

(A) 新しい鉄道路線の開通を発表すること
(B) 輸送交通会社の決断を説明すること
(C) 地域住民に鉄道による通勤を促進すること
(D) 輸送交通の速度を上げるためのプロセスを説明すること

解説 第1段落1文目でCollinwood's railroad system is to start accepting payments using mobile phone technology from this May.「コリンウッド市の鉄道システムは、この5月から携帯電話技術を使った支払いの受け付けを開始する予定だ」とあります。その後も第1段落では一貫して、電車の切符の支払い方法とその導入の話をしているので、(B)が正解です。(即効薬①)

語注 □ **railroad line** 鉄道路線 □ **decision** 名 決断 □ **transportation** 名 輸送
□ **promote** 動 ～を促進する □ **commute** 動 通勤する □ **local** 形 地域の
□ **describe** 動 ～を述べる □ **process** 名 プロセス、過程

156. 正解:(A) 難易度: ✐

156. ノルベリーさんはこの計画についてどう感じていますか。

(A) 変化が起こるのが遅すぎた。   (B) 費用がかかりすぎるだろう。
(C) 人々はその目的を理解していない。   (D) うまく説明されなかった。

解説 ノルベリーさんの名前が出てくるのは、第2段落2文目です。I feel embarrassed about how long it takes us to adopt new things「新しいことを取り入れるのに時間がかかるというのは恥ずべきことだ」というノルベリーさんの発言は、つまり「もっと早く導入すればよかったのに、変更するのが遅すぎる」ということです。これは、その次の発言 Peterson residents have been able to purchase tickets with their phones for years.「ピーターソン市の住民は、もう何年間も携帯電話で切符を購入することができているというのに」からも分かります。よって、(A)が正解です。

157. 正解:(C) 難易度: ✐✐

157. 第2段落・13行目にある"ways"に最も意味が近いのは

(A) ルート   (B) 特徴   (C) 方法   (D) 習慣

解説 waysを含む文のthat節は、「鉄道サービスを向上させるためには、運行頻度を増やしたり、座席の質を改善したり、あるいは無料の無線インターネットを導入したりする方が、(携帯電話を使った支払いオプションを導入するよりも)はるかに効果的な ------- であるだろう」という意味です。すなわち、waysは「運行頻度を増やすこと」、「座席の質を改善すること」、「無料の無線インターネットを導入すること」とイコールであることが分かります。これらは鉄道サービスを向上させるための「方法」なので、ここでのwaysの意味としては、(C)が正解です。

問題158-160は次のEメールに関するものです。

受信者：キム・マーデン <kmarden@slipndipl.com>
送信者：ダラス・ボクセル <dboxell@boxellengineering.com>
日付：9月21日
件名：ウォータースライダーの問題

マーデン様

昨日はスリップン・ディップをご案内してくださいまして、ありがとうございました。さまざまなアトラクションにとても感動し、休日に日帰り旅行で家族をそこに連れて行きたいと考えております。—[1]—

私はスピン・ディッパーの問題点が何か、すぐに分かりました。—[2]—おそらく10年から15年くらいかけて起こったことでしょう。低い箇所が生まれてしまい、そこで人々がとどまりやすくなってしまったのです。もっとしっかりした滑り台の土台を作り、油圧式リフトで持ち上げる必要があります。私のチームでは、1週間程度で作業を完了することができると思います。

そのためには、ウォーターパークにクレーンを持ち込む必要があります。朝、ゲートを開ける前に持ち込むことができます。—[3]—しかし、作業中、作業現場から20メートル以内に人を入れることはできません。つまり、スプラッシュ・ピークのアトラクションも閉鎖する必要があります。このような悪い知らせで申し訳ありませんが、お客さまがあまり工事をお気になさらないことを願っております。

この作業には1万3000ドルかかると見積もっています。—[4]—作業中に新たな問題を見つけた場合、さらに上がるかもしれません。

敬具

ダラス・ボクセル

語注　□ *be* impressed with ～　～に感動する　□ various 形 さまざまな
□ attraction 名 アトラクション　□ day out 日帰り旅行　□ immediately 副 すぐに
□ occur 動 起こる　□ over 前 ～の間　□ tend to *do* ～しがちだ
□ get stuck とどまる、立ち往生する　□ construct 動 ～を建設する
□ secure 形 しっかりした　□ base 名 基盤　□ slide 名 滑り台
□ raise 動 ～を上げる　□ hydraulic lift 油圧式リフト　□ crane 名 クレーン
□ worksite 名 作業現場　□ as well ～もまた　□ mind 動 ～を気にかける、～を嫌がる
□ estimate 動 ～だと見積もる　□ figure 名 数字　□ discover 動 ～を発見する
□ issue 名 問題、課題

158. 正解:(D) 難易度: ✏

158. マーデンさんとは誰だと考えられますか。

(A) 建築家　　(B) エンジニア　　(C) プロスポーツ選手　　(D) 遊園地の経営者

解説 マーデンさんは、このメールの受信者です。メールの送信者は、第1段落1文目で Thank you for showing me around Slip 'n Dip yesterday.「昨日はスリップン・ディップをご案内してくださいまして、ありがとうございました」とお礼を述べています。この時点ではスリップ・ディップとは何かよく分かりませんが、2文目でI was very impressed with the various attractions「さまざまなアトラクションにとても感動した」とあることから、遊園地だろうと想像できます。第2段落以降では、アトラクションの不具合と修理プロセスについて述べているので、メールの受信者であるマーデンさんは、遊園地の経営者だと推測できます。よって、(D)が正解です。(即効薬③)

159. 正解:(A) 難易度: ✏✏✏

159. ボクセルさんはこの問題に関して何と述べていますか。

(A) マーデンさんのビジネスの一部を閉鎖する必要がある。
(B) 1年のうちで最も忙しい時期に発生した。
(C) 解決には莫大な費用がかかりそうだ。
(D) それは顧客の1人から報告された。

解説 第3段落の後ろから2番目の文でyou will need to close the Splash Peak attraction as well「スプラッシュ・ピークのアトラクションも閉鎖する必要がある」と言っているので、(A)が正解です。次の文で「お客さまがあまり工事をお気になさらないことを願っております」と言っていることもヒントになります。第4段落で費用の話をしていますが、「莫大な費用」とは言っていないので、(C)は不正解です。

語注 □ partial 形 一部の　□ costly 形 高額な　□ resolve 動 〜を解決する

160. 正解:(B) 難易度: ✏✏✏

160. [1]、[2]、[3]、[4]と記載された箇所のうち、次の文が入るのに最もふさわしいのはどれですか。
「構造物の一部分の下の地面は約300ミリメートル沈んでいるようです」

(A) [1]　　(B) [2]　　(C) [3]　　(D) [4]

解説 入れるべき文は「地面が約300ミリメートル沈んでいる」というボクセルさんの分析です。そこで、アトラクションの具体的な問題点を指摘している部分を探します。[2]の前では、I was immediately able to identify the problem with the Spin Dipper.「私はスピン・ディッパーの問題点が何かすぐに分かった」と言い、[2]の後では、This has probably occurred over a period of 10 or 15 years. It has created a low point where people tend to get stuck.「おそらく10年から15年くらいかけて起こったことでしょう。低い箇所が生まれてしまい、そこで人々がとどまりやすくなってしまったのです」と、構造上の問題ができた経緯を説明しています。そこで、[2]に上の文を入れると文脈に合うので、(B)が正解です。

問題161-163は次のスケジュール表に関するものです。

http://www.baartzcentralpark.com/events/msfest

第19回年次バーツ音楽と歌の祭典
バーツセントラルパーク
8月12日　日曜日

午前10時30分～正午12時　バーツ年次ソングコンテスト
毎年好評の歌のコンテストがメインテントで開催されます。アマチュアアーティストによるオリジナル曲の演奏が行われ、地元の専門家たちによって審査されます。オーディションプロセスについての詳細は、www.baartzasc.comをご覧ください。入賞者は、オープンマイクのイベントの直後に発表されます。

正午12時～午後1時30分　チャリティーコンサート
メインテントで、有名ミュージシャンがチャリティーコンサートを行います。収益金はいくつかの慈善団体の間で均等に分配されます。コンサートでは、北米を回るコンサートツアーを成功させたばかりのボストン・バンディトスが主役を務めます。オンラインストアでのチケット購入はこちらをクリックしてください。

午前11時～午後2時　ヒルトップ・ランチ
バーツセントラルパークのマルベリー・ヒルの上に設置された屋台にて、地元のレストランが食事や飲み物を提供します。さまざまな国の料理をたったの4ドルからお選びいただけます。

午後1時30分～午後4時　オープンマイク
観客に向けて自分の才能を披露することに関心をお持ちの方のために、プロのオーディオエンジニアチームが、スピーカー、マイク、照明などをセッティングします。入場は無料ですが、200人分の席しかありません。チャンスを逃さないように、お早めにご来場ください。

会場の駐車場には限りがありますので、市の新しいライトレールシステムをご利用くださるようお勧めします。あるいは、コールマンフィールドに車を置いて、そこからバーツセントラルパークまでシャトルバスに乗ることもできます。詳しい情報はオンラインで入手できます。あるいは、ヒルトン大通りにあるバーツ市役所の第19回年次音楽と歌の祭典主催者の事務所を訪ねていただいても構いません。

語注　□ judge 動 ～を審査する　□ divide 動 ～を分ける　□ evenly 副 均等に
□ headline 動 (イベントなど) の主演者になる　□ serve 動 (飲食物など) を出す
□ stall 名 屋台　□ atop 前 ～の頂上に　□ cuisine 名 料理
□ miss out (よい機会を) 逃す　□ venue 名 会場
□ encourage A to do Aが～するように励ます
□ light-rail system ライトレールシステム　□ otherwise 副 そうでなければ
□ available 形 手に入る

161. 正解：(B) 難易度：✐✐

161. 来場者はどこでプロのミュージシャンを見ることができますか。

(A) ソングコンテスト   (B) チャリティーコンサート
(C) ヒルトップ・ランチ   (D) オープンマイク

解説 表の2番目の項目Charity Concert「チャリティーコンサート」のところの1文目に「有名ミュージシャンがチャリティーコンサートを行う」とあります。また、3文目にThe concert will be headlined by Boston Banditos, who have just finished their successful concert tour of North America.「コンサートでは、北米を回るコンサートツアーを成功させたばかりのボストン・バンディトスが主役を務める」とあることからも、チャリティーコンサートにはプロのミュージシャンが登場することが分かるので、(B)が正解です。表の最後の項目Open Mic「オープンマイク」にも、professional「プロの」という語がありますが、これは、オーディオや照明のエンジニアのことです。

162. 正解：(D) 難易度：✐✐

162. コンテストの優勝者はいつ発表されますか。

(A) 午前11時   (B) 午後1時   (C) 午後2時   (D) 午後4時

解説 competition「競技会、コンテスト」に当たるものは、表のBaartz Annual Song Contest「バーツ年次ソングコンテスト」です。この項目の最後の文には、Winners will be announced immediately after the Open Mic event.「入賞者は、オープンマイクのイベントの直後に発表される」とあります。オープンマイクのイベントのスケジュールは、表の一番最後にありますが、終わるのは午後4時なので(D)が正解です。

語注 □ competition 名 競技会、コンテスト

163. 正解：(D) 難易度：✐✐✐

163. バーツ市について何が示唆されていますか。

(A) 音楽と歌の祭典を初めて開催する。
(B) 世界中からの多くの観光客を引きつけている。
(C) 市庁舎の建設工事の入札を受け付けている。
(D) 最近、新しい交通システムを導入した。

解説 スケジュールの一番下の注意書きの1文目に、visitors are encouraged to use the city's new light-rail system「ご来客の皆さんには、市の新しいライトレールシステムをご利用くださるようお勧めします」とあるので(D)が正解です。この文書のタイトルがThe 19th Annual Baartz Music and Song Festival「第19回年次バーツ音楽と歌の祭典」となっていることから、祭典は毎年恒例のもので今年は19回目だと分かるので、(A)は不正解です。(B)(C)については言及がありません。

語注 □ imply 動 ～を示唆する   □ host 動 ～を主催する   □ attract 動 ～を引きつける
□ construction 名 建設   □ bid 名 入札

問題164-167は次の手紙に関するものです。

ポールソン出版社
63 ダイヤー通り
ノーザンプトン N4 4ER
イングランド

11月12日

タイガ・オオハシ
323 ヴェラデール通り
ガンビア山、南オーストラリア州5290
オーストラリア

オオハシ様

このたび、取締役会の全会一致で、オオハシ様にポールソン出版社の編集長の職をオファーすることを決定しましたので、お知らせいたします。当然のことながら、あなたが15年前に編集アシスタントとして当社に勤務していたときの細部への目と会社への献身を、私たちは高く評価しています。南オーストラリアのワラビー出版社での傑出した業績だけではなく、上記もふまえ、ごく自然にあなたを選ぶこととなりました。

ここイングランドでの生活を始めるのに2、3週間ほどかかるだろうと思いますし、苦労して引っ越してきてくださることに感謝いたします。面接でお話ししたように、オーストラリアから英国への輸送料金は40パーセントしか負担できません。領収書があれば、初日に出勤した際に提出してください。

当社でスムーズに仕事を始めていただくために、出版スケジュールや今後5年間のビジネスプランといった文書をEメールでお送りします。Eメールが届きましたら、届いたことが分かるように、すぐに返信してください。添付された書類は全て極秘扱いとさせていただきます。

移動をよりスムーズにするために、私にできることがあれば、何でもお知らせください。

敬具

ジーン・ハイゼンバーグ（署名）
ジーン・ハイゼンバーグ
ポールソン出版社人事部

語注 ☐ unanimously 副 満場一致で　☐ editorial 形 編集の
☐ outstanding 形 傑出した　☐ report to work 出勤して到着を報告する
☐ smoothly 副 スムーズに　☐ strictly 副 厳しく、絶対に　☐ confidential 形 機密の
☐ transition 名 移行、移動

164.　正解：(A)　難易度：✏

164. 手紙の目的は何ですか。
(A) 応募者に職を正式にオファーすること　　(B) 会社の方針の変更を発表すること
(C) 候補者をある職位に推薦すること　　(D) 作家が出版に成功したことを祝福すること

解説 第1段落1文目に「編集長の職をオファーすることをお知らせいたします」とあります。これが手紙の主要な目的なので、(A)が正解です。通常、英語のビジネスレターでは一番伝えたいことを冒頭に書くので、目的を問われたら冒頭に注目しましょう。(即効薬①)

---

165. 正解:(B) 難易度: 🖊🖊

165. この手紙は、オオハシさんについて何を示していますか。

(A) ある専門家の協会のメンバーである。
(B) 以前、ポールソン出版社に雇用されていた。
(C) 就職の面接のためにイングランドまで行った。
(D) 新しい事務所を開くことを求められる。

解説 第1段落2文目に「あなたが15年前に編集アシスタントとして当社に勤務していたとき」とあるので、(B)が正解です。第2段落全体から「就職後は英国への引っ越しが必要だ」ということが分かりますが、面接のためにイングランドまで行ったかどうかは分からないので、(C)は不正解です。

---

166. 正解:(B) 難易度: 🖊🖊🖊

166. ポールソン出版について何が分かりますか。

(A) 長期にわたって編集長なしで運営している。
(B) 職に就くための引っ越しに、経済的な援助をする。
(C) 複数の国に支社を設立しているところである。
(D) 主に教材を出版している。

解説 第2段落2文目でwe can only afford to pay 40 percent of your shipping fees from Australia to the UK「オーストラリアから英国への輸送料金は40パーセントしか負担できない」と言っているので、(B)が正解です。第1段落1文目で、オオハシさんは chief editor「編集長」の職のオファーを受けていますが、「今まで編集長がいなかった」とは書いていないので、(A)は不正解です。

語注 □ extended 形 長期の　□ take up ～ ～に就く　□ primarily 副 主に

---

167. 正解:(C) 難易度: 🖊🖊

167. オオハシさんは次に何をするように頼まれていますか。

(A) 文書に電子署名をする　　　　　(B) オンラインサービスに登録する
(C) 文書を受け取ったことを知らせる　(D) 広告のための職務内容説明書を書く

解説 差出人が頼んでいることなので、依頼の表現がヒントになります。第3段落2文目で、Please reply to this e-mail as soon as you receive it so that I know you have it.「Eメールが届きましたら、届いたことが分かるように、すぐに返信してください」と言っているので、(C)が正解です。acknowledgeは文脈によって意味が柔軟に変化する単語ですが、ここでは「～を受け取ったことを知らせる」の意味で使われています。

問題168-171は次のオンラインチャットによる議論に関するものです。

クライド・スミノフ［午後1時30分］：
今日の午後、パフォーマンスの変更について打ち合わせを行いたいのですが。

ジョン・ロス［午後1時34分］：
私は3時まで忙しいのですが、今頃になって変更すべきでないと思います。

マディ・ディーン［午後1時35分］：
4時以降なら時間があります。おそらくサンドラ・デイが私たちのリハーサルを見た後、彼女から何か提案を受けたのですね。

クライド・スミノフ［午後1時37分］：
その通りです、マディ。彼女は30年以上にわたって演劇作品の演出をしているので、彼女の提案を検討すべきだと思います。

プリティ・ベルッチ［午後1時42分］：
皆さん、こんにちは。デイさんの意見は尊重していますが、ダンサーたちは所定のステップをやっと覚えたばかりです。何か変更をすると、初演での大きな失敗につながる可能性があります。

クライド・スミノフ［午後1時45分］：
ありがとう、プリティ。それを打ち合わせで議論できたらいいなと思っているんです。事前に検討することができるように、彼女のメモのコピーを皆さんにEメールで送ります。ところで、プリティは、いつ時間がありますか。

プリティ・ベルッチ［午後1時48分］：
すみません、クライド。今日の午後は何もありません。でも5時までにはここを出ないといけません。決まったら教えてください。

クライド・スミノフ［午後1時50分］：
分かりました、プリティ。そうします。私たちはみんな、マディのスケジュールに合わせましょうね。

マディ・ディーン［午後2時12分］：
あなたがEメールで送ってくれた文書を見ました。<u>あなたが打ち合わせをしたいと思った理由が分かりました</u>。彼女の指摘はかなり説得力があります。

ジョン・ロス［午後2時37分］：
2、3分ほど遅れます。私なしで始めないでください。

語注　□ **rehearsal** 名 リハーサル　□ **direct** 動 ～を演出する
□ **theatrical production** 演劇作品　□ **recommendation** 名 提案、勧告
□ **value** 動 ～を尊重する、～を重んじる　□ **input** 名 インプット、意見
□ **routine** 名 ダンスの決まったステップ　□ **lead to ～** ～につながる
□ **premiere** 名 プレミア、初公演　□ **note** 名 メモ　□ **in advance** 事前に
□ **make a decision** 決定する　□ **e-mail** 動 ～にEメールを送る
□ **point** 名 ポイント、指摘　□ **persuasive** 形 説得力のある

168.　正解：(C)　難易度：✏✏

168. スミノフさんは誰だと考えられますか。

(A) 演劇評論家　　　(B) マーケティング部長
(C) 演劇の演出家　　(D) ダンスの振付師

解説　スミノフさんは、1つ目の発言で「パフォーマンスの変更」について話し合いたいと言っています。スミノフさんの2つ目の発言では、サンドラ・デイさんという人物について、「彼女は30年以上にわたって演劇作品の演出をしているので、彼女の提案を検討すべきだと思う」と言っています。これらから、スミノフさんは演劇の演出をする職に就いていて、ベテランの意見を取り入れようとしていると推測できるので、(C)が正解です。

169.　正解：(D)　難易度：✏

169. ベルッチさんはなぜ変更を加えることを心配しているのですか。

(A) 経営陣に承認されていないから。　　(B) 実行するのに高額の費用がかかるから。
(C) 観客に不評であるから。　　(D) 失敗の原因になるかもしれないから。

解説　ベルッチさんは最初の発言で、「何か変更をすると、初演での大きな失敗につながる可能性がある」と言っています。そこで(D)が正解です。(A)(B)(C)のような話は、まったく出てきません。

語注　□ be concerned about ~ ~を心配する　□ approve 動 ~を承認する

170.　正解：(B)　難易度：✏✏✏

170. 午後2時12分に、ディーンさんはなぜ"I see why you wanted to have a meeting"と書いているのですか。

(A) 彼女はリハーサルのビデオを見たから。
(B) 彼女はデイさんのメモに同意したから。
(C) 彼女は否定的な批評を読んだから。
(D) 彼女は締め切りが早すぎると思っているから。

解説　ディーンさんはこの発言の前に「あなたがメールで送ってくれた文書を見た」と言い、この発言の後には「彼女の指摘はかなり説得力がある」とも述べています。つまり、デイさんのメモを読んでそれに賛成したということなので、(B)が正解です。

171.　正解：(B)　難易度：✏✏

171. 打ち合わせは何時に行われると考えられますか。

(A) 午後3時　　(B) 午後4時　　(C) 午後5時　　(D) 午後6時

解説　スミノフさんが午後1時50分に「マディのスケジュールに合わせよう」と書いているので、マディさんの発言を確認します。マディさんは午後1時35分に「4時以降なら時間がある」と書いていて、プリティさんは午後1時48分に「5時までにはここを出ないといけない」と言っているので、午後4時に打ち合わせが行われるものと推測できます。

模試解説

問題172-175は次の案内に関するものです。

—[1]— アームストロンググループは、50年近くにわたり、個人および法人のお客さまに対して、最も信頼でき、かつ詳細に検討された投資アドバイスを提供してきました。ヨーロッパ、アジア、北米の主要都市にオフィスを構えているため、多種多様な背景を持つ従業員の経験と専門知識を活用することができます。アームストロンググループを世界最大の財務プランニングおよび投資アドバイス会社の1つへと成長させたのは、この多様性です。

創業以来、当社は対前年比で4～6パーセントの割合で成長しており、独立系アナリストによる予測では、この傾向は当分の間続くとされています。—[2]—北米やヨーロッパのお客さまがアジアの最も信頼できる製造業者と最良の取引をする手助けをするために、北京事務所では最近、代理交渉事業のための部署を開設しました。—[3]—

今後数カ月の間に、私たちは最新の財務プログラムを発表する予定です—リソースの無駄遣いを検出し、経営上層部の注意を喚起するために制作された強力なアルゴリズムです。弊社ではすでにランニングコストを10パーセント削減することに成功しており、すぐに一般に普及するものと期待しております。—[4]—

語注　□ **dependable** 形 信頼できる　□ **well-considered** 形 熟考された
□ **investment** 名 投資　□ **individual** 名 個人　□ **draw on ～** ～を利用する、～に頼る
□ **expertise** 名 専門知識　□ **inception** 名 発足、開始　□ **rate** 名 率、割合
□ **year on year** 対前年比で　□ **projection** 名 見通し、予測
□ **independent** 形 独立した　□ **analyst** 名 アナリスト、分析者
□ **foreseeable** 形 予測可能な　□ **negotiation** 名 交渉　□ **deal** 名 取引
□ **reliable** 形 信頼できる　□ **algorithm** 名 アルゴリズム　□ **detect** 動 ～を検出する
□ **running cost** ランニングコスト　□ **universally** 副 普遍的に
□ **adopt** 動 ～を受け入れる、～を採用する

172.　正解:(A)　難易度: 🖊🖊🖊

172. 案内の目的は何ですか。
(A) 企業の業績見通しを説明すること
(B) 最近起こったサービス障害の理由を説明すること
(C) 新しい社長の就任を発表すること
(D) 新しく設立された会社の求人情報を告知すること

解説　第1段落では、この会社の業務内容や規模などを説明しています。第2段落では会社の成長率と北京事務所の新事業を説明しています。第3段落は、最新の財務プログラムについて説明しています。さまざまなトピックが混じった文書ですが、全体としては、会社の業績と今後についての文書だと言えるので、(A)が正解です。(B)(C)のような話は全く出てきません。第2段落に北京事務所の新事業の話、第3段落に最新の財務プログラムの話が出てきますが、そのための求人の話はしていないので、(D)も不正解です。

語注　□ **outlook** 名 見通し、予測　□ **disruption** 名 中断、混乱

173. 正解:(C) 難易度: 🖊🖊

173. アームストロンググループのサービスでないものは何ですか。

(A) 個人向けの財務プランニング　　(B) 企業のための投資アドバイス
(C) 採用に関するアドバイス　　　　(D) 交渉の支援

解説　第1段落の1文目に「個人および法人のお客さまに対しての投資アドバイス」とあり、また、同段落の最終文で「財務プランニングおよび投資アドバイス」とも言っているので、(A)と(B)は業務内容に入っていると分かります。また、第2段落の2文目で「最近、代理交渉事業のための部署を開設した」と言っているので、(D)も業務内容に入っています。全く言及がない(C)が正解です。(即効薬②)

174. 正解:(A) 難易度: 🖊🖊🖊

174. アームストロンググループについて何が示されていますか。

(A) 効率が悪い部分を特定するソフトウェアを使用している。
(B) エンジニアリングの経歴を持つ人々のみを雇用している。
(C) 新しい顧客に無料の相談を提供している。
(D) ソーシャルメディアでサービスを宣伝している。

解説　第3段落の1文目で、our latest financial program — a powerful algorithm created to detect wasted resources「最新の財務プログラム―リソースの無駄遣いを検出するために制作された強力なアルゴリズムだ」と述べられています。続く2文目で「弊社ではすでにランニングコストを10パーセント削減することに成功している」と言っているので、この会社はすでにプログラムを使用していると分かります。よって(A)が正解です。第1段落2文目で「多種多様な背景を持つ従業員の経験と専門知識を活用することができる」と言っており、エンジニアリングの経歴を持つ人々のみ雇用しているとは述べられていないので、(B)は不正解です。(C)(D)のような話は全く出てきません。

語注　□ identify 動 ～を特定する　□ inefficiency 名 非能率　□ consultation 名 相談

175. 正解:(C) 難易度: 🖊🖊

175. [1]、[2]、[3]、[4]と記載された箇所のうち、次の文が入るのに最もふさわしいのはどれですか。

「このサービスへの関心が非常に高いので、香港事務所にも同様の部署を立ち上げようとしているところです」

(A) [1]　(B) [2]　(C) [3]　(D) [4]

解説　設問文の「香港事務所にも同様の部署を立ち上げる」という部分から、地域特有の業務部署について書かれている箇所を探します。第2段落2文目のOur Beijing office has recently opened a department for negotiation agents「北京事務所では最近、代理交渉事業のための部署を開設した」という文の直後に置くとうまく文脈が流れるので、(C)が正解です。

語注　□ division 名 部門

問題176-180は次の広告とEメールに関するものです。

文書1：広告

<table>
<tr><td colspan="2" align="center">**ファラデイ研究所 ― 求人**</td></tr>
<tr><td>掲示番号：</td><td>7834893</td></tr>
<tr><td>掲示日</td><td>5月6日</td></tr>
<tr><td>部門：</td><td>データ処理</td></tr>
<tr><td>役職：</td><td>下級プログラマー</td></tr>
<tr><td>必要資格：</td><td>プログラミング検定5級
研究施設での3年以上の勤務経験
危険化学物質の輸送と保管に関する認定資格
運転免許証</td></tr>
<tr><td>職務内容：</td><td>研究チームが作成したデータの結果を分析できるソフトウェア・アプリケーションを制作すること。ほかの部門のメンバーと協力して不具合を見つけ、迅速に修正すること。工場の設備の問題を発見し、解決するための診断ソフトを制作すること。</td></tr>
<tr><td>履歴書送付先：</td><td>ファラデイ研究所人事部
2831 ピルズベリー・ロード
コンスタンティン, QLD 4289</td></tr>
<tr><td>備考：</td><td>応募者は、人事部の担当者と面接を行い、適性を確認します。二次面接は、特定の部署の部長と行います。</td></tr>
</table>

語注　☐ **qualification** 名 資格　☐ **certificate** 名 証明書　☐ **accreditation** 名 認定
☐ **chemical** 名 化学物質　☐ **job description** 職務内容説明　☐ **fault** 名 不具合
☐ **rectify** 動 ～を修正する　☐ **diagnostic** 形 診断の　☐ **locate** 動 ～を突き止める
☐ **resolve** 動 ～を解決する　☐ **résumé** 名 履歴書　☐ **human resources** 人事部
☐ **verify** 動 ～を確かめる　☐ **suitability** 名 適性　☐ **specific** 形 特定の

文書2：Eメール

受信者：ラルフ・ロウズ <rlowes@jobsnow.com>
送信者：サンドラ・ペニーワース <spennyworth@faradayresearch.com>
日付：5月7日
件名：掲示番号7834893

ロウズさんへ

www.jobsnow.com に広告を載せていただき、誠にありがとうございました。今朝、弊社の社員ティナ・ローゼンから連絡がありましたが、彼女はjobsnow.comからも紹介を受けてきております。彼女はこのポジションに興味を示していました。彼女は関連する資格を夜間講義で取得したことが判明しました。そこで、彼女にこのポジションのオファーをし、現在の彼女のポジションに新しい人を採用することにしました。現在の広告を変更し、職務内容と要件を変えたものを組み込むことは可能でしょうか。料金は前払いしておりますので、職務内容やそのほかの情報をただ入れ替えるだけで、追加の出費は避けられればいいなと願っております。

カスタマーサービスチームの責任者からの関連情報を待っているところです。5月8日にはそれをお送りします。その間にも、すぐに広告を取り下げることが重要かと存じます。というのは、応募者の応募書類を処理せざるを得なくなってしまうからです。また、今回は、過去の雇用主からの推薦状を持参する必要があることを書いておいてください。最初の面接で応募者と話をするときに、彼らが推薦状を持ってこないことがよくあると気付いたのです。

敬具

サンドラ・ペニーワース
ファラデイ研究所

語注 □ refer *A* to *B* AをBに紹介する □ turn out that ~ ~であることが分かる
□ obtain 動 ~を取得する □ relevant 形 関連する □ alter 動 ~を変更する
□ incorporate 動 ~を組み込む □ requirement 名 要件 □ in advance 事前に
□ simply 副 ただ、単に □ avoid 動 ~を避ける □ expense 名 出費
□ in the meantime その間に □ take down ~ ~を取り下げる
□ *be* forced to *do* ~せざるを得ない □ process 動 ~を処理する
□ reference 名 推薦状 □ initial 形 当初の、最初の

---

176. 正解：(A) 難易度：✐

176. 職を得る要件として挙げられていないものは何ですか。

(A) 大学の学位　　(B) 関連する実務経験　　(C) 化学物質取扱者免許　　(D) 運転免許

解説 求人広告の「必要資格」のところを確認します。(B)は「研究施設での3年以上の勤務経験」に当たります。(C)は「危険化学物質の輸送と保管に関する認定資格」に当たります。(D)は「運転免許証」に当たります。言及がない(A)が正解です。（即効薬②）

---

177. 正解：(D) 難易度：✐✐

177. Eメールの目的は何ですか。

(A) 方針の変更を発表すること　　(B) サービスが悪いと苦情を言うこと
(C) 処理過程を説明すること　　(D) 修正を依頼すること

解説 Eメールの第1段落6文目にIs it possible to alter the current advertisement to incorporate the changed job description and requirements?「現在の広告を変更し、職務内容と要件を変えたものを組み込むことは可能でしょうか」とあるので(D)が正解です。（即効薬①）2～5文目は、なぜそのような変更をしたいのかについての説明です。(A)(B)(C)のような話は出てきません。

語注 □ complain about ~ ~について苦情を言う □ amendment 名 修正

178.　正解：(B)　難易度： 🖋🖋🖋

178. ローゼンさんはファラデイ研究所で働き始めて以来、おそらく何を勉強してきましたか。

(A) 経営　　(B) プログラミング　　(C) 金融　　(D) エンジニアリング

解説　Eメールの4文目に、It turns out that she has obtained the relevant qualifications via night classes. 「彼女は関連する資格を夜間講義で取得したことが判明した」とあります。求人広告のQualifications「必要資格」のところを確認すると、Level 5 Programming Certificate「プログラミング検定5級」とあり、ローゼンさんが取得したのはこの資格だと推測できるので(B)が正解です。

179.　正解：(C)　難易度： 🖋🖋🖋

179. ペニーワースさんは、Eメールに書かれた問題を回避するために、いつロウズさんに行動を起こしてもらう必要がありますか。

(A) 5月5日　　(B) 5月6日　　(C) 5月7日　　(D) 5月8日

解説　ペニーワースさんがロウズさんに送ったEメールに注目します。第2段落2文目で「5月8日に関連情報を送る」と述べたあと、同段落3文目にIn the meantime, it is important that you take down the advertisement immediately as we will be forced to process the applications of anyone who applies. とあります。このas we will be 〜 who applies. の部分が、ペニーワースさんが回避したいと思っている問題です。よって、ペニーワースさんはロウズさんに対して「5月8日に関連情報を送るまでの間に、すぐに広告を取り下げてほしい」と思っていることが分かります。Eメールの日付を見ると5月7日なので、正解は(C)です。

語注　☐ **need _A_ to _do_** Aに〜してもらう必要がある　　☐ **take action** 行動を起こす

180.　正解：(C)　難易度： 🖋🖋

180. ペニーワースさんはどの部署で働いていると考えられますか。

(A) カスタマーサービス　　(B) プログラミング　　(C) 人事　　(D) 経理

解説　ペニーワースさんはEメールの送信者で、ファラデイ研究所勤務の人物です。(即効薬③) Eメールの最終文で、「最初の面接で話をするときに、応募者が過去の雇用主からの推薦状を持ってこないことがよくあると気付いた」と書いているので、ペニーワースさんは求職者と最初の面接をする立場だと分かります。求人広告の「履歴書送付先」のところには「人事部」とあり、「備考」のところにはApplicants will be interviewed by a member of the human resources team to verify their suitability for the position. 「応募者は、人事部の担当者と面接を行い、適性を確認する」とあります。以上から、最初の面接に際しての要望を伝えているペニーワースさんは人事部所属だと分かるので、(C)が正解です。

問題181-185は次のカードとEメールに関するものです。

文書1：カード

オリエントホテル東京へようこそ！

東京の最も豪華で最も古いホテルでのご滞在をお楽しみください。オリエントホテル東京は、歴史的な銀座エリアの中心部に位置しています。毎朝10時から周辺の街並みを散策する無料のウォーキングツアーを開催しています。ホテルの最上階にあるスカイラインレストランで朝食ビュッフェを楽しんだ後、ツアーに参加してはいかがですか。朝食ビュッフェの料金は、日本円でたったの2,000円からです！

周辺の素晴らしい観光スポットへのご旅行を計画なさっているのであれば、当ホテルの正面玄関からたったの200メートルのところに銀座駅があります。そこから電車やバスの便をご利用になれば、関東圏のどこへでも行くことができます。

語注 ☐ luxurious 形 豪華な、ぜいたくな ☐ heart 名 中心部
☐ historic 形 歴史的な ☐ complimentary 形 無料の ☐ surrounding 形 周囲の
☐ Why not ～? ～したらどうですか。

文書2：Eメール

受信者：ジョン・リチャードソン <jrichardson@blueduck.com>
送信者：タカコ・オダナカ <todanaka@orienthoteltokyo.com>
日付：9月17日
件名：ご滞在について

リチャードソン様

オリエントホテル東京を再びご利用いただきまして、大変光栄です。次回お越しの際もまた当ホテルをご利用いただけたらうれしいです。

昨日、ナイルウェイズオンラインストアから小包を受け取りました。当ホテル気付でお客さま宛てです。お客さまがチェックアウトされてから数時間後に届いたのですが、お伝えくださった携帯電話の番号に連絡してもつながりませんでした。

ホテルの規約では、お客さまのお荷物は1週間しかお預かりできません。今朝チェックアウトされたので、9月24日までにお荷物を転送しなければならないということです。その日は日曜日ですので、翌日の終わりまで待ってから対応させていただきます。お客さまは当ホテルをよくご利用くださっているので、ご自宅あるいは日本全国のどこへでも、喜んで転送いたします。ご都合が付き次第、ご希望の住所をお知らせください。

敬具

タカコ・オダナカ
オリエントホテル東京支配人

語注
- □ honor 名 名誉　□ parcel 名 小包　□ *be* addressed to ～ ～宛てである
- □ care of ～ ～方、～気付　□ a couple of ～ 2、3の～
- □ check out チェックアウトする　□ *be* unable to *do* ～することができない
- □ according to ～ ～によれば　□ item 名 物
- □ *be* supposed to *do* ～することになっている　□ forward 動 ～を転送する
- □ the following day 翌日　□ frequent guest 得意客　□ *be* happy to *do* 喜んで～する
- □ package 名 小包　□ preferred 形 お好みの
- □ at *one's* earliest convenience 都合が付き次第

181.　正解：(B)　難易度： 🖋

181. このカードは誰に宛てたものですか。

(A) 旅行代理店　　(B) ホテルの宿泊客　　(C) 運送業者　　(D) ホテルの支配人

解説 カードの見出しに「オリエントホテル東京へようこそ」、そして本文1文目に、We hope you will enjoy your stay at Tokyo's most luxurious and oldest hotel.「東京の最も豪華で最も古いホテルでのご滞在をお楽しみください」とあるので、(B)が正解です。

語注 □ *be* intended for ～ ～に宛てられている

182.　正解：(D)　難易度： 🖋🖋

182. カードによると、何が無料で利用できますか。

(A) 観光スポットへの入場　　(B) バスのサービス
(C) グルメディナー　　　　　(D) ガイド付きツアー

解説 カードの本文3文目にWe offer complimentary walking tours of the surrounding streets「周辺の街並みを散策する無料のウォーキングツアーを開催している」とあるので、(D)が正解です。complimentaryは、ここでは「無料の」という意味です。ホテルや会社などから提供される無料の飲食物やチケットについて、よく使われる語です。

語注 □ available 形 利用可能な　□ for free 無料で

183.　正解：(A)　難易度： 🖋🖋

183. オダナカさんはなぜリチャードソンさんにEメールを書いたのですか。

(A) 配達について知らせるため　　(B) アドバイスに感謝するため
(C) 到着時刻を知らせるため　　　(D) 特別な行事に招待するため

解説 Eメールの第2段落1文目にYesterday, we received a parcel from Nileways Online Store.「昨日、ナイルウェイズオンラインストアから小包を受け取った」とあり、さらに2文目でIt is addressed to you care of the hotel.「当ホテル気付でお客さま宛てだ」と続けています。これがEメールを書いた理由だと考えられるので、(A)が正解です。

語注 □ inform *A* of *B* AにBを知らせる　□ arrival 名 到着

184. 正解:(D) 難易度: 🖊🖊🖊

184. リチャードソンさんからの返事の期限はいつですか。

(A) 9月16日 　 (B) 9月17日 　 (C) 9月24日 　 (D) 9月25日

解説 Eメールの第3段落1〜3行目に宿泊者の荷物預かりについて記載があります。we are supposed to forward it by September 24「9月24日までに荷物を転送しなければならない」とありますが、その直後にThat is a Sunday, so we will wait until the end of the following day before taking action.「その日は日曜日なので、翌日の終わりまで待ってから対応する」とあります。つまり、25日中であれば連絡が間に合うということなので、(D) が正解です。

語注 □ **deadline** 名 期限、締め切り　□ **reply** 動 返事する

185. 正解:(B) 難易度: 🖊🖊🖊

185. オリエントホテル東京について、示唆されていないことは何ですか。

(A) ホテルの高層階にはレストランがある。
(B) ホテルは都心へのシャトルバスを提供している。
(C) ホテルは長い間存在している。
(D) 徒歩圏内に公共交通機関がある。

解説 カードの本文第1段落4文目にin the Skyline Restaurant on the Hotel's top floor「ホテルの最上階にあるスカイラインレストランで」とあることから(A)はホテルについての正しい情報です。また、カードの本文第1段落1文目にTokyo's most luxurious and oldest hotel「東京の最も豪華で最も古いホテル」とあることから(C)も不正解です。カードの本文第2段落1文目にyou can find Ginza Station just 200 meters from our front door「当ホテルの正面玄関からたった200メートルのところに銀座駅がある」とあることから、(D)も不正解です。ホテルの近くからバスが出ていることは記載がありますが、ホテルが提供するshuttle bus「シャトルバス」かどうかは述べられていないので、(B)が正解です。なお、このように最後の問題であっても1文書目に根拠がある問題も出題されるので、注意しましょう。

語注 □ **upper floor** 上の階　□ **shuttle bus** シャトルバス　□ **city center** 街の中心部
□ **public transportation** 公共交通機関　□ **within walking distance** 徒歩の範囲で

問題186-190は次の報告書、Eメール、広告に関するものです。

文書1：報告書

この報告書は、ホルツマンフーズ社の依頼により、ラザフォードへの出店の可能性を調査する一環として、ピーターソンリサーチ社が作成したものです。調査者は、同社が今そこに投資するのはタイミングが悪いと結論づけました。半年前、ホルツマンフーズ社が直接競合する店であるフィールディングオーガニクスが、ラザフォードのダンロップ通りに出店しました。私たちは、この店の売上高に関するデータを入手することができませんでした。そこで、ダンストアナリティクス社の従業員に通りの向かい側に常駐してもらい、入店する客の数を数えてもらいました。結果は、残念なものでした。一人一人の買い物量は多かったのですが、ビジネスを成立させるに十分なほどの買い物客はいなかったのです。2〜3年後、人口が増える時期が来たら、ラザフォードを再検討することをお勧めいたします。その頃になれば、健康食品のお店をもう1店開店させるのに十分な顧客がいるかもしれません。

語注　□ compile 動 〜を編纂する、(書類など) を作成する　□ investigation 名 調査
□ feasibility 名 実現可能性　□ conclude that 〜 〜と結論を下す
□ invest 動 〜に投資する　□ competition 名 競争　□ obtain 動 〜を取得する
□ figure 名 数値　□ station 動 〜に駐在させる　□ a large amount of 〜 大量の〜
□ grocery 名 食料品、日用雑貨品　□ viable 形 実現可能な、成功の見込みがある
□ reassess 動 〜を再検討する　□ population 名 人口　□ warrant 動 〜を保証する

文書2：Eメール

受信者：ジュノ・マッドセン
送信者：プリヤ・スナク
日付：6月2日
件名：フィールディングオーガニクス

マッドセン様

ホルツマンフーズ社のために御社が行った最近の調査について書いています。店をモニタリングしていた弊社従業員のティナ・ドールは、偶然にもこの地域に住んでいます。彼女曰く、彼女がモニタリングしていた期間は、普段の繁盛している様子とは違っていたとのことです。彼女は、この店の回転率をもっとはっきりと把握するために、2日か3日かけて朝から晩までモニタリングすることを提案しています。

もし、ドールさんに再調査を希望なさる場合は、私にお知らせください。

語注　□ regarding 前 〜に関して　□ happen to do 偶然〜する
□ monitor 動 〜を監視する　□ typical of 〜 〜によく見られる、〜において典型的な
□ typically 副 典型的に　□ enjoy 動 (成功・繁栄など) を享受する
□ turnover 名 回転率　□ revisit 動 〜を再訪する

文書3：広告

ホルツマンフーズ
ラザフォード店の
グランドオープンにお越しください。

10店舗目のグランドオープンと創業10周年を記念して、
ラザフォード店の全商品を最大50パーセント割引でご提供します。
ラザフォード店は、ラザフォードのロス通りにある
グレンデールモールのショップ123です。
また、ラッキーなお客さまには、毎月開催される店内での料理教室や
商品のデモンストレーションといった
特別イベントのチケットを含む賞品をご用意しております。

詳しくは、弊社のウェブサイトをご覧ください！
www.holtzmanfoods.com

186.　正解：(A)　難易度：🖊🖊

186. 調査の目的は何ですか。

(A) ビジネスベンチャーの可能性を評価すること
(B) 工事の費用を決定すること
(C) 建物の価値を確認すること
(D) 店舗スペースが利用可能か調べること

解説　報告書の1文目にan investigation into the feasibility of opening a branch in Rutherford「ラザフォードへの出店の可能性の調査」とあります。つまり「新規店舗を開店してうまくいくかどうかを調べること」が調査の目的だと分かるので、(A)が正解です。（即効薬①）

語注 □ **evaluate 動** 〜を評価する　□ **determine 動** 〜を決定する
□ **confirm 動** 〜を確認する　□ **examine 動** 〜を調べる

187.　正解：(D)　難易度：🖊🖊

187. フィールディングオーガニクスのラザフォード店について、報告書は何を示唆していますか。

(A) 新しい経営陣のもとで運営されている。　(B) 長い歴史がある。
(C) 改装された。　(D) 採算が取れない。

解説　調査結果について、報告書の6文目でThe results were disappointing.「結果は、残念なものだった」と述べ、7文目でさらにthere were not enough shoppers to make the business viable「ビジネスを成立させるに十分なほどの買い物客はいなかった」と言っているので(D)が正解です。

語注 □ **refurbish 動** 〜を改装する　□ **profitable 形** 利益を生む

模擬試験 解答・解説　Part 7

188.　正解：(B)　難易度：🖊🖊🖊

188. スナクさんはどこで働いていると考えられますか。

(A) ピーターソンリサーチ社
(B) ダンストアナリティクス社
(C) フィールディングオーガニクス
(D) ホルツマンフーズ社

解説　まず、1文書目の報告書から、選択肢にある4つの会社やお店の関係が分かります。

＜ピーターソンリサーチ社＞：ホルツマンフーズ社から調査を依頼された会社
→1文目「この報告書は、ホルツマンフーズ社の依頼により、ピーターソンリサーチ社が作成したものです」

＜フィールディングオーガニクス＞：ホルツマンフーズ社にとっての競合他社
→3文目「ホルツマンフーズ社が直接競合する店であるフィールディングオーガニクス」

＜ダンストアナリティクス社＞：ピーターソンリサーチ社から依頼を受け、実際に現地へ行って競合他社のモニタリングをした会社
→5文目「ダンストアナリティクス社の従業員に通りの向かい側に常駐してもらった」

次に、2文書目のEメールを確認します。送信者のスナクさんは第1段落2文目で「店をモニタリングしていた弊社従業員のティナ・ドール」と述べています。よって、(B)が正解です。

189.　正解：(A)　難易度：🖊🖊🖊

189. ドールさんについて何が示されていますか。

(A) ラザフォードに住んでいる。
(B) よくホルツマンフーズで買い物をしている。
(C) 打ち合わせに出席する予定だ。
(D) ピーターソンリサーチ社で働いている。

解説　Eメールの第1段落2文目に、Tina Dore, the employee we had watching the store happens to live in the area. 「店をモニタリングしていた弊社従業員のティナ・ドールは、偶然にもこの地域に住んでいる」とあることから、(A)が正解です。ホルツマンフーズで買い物をしていたかどうかは書いていないので、(B)は不正解です。打ち合わせについては何も書いていないので、(C)も不正解です。設問188の解説にある通りドールさんはダンストアナリティクス社の従業員だと考えられるので、(D)も不正解です。

語注　□ briefing 名 簡単な打ち合わせ

190.　正解：(C)　難易度：🖊🖊

190. ホルツマンフーズについて言及されていることは何ですか。

(A) それは20年の間営業している。
(B) 全ての店舗で割引を提供している。
(C) 定期的に特別なイベントを開催している。
(D) 来月新しい商品ラインを発売する。

解説　広告の2文目に「ラッキーなお客さまには、毎月開催される店内での料理教室や商品のデモンストレーションといった特別イベントのチケットを含む賞品を用意している」と書かれています。よって、ホルツマンフーズが定期的にイベントを開催していることが分かるので、(C)が正解です。(A)は1文目に「創業10周年」とあるので不正解、(B)については、割引が提供されるのは新しくオープンするラザフォード店のみなので不正解です。(D)については言及がありません。

358

問題191-195は次のメモ、スケジュール、Eメールに関するものです。

文書1：メモ

宛先：デザインチーム・マネージャー
差出人：ヘレナ・フランプトン
日付：7月19日　木曜日
件名：マーケティングのアイディア
添付ファイル：スケジュール

チームマネージャー各位

新しい園芸用具の販売を促進するため、スプレンディド・オーラ社というマーケティング会社と契約しました。その会社の担当者2名が、来週の月曜日に来社する予定です。各製品のデザインチームの責任者は、その製品に関連する会議に出席してください。添付のスケジュールを見て、指定の時間に出席することが可能か確認してください。

その会社は、ソーシャルメディアを使ったオンライン広告の仕事で一般に知られています。週末に、皆さんにはそのことを念頭に置いて、担当する商品をどのように宣伝することができるかを考えておいてください。

我が社のマーケティング部門の責任者は、全ての会議に出席する予定です。

敬具

ヘレナ・フランプトン
グリーンボ社　最高経営責任者

語注 □ line of ~ ~の製品　□ representative 名 代表者、担当者
□ designated 形 指定された　□ keep ~ in mind ~を念頭に置く

文書2：スケジュール

会議 ― 7月23日　月曜日 ― 第3会議室

時間	出席者	トピック
10:00-11:00	マル・ハーディング、グレタ・ヘイズ、テッド・ヴァン	電動芝刈り機
11:10-12:10	マル・ハーディング、ドナルド・ブラック	垣根刈り機
2:00-3:00	マル・ハーディング、サンディ・マックス、コル・ホワイト	電池式落ち葉ブロワー
3:10-4:10	マル・ハーディング、エミル・ヤコフ	電動手押し車

もし予定を変更する必要がある場合は、できるだけ早くフランプトンさんにご連絡ください。月曜日に出席できない場合は、ダンハーストにあるスプレンディド・オーラ社のオフィスを訪問していただくことになります。

語注 □ lawnmower 名 芝刈り機　□ hedge clipper 垣根刈り機
□ leaf blower 落ち葉ブロワー　□ wheelbarrow 名 手押し車

模試解説

文書3：Eメール

受信者：ヘレナ・フランプトン <hframpton@greenbo.com>
送信者：グレタ・ヘイズ <ghays@greenbo.com>
日付：7月19日
件名：月曜日

フランプトンさん

月曜日の午前10時に、納品業者と材料の料金について話し合う会議を予定しています。スプレンディド・オーラ社の方との会議時間を変更したいと思います。ヴァンさんにはすでにこのことを相談しておりまして、マーケティング会議にはその日のいつでも出席できるとのことです。

他のデザイン・リーダーたちにも連絡し、会議の時間を入れ替えてもらうようお願いしました。ヤコフさんだけが10時の時間帯に間に合いました。もし、これでよろしければ、スプレンディド・オーラ社の人たちにこの変更を知らせてくださいますようお願い申し上げます。

敬具

グレタ・ヘイズ
グリーンボ社

> **語注** □ rate 名 歩合、料金　□ material 名 材料　□ swap 動 〜を交換する
> □ time slot 時間帯　□ objection 名 異論

191.　正解：(C)　難易度：✐

191. メモの主な目的は何ですか。

(A) 製品を宣伝すること　　　　　(B) ある方針を説明すること
(C) 会議について知らせること　　(D) 新しい同僚を紹介すること

解説 メモの第1段落2文目で「その会社の担当者2名が来社する予定だ」と言い、続けて3文目でI would like the head of the design team for each product to attend the meeting「各製品のデザインチームの責任者は、その会議に出席してください」と会議の話をしています。よって正解は(C)です。（即効薬①）

192.　正解：(D)　難易度：✐✐

192. スプレンディド・オーラ社について何が述べられていますか。

(A) 間もなくダンハーストに移動する。　(B) 以前グリーンボ社のために仕事をしたことがある。
(C) 印刷業で知られている。　　　　　　(D) オンライン広告に特化している。

解説 メモの第2段落1文目に「その会社は、ソーシャルメディアを使ったオンライン広告の仕事で一般に知られている」とあることから(D)が正解です。印刷業で知られているわけではないので、間違えて(C)を選ばないように注意しましょう。スケジュールの下の文の2文目に、「月曜日に出席できない場合は、ダンハーストにあるスプレンディド・オーラ社のオフィスを訪問してもらうことになる」とあり、ダンハーストは現在スプレンディド・オーラ社がある場所だと分かるので、(A)も不正解です。(B)のような話は出てきません。

---

193. 正解:(B) 難易度: 🖊🖊

193. マル・ハーディングとは誰だと考えられますか。

(A) スプレンディド・オーラ社の担当者　　(B) グリーンボ社のマーケティング部門の責任者
(C) グリーンボ社のデザインチームの責任者　　(D) ある園芸用具メーカーの最高経営責任者

解説 マル・ハーディングとは、スケジュールによれば、全ての会議に出席する人物です。メモの本文の最後の文に、Our own head of marketing will attend each meeting.「我が社のマーケティング部門の責任者は、全ての会議に出席する予定だ」とあります。このメモを書いたのは、グリーンボ社の最高経営責任者であるヘレナ・フランプトンですから、「我が社」とはグリーンボ社です。つまり、全ての会議に出席しているのはグリーンボ社のマーケティング部門の責任者なので、正解は(B)です。

---

194. 正解:(D) 難易度: 🖊🖊

194. ヘイズさんは月曜日の午前中に何を予定していますか。

(A) デザインの変更　　(B) 生産スケジュール　　(C) スタッフの休暇　　(D) 価格交渉

解説 ヘイズさんの名前が出てくるのは、スケジュールの1つ目の時間帯とメールの送信者の欄です。Eメールの第1段落1文目にI have scheduled a meeting for 10:00 A.M. on Monday to discuss the rates for materials with a supplier.「月曜日の午前10時に、納品業者と材料の料金について話し合う会議を予定している」とあることから、ヘイズさんは(D)価格交渉を行うと分かります。

---

195. 正解:(D) 難易度: 🖊🖊

195. ヘイズさんはマーケティング計画について何時に話し合いたいと考えていますか。

(A) 10時　　(B) 11時10分　　(C) 2時　　(D) 3時10分

解説 ヘイズさんはEメールの第1段落2文目で「スプレンディド・オーラ社の方との会議時間を変更したい」と変更の希望を伝えています。さらに第2段落1～2文目で「他のデザイン・リーダーたちにも連絡し、会議の時間を入れ替えてもらうようお願いした。ヤコフさんだけが10時の時間帯に間に合った」と述べています。スケジュールでヤコフさんが出席する会議の時間を見ると、3時10分開始になっていることから、ヘイズさんはヤコフさんがもともと予定していた3時10分に会議を始めると考えられ、(D)が正解となります。

問題196-200は次の注文書、アンケート、Eメールに関するものです。

文書1：注文書

キロヴァ自動車部品社
23 スコッツデール・ドライブ、ストックトン、カリフォルニア州 95201
注文票

お客さま：サリンジャー・タイヤ・アンド・オート社
住所：545 リヴァーロード、ストックトン、カリフォルニア州 95201
担当者：ウォルター・オルタ
注文日：9月14日

部品番号	説明	価格
HH67323	ハインライン・ホーク用フロントブレーキライン	$35.40
	税	$3.54
	合計	$38.94

ストックトン中心部の企業であれば、無料で配送いたします。

文書2：アンケート

サリンジャー・タイヤ・アンド・オート社
545 リヴァー通り
ストックトン、カリフォルニア州 95201

このたびは、大切なお車のメンテナンスをサリンジャー・タイヤ・アンド・オート社にお任せくださってありがとうございます。

私たちはお客さまのニーズに応えられているかを確認したいと考えております。どうか数分お時間をいただき、このアンケートにご協力いただけるようお願い申し上げます。アンケートをご投函くださった方には、抽選でサリンジャー・タイヤ・アンド・オート社のメンテナンスサービスを1年間無料でご提供いたします。

	良くない	良い	非常に良い
スタッフの親切さ		×	
カスタマーラウンジの清潔さ			×
メンテナンス作業の価格		×	
代車の質	×		

サリンジャー・タイヤ・アンド・オート社をご利用になったのは、今回が初めてですか。

はい　×　　いいえ　＿＿＿

弊社をどのようにお知りになりましたか。

クチコミ：＿＿＿　雑誌：　×　　新聞：＿＿＿

お名前：ロメッシュ・パテル　　Eメールアドレス: rpatel@musicheadpro.com

その他のコメント：
そちらの自動車整備士の方に私の車を引き渡した際、翌日には完了すると言われました。水曜日の午後にそちらの事務所に電話したところ、オルタさんからまだブレーキラインを注文していないことを知らされました。私は車を取り戻すのにもう１日待つはめになりました。私の車は珍しいハインライン・ホークで、ストックトン・クラシックカー・オークションに出品するつもりでした。結果、オークションに間に合わず、めったにない売却機会を逃してしまいました。

お支払いのためにカウンターにお越しの際、このアンケートを投函してください。

┌───┐
語注 □ *be* in the running for ～（競技・懸賞など）に参加して
□ **unsatisfactory** 形 不十分な　□ **satisfactory** 形 十分な、満足できる
□ **replacement vehicle** 代車　□ **word of mouth** クチコミ　□ **fail to** *do* ～し損なう
□ **drop off** ～ ～を投函する
└───┘

文書3：Eメール

受信者：ロメッシュ・パテル
送信者：ダグ・ヘール
日付：9月16日
件名：アンケートの回答
添付ファイル：クーポン

パテル様

このたびはご迷惑をおかけし、大変申し訳ございませんでした。今後とも、車の整備の必要が生じた際は弊社にお任せいただければ幸いです。お詫びに、スパーゴズ・シーフードレストランのディナー券2名様分を同封いたしました。スパーゴズは最近カリフォルニア州高級レストラン協会の優秀賞を受賞しましたので、きっと素晴らしい時間を過ごしていただけるかと存じます。

敬具

ダグ・ヘール

┌───┐
語注 □ **sincerity** 名 誠意　□ **regret** 名 遺憾の意　□ **excellence** 名 優秀さ
└───┘

196. 正解：(B) 難易度：

196. このアンケートは誰に向けたものですか。

(A) 自動車整備士　(B) 自動車の所有者　(C) 納品業者　(D) オークション会社

解説 アンケートの冒頭に、Thank you for relying on Salinger Tire and Auto for the maintenance of your valuable automobile. 「このたびは、大切なお車のメンテナンスをサリンジャー・タイヤ・アンド・オート社にお任せくださってありがとうございます」とあるので、車の所有者向けのアンケートだと分かります。よって正解は(B)です。

模試解説

197.　正解：(A)　難易度：🖊🖊🖊

197. パテルさんについて示されていないことは何ですか。
(A) 想定以上に長く、カスタマーラウンジで過ごした。
(B) サリンジャー・タイヤ・アンド・オート社が一時的に提供した車に不満があった。
(C) 彼は1年分の無料メンテナンスサービスを受ける権利を獲得するチャンスがある。
(D) 雑誌でサリンジャー・タイヤ・アンド・オート社の広告を見た。

解説　アンケートの内容を確認します。「代車の質」について「良くない」にチェックがついているので、(B)は不正解です。表の直前に「アンケートを投函した方には、抽選でサリンジャー・タイヤ・アンド・オート社のメンテナンスサービスを1年間無料で提供する」とあるので、(C)も不正解です。「弊社をどのように知ったか」という質問で、「雑誌」にチェックがついているので(D)も不正解です。表の2番目の項目に「カスタマーラウンジ」という語がありますが、パテルさんがカスタマーラウンジに長くいたかどうかは分からないので、(A)が正解です。

198.　正解：(A)　難易度：🖊🖊🖊

198. パテルさんはいつサリンジャー・タイヤ・アンド・オート社に車を預けたのですか。
(A) 9月13日　　(B) 9月14日　　(C) 9月16日　　(D) 9月17日

解説　アンケートの自由記述欄の1～2文目に「そちらの自動車整備士に車を引き渡した際、翌日には完了すると言われた。水曜日の午後にそちらの事務所に電話したところ、オルタさんからまだブレーキラインを注文していないことを知らされた」とあります。ブレーキの注文書を見ると9月14日とあり、これはパテルさんが車を預けた次の日なので、(A)が正解となります。

199.　正解：(C)　難易度：🖊🖊

199. ヘールさんはどこで働いていると考えられますか。
(A) ストックトン・クラシックカー・オークション　　(B) キロヴァ自動車部品社
(C) サリンジャー・タイヤ・アンド・オート社　　(D) スパーゴズ・シーフードレストラン

解説　ヘールさんとは、最後のEメールを書いたダグ・ヘールという人物です。Eメールの件名は「アンケートの回答」で、2文目に「今後とも、車の整備の必要が生じた際は弊社にお任せいただければ幸いです」とあるので、ヘールさんはパテルさんが答えたアンケートの会社で働く人だと分かります。アンケートの会社名は「サリンジャー・タイヤ・アンド・オート社」なので、(C)が正解です。

200.　正解：(D)　難易度：🖊🖊

200. スパーゴズ・シーフードレストランについて何が述べられていますか。
(A) 定期的に顧客調査を行っている。
(B) キロヴァ自動車部品社と提携している。
(C) ストックトン市内の住所に無料で配達している。
(D) 業界団体から表彰された。

解説　「スパーゴズ・シーフードレストラン」はEメールで登場します。最終文にSpargo's recently won the California Fine Dining Association Award for Excellence「スパーゴズは最近カリフォルニア州高級レストラン協会の優秀賞を受賞した」とあるので、(D)が正解です。

語注　☐ *be affiliated with* ～　～と提携する

■ 模擬試験 解答一覧

	リスニング				リーディング		
No.	ANSWER	No.	ANSWER	No.	ANSWER	No.	ANSWER
1	D	51	C	101	A	151	C
2	D	52	B	102	B	152	D
3	A	53	D	103	B	153	B
4	D	54	A	104	D	154	C
5	C	55	D	105	D	155	B
6	D	56	B	106	C	156	A
7	A	57	D	107	D	157	C
8	B	58	D	108	C	158	D
9	B	59	C	109	C	159	A
10	C	60	C	110	D	160	B
11	C	61	B	111	D	161	B
12	C	62	A	112	B	162	D
13	A	63	D	113	D	163	D
14	A	64	B	114	B	164	A
15	B	65	A	115	D	165	B
16	C	66	B	116	A	166	B
17	C	67	D	117	C	167	C
18	C	68	C	118	B	168	C
19	B	69	D	119	A	169	D
20	A	70	B	120	C	170	B
21	A	71	D	121	C	171	B
22	A	72	B	122	B	172	A
23	A	73	D	123	D	173	C
24	C	74	C	124	D	174	A
25	B	75	A	125	B	175	C
26	C	76	D	126	A	176	A
27	B	77	A	127	B	177	D
28	B	78	C	128	C	178	B
29	A	79	B	129	D	179	C
30	B	80	A	130	C	180	C
31	C	81	C	131	D	181	B
32	A	82	C	132	A	182	D
33	B	83	C	133	C	183	A
34	C	84	B	134	B	184	D
35	C	85	D	135	B	185	B
36	A	86	A	136	C	186	A
37	D	87	B	137	A	187	D
38	B	88	A	138	D	188	B
39	D	89	B	139	A	189	A
40	D	90	C	140	D	190	C
41	C	91	D	141	B	191	C
42	B	92	D	142	C	192	D
43	C	93	B	143	C	193	B
44	A	94	D	144	B	194	D
45	A	95	C	145	D	195	D
46	D	96	A	146	A	196	B
47	D	97	D	147	A	197	A
48	C	98	A	148	D	198	A
49	A	99	D	149	B	199	C
50	A	100	A	150	C	200	D

著者
メディアビーコン（Media Beacon）

1999年創業。語学教材に特化した教材制作会社。TOEIC®、英検、TOEFLをはじめとする英語の資格試験から、子供英語、中学英語、高校英語、英会話、ビジネス英語まで、英語教材全般の制作を幅広く行う。特にTOEIC®の教材制作には定評があり、『TOEIC®テスト新公式問題集 Vol. 5』の編集制作ほか、TOEIC®関連企画を多数担当している。教材制作と同時にTOEIC® L&Rテストのスコアアップを目指す方のための指導も行っている。
著書に『TOEIC® L&R TEST 990点獲得 Part 1-4 難問模試』、『TOEIC® L&R TEST 990点獲得 Part 5&6 難問模試』、『TOEIC® L&R TEST 990点獲得 最強Part 7 模試』（以上、ベレ出版）、『寝る前5分暗記ブック TOEIC®テスト単語＆フレーズ』、『寝る前5分暗記ブック TOEIC®テスト英文法』、『寝る前5分暗記ブック 英会話フレーズ集＜基礎編＞』（以上、学研プラス）などがある。

YouTube「ビーコン イングリッシュ チャンネル」にて英語学習者のために役立つ情報を配信中。
メディアビーコン公式LINEにて、TOEIC®テストのスコアアップに役立つ情報を発信中。

装丁：斉藤啓（ブッダプロダクションズ）
編集：株式会社メディアビーコン
本文デザイン・DTP：株式会社 創樹
イラスト：辰見育太（オフィスシバチャン）
ナレーション：Howard Colefield、Nadia McKechnie、Carolyn Miller、Stuart O

本書の内容に関するお問い合わせは、**書名、発行年月日、該当ページを明記**の上、書面、FAX、お問い合わせフォームにて、当社編集部宛にお送りください。**電話によるお問い合わせはお受けしておりません。**また、本書の範囲を超えるご質問等にもお答えできませんので、あらかじめご了承ください。
　FAX：03-3831-0902
　お問い合わせフォーム：https://www.shin-sei.co.jp/np/contact.html

落丁・乱丁のあった場合は、送料当社負担でお取替えいたします。当社営業部宛にお送りください。
本書の複写、複製を希望される場合は、そのつど事前に、出版社著作権管理機構（電話：03-5244-5088、FAX：03-5244-5089、e-mail：info@jcopy.or.jp）の許諾を得てください。
JCOPY ＜出版者著作権管理機構 委託出版物＞

はじめてのTOEIC® L&Rテスト全パート徹底対策

2023年2月5日　初版発行
2024年10月5日　第3刷発行

著　者　　メディアビーコン
発行者　　富　永　靖　弘
印刷所　　萩原印刷株式会社

発行所　東京都台東区　株式　新星出版社
　　　　台東2丁目24　会社
　　　　〒110-0016　☎03(3831)0743

Ⓒ Media Beacon　　　　　　　　　Printed in Japan

ISBN978-4-405-01269-1

即効薬問題・実戦問題用　解答用紙

※くりかえし使う場合はコピーしてください。

リスニング

Part 1

即効薬		実戦	
1 ⒶⒷⒸⒹ		1 ⒶⒷⒸⒹ	
2 ⒶⒷⒸⒹ		2 ⒶⒷⒸⒹ	
3 ⒶⒷⒸⒹ		3 ⒶⒷⒸⒹ	
4 ⒶⒷⒸⒹ		4 ⒶⒷⒸⒹ	

Part 2

即効薬	実戦	
1 ⒶⒷⒸ	1 ⒶⒷⒸ	11 ⒶⒷⒸ
2 ⒶⒷⒸ	2 ⒶⒷⒸ	12 ⒶⒷⒸ
3 ⒶⒷⒸ	3 ⒶⒷⒸ	
4 ⒶⒷⒸ	4 ⒶⒷⒸ	
5 ⒶⒷⒸ	5 ⒶⒷⒸ	
6 ⒶⒷⒸ	6 ⒶⒷⒸ	
7 ⒶⒷⒸ	7 ⒶⒷⒸ	
8 ⒶⒷⒸ	8 ⒶⒷⒸ	
	9 ⒶⒷⒸ	
	10 ⒶⒷⒸ	

Part 3 & 4

即効薬		実戦		
1 ⒶⒷⒸⒹ	11 ⒶⒷⒸⒹ	1 ⒶⒷⒸⒹ	11 ⒶⒷⒸⒹ	21 ⒶⒷⒸⒹ
2 ⒶⒷⒸⒹ	12 ⒶⒷⒸⒹ	2 ⒶⒷⒸⒹ	12 ⒶⒷⒸⒹ	22 ⒶⒷⒸⒹ
3 ⒶⒷⒸⒹ	13 ⒶⒷⒸⒹ	3 ⒶⒷⒸⒹ	13 ⒶⒷⒸⒹ	23 ⒶⒷⒸⒹ
4 ⒶⒷⒸⒹ	14 ⒶⒷⒸⒹ	4 ⒶⒷⒸⒹ	14 ⒶⒷⒸⒹ	24 ⒶⒷⒸⒹ
5 ⒶⒷⒸⒹ	15 ⒶⒷⒸⒹ	5 ⒶⒷⒸⒹ	15 ⒶⒷⒸⒹ	
6 ⒶⒷⒸⒹ	16 ⒶⒷⒸⒹ	6 ⒶⒷⒸⒹ	16 ⒶⒷⒸⒹ	
7 ⒶⒷⒸⒹ	17 ⒶⒷⒸⒹ	7 ⒶⒷⒸⒹ	17 ⒶⒷⒸⒹ	
8 ⒶⒷⒸⒹ	18 ⒶⒷⒸ	8 ⒶⒷⒸⒹ	18 ⒶⒷⒸⒹ	
9 ⒶⒷⒸⒹ		9 ⒶⒷⒸ	19 ⒶⒷⒸⒹ	
10 ⒶⒷⒸⒹ		10 ⒶⒷⒸⒹ	20 ⒶⒷⒸⒹ	

リーディング

Part 5

即効薬		実戦	
1 ⒶⒷⒸⒹ		11 ⒶⒷⒸⒹ	
2 ⒶⒷⒸⒹ		12 ⒶⒷⒸⒹ	
3 ⒶⒷⒸⒹ		13 ⒶⒷⒸⒹ	
4 ⒶⒷⒸⒹ		14 ⒶⒷⒸⒹ	
5 ⒶⒷⒸⒹ		15 ⒶⒷⒸⒹ	
6 ⒶⒷⒸⒹ		16 ⒶⒷⒸⒹ	
7 ⒶⒷⒸⒹ		17 ⒶⒷⒸⒹ	
8 ⒶⒷⒸⒹ		18 ⒶⒷⒸⒹ	
9 ⒶⒷⒸⒹ		19 ⒶⒷⒸⒹ	
10 ⒶⒷⒸⒹ		20 ⒶⒷⒸⒹ	

Part 6

即効薬	実戦
1 ⒶⒷⒸⒹ	1 ⒶⒷⒸⒹ
2 ⒶⒷⒸⒹ	2 ⒶⒷⒸⒹ
3 ⒶⒷⒸⒹ	3 ⒶⒷⒸⒹ
4 ⒶⒷⒸⒹ	4 ⒶⒷⒸⒹ
5 ⒶⒷⒸⒹ	5 ⒶⒷⒸⒹ
6 ⒶⒷⒸⒹ	6 ⒶⒷⒸⒹ
7 ⒶⒷⒸⒹ	7 ⒶⒷⒸⒹ
8 ⒶⒷⒸⒹ	8 ⒶⒷⒸⒹ

Part 7

即効薬		実戦	
1 ⒶⒷⒸⒹ	11 ⒶⒷⒸⒹ	1 ⒶⒷⒸⒹ	11 ⒶⒷⒸⒹ
2 ⒶⒷⒸⒹ	12 ⒶⒷⒸⒹ	2 ⒶⒷⒸⒹ	12 ⒶⒷⒸⒹ
3 ⒶⒷⒸⒹ	13 ⒶⒷⒸⒹ	3 ⒶⒷⒸⒹ	13 ⒶⒷⒸⒹ
4 ⒶⒷⒸⒹ	14 ⒶⒷⒸⒹ	4 ⒶⒷⒸⒹ	14 ⒶⒷⒸⒹ
5 ⒶⒷⒸⒹ	15 ⒶⒷⒸⒹ	5 ⒶⒷⒸⒹ	15 ⒶⒷⒸⒹ
6 ⒶⒷⒸⒹ	16 ⒶⒷⒸⒹ	6 ⒶⒷⒸⒹ	16 ⒶⒷⒸⒹ
7 ⒶⒷⒸⒹ	17 ⒶⒷⒸⒹ	7 ⒶⒷⒸⒹ	17 ⒶⒷⒸⒹ
8 ⒶⒷⒸⒹ		8 ⒶⒷⒸⒹ	18 ⒶⒷⒸⒹ
9 ⒶⒷⒸⒹ		9 ⒶⒷⒸ	
10 ⒶⒷⒸ		10 ⒶⒷⒸ	

模擬試験用　解答用紙

※くりかえし使う場合はコピーしてください。

リスニング

Part 1

No.	A	B	C	D
1	Ⓐ	Ⓑ	Ⓒ	Ⓓ
2	Ⓐ	Ⓑ	Ⓒ	Ⓓ
3	Ⓐ	Ⓑ	Ⓒ	Ⓓ
4	Ⓐ	Ⓑ	Ⓒ	Ⓓ
5	Ⓐ	Ⓑ	Ⓒ	Ⓓ
6	Ⓐ	Ⓑ	Ⓒ	Ⓓ

Part 2

No.	A	B	C
7	Ⓐ	Ⓑ	Ⓒ
8	Ⓐ	Ⓑ	Ⓒ
9	Ⓐ	Ⓑ	Ⓒ
10	Ⓐ	Ⓑ	Ⓒ
11	Ⓐ	Ⓑ	Ⓒ
12	Ⓐ	Ⓑ	Ⓒ
13	Ⓐ	Ⓑ	Ⓒ
14	Ⓐ	Ⓑ	Ⓒ
15	Ⓐ	Ⓑ	Ⓒ
16	Ⓐ	Ⓑ	Ⓒ
17	Ⓐ	Ⓑ	Ⓒ
18	Ⓐ	Ⓑ	Ⓒ
19	Ⓐ	Ⓑ	Ⓒ
20	Ⓐ	Ⓑ	Ⓒ
21	Ⓐ	Ⓑ	Ⓒ
22	Ⓐ	Ⓑ	Ⓒ
23	Ⓐ	Ⓑ	Ⓒ
24	Ⓐ	Ⓑ	Ⓒ
25	Ⓐ	Ⓑ	Ⓒ
26	Ⓐ	Ⓑ	Ⓒ
27	Ⓐ	Ⓑ	Ⓒ
28	Ⓐ	Ⓑ	Ⓒ
29	Ⓐ	Ⓑ	Ⓒ
30	Ⓐ	Ⓑ	Ⓒ
31	Ⓐ	Ⓑ	Ⓒ

Part 3

No.	A	B	C	D
32	Ⓐ	Ⓑ	Ⓒ	Ⓓ
33	Ⓐ	Ⓑ	Ⓒ	Ⓓ
34	Ⓐ	Ⓑ	Ⓒ	Ⓓ
35	Ⓐ	Ⓑ	Ⓒ	Ⓓ
36	Ⓐ	Ⓑ	Ⓒ	Ⓓ
37	Ⓐ	Ⓑ	Ⓒ	Ⓓ
38	Ⓐ	Ⓑ	Ⓒ	Ⓓ
39	Ⓐ	Ⓑ	Ⓒ	Ⓓ
40	Ⓐ	Ⓑ	Ⓒ	Ⓓ
41	Ⓐ	Ⓑ	Ⓒ	Ⓓ
42	Ⓐ	Ⓑ	Ⓒ	Ⓓ
43	Ⓐ	Ⓑ	Ⓒ	Ⓓ
44	Ⓐ	Ⓑ	Ⓒ	Ⓓ
45	Ⓐ	Ⓑ	Ⓒ	Ⓓ
46	Ⓐ	Ⓑ	Ⓒ	Ⓓ
47	Ⓐ	Ⓑ	Ⓒ	Ⓓ
48	Ⓐ	Ⓑ	Ⓒ	Ⓓ
49	Ⓐ	Ⓑ	Ⓒ	Ⓓ
50	Ⓐ	Ⓑ	Ⓒ	Ⓓ
51	Ⓐ	Ⓑ	Ⓒ	Ⓓ
52	Ⓐ	Ⓑ	Ⓒ	Ⓓ
53	Ⓐ	Ⓑ	Ⓒ	Ⓓ
54	Ⓐ	Ⓑ	Ⓒ	Ⓓ
55	Ⓐ	Ⓑ	Ⓒ	Ⓓ
56	Ⓐ	Ⓑ	Ⓒ	Ⓓ
57	Ⓐ	Ⓑ	Ⓒ	Ⓓ
58	Ⓐ	Ⓑ	Ⓒ	Ⓓ
59	Ⓐ	Ⓑ	Ⓒ	Ⓓ
60	Ⓐ	Ⓑ	Ⓒ	Ⓓ
61	Ⓐ	Ⓑ	Ⓒ	Ⓓ
62	Ⓐ	Ⓑ	Ⓒ	Ⓓ
63	Ⓐ	Ⓑ	Ⓒ	Ⓓ
64	Ⓐ	Ⓑ	Ⓒ	Ⓓ
65	Ⓐ	Ⓑ	Ⓒ	Ⓓ
66	Ⓐ	Ⓑ	Ⓒ	Ⓓ
67	Ⓐ	Ⓑ	Ⓒ	Ⓓ
68	Ⓐ	Ⓑ	Ⓒ	Ⓓ
69	Ⓐ	Ⓑ	Ⓒ	Ⓓ
70	Ⓐ	Ⓑ	Ⓒ	Ⓓ

Part 4

No.	A	B	C	D
71	Ⓐ	Ⓑ	Ⓒ	Ⓓ
72	Ⓐ	Ⓑ	Ⓒ	Ⓓ
73	Ⓐ	Ⓑ	Ⓒ	Ⓓ
74	Ⓐ	Ⓑ	Ⓒ	Ⓓ
75	Ⓐ	Ⓑ	Ⓒ	Ⓓ
76	Ⓐ	Ⓑ	Ⓒ	Ⓓ
77	Ⓐ	Ⓑ	Ⓒ	Ⓓ
78	Ⓐ	Ⓑ	Ⓒ	Ⓓ
79	Ⓐ	Ⓑ	Ⓒ	Ⓓ
80	Ⓐ	Ⓑ	Ⓒ	Ⓓ
81	Ⓐ	Ⓑ	Ⓒ	Ⓓ
82	Ⓐ	Ⓑ	Ⓒ	Ⓓ
83	Ⓐ	Ⓑ	Ⓒ	Ⓓ
84	Ⓐ	Ⓑ	Ⓒ	Ⓓ
85	Ⓐ	Ⓑ	Ⓒ	Ⓓ
86	Ⓐ	Ⓑ	Ⓒ	Ⓓ
87	Ⓐ	Ⓑ	Ⓒ	Ⓓ
88	Ⓐ	Ⓑ	Ⓒ	Ⓓ
89	Ⓐ	Ⓑ	Ⓒ	Ⓓ
90	Ⓐ	Ⓑ	Ⓒ	Ⓓ
91	Ⓐ	Ⓑ	Ⓒ	Ⓓ
92	Ⓐ	Ⓑ	Ⓒ	Ⓓ
93	Ⓐ	Ⓑ	Ⓒ	Ⓓ
94	Ⓐ	Ⓑ	Ⓒ	Ⓓ
95	Ⓐ	Ⓑ	Ⓒ	Ⓓ
96	Ⓐ	Ⓑ	Ⓒ	Ⓓ
97	Ⓐ	Ⓑ	Ⓒ	Ⓓ
98	Ⓐ	Ⓑ	Ⓒ	Ⓓ
99	Ⓐ	Ⓑ	Ⓒ	Ⓓ
100	Ⓐ	Ⓑ	Ⓒ	Ⓓ

リーディング

Part 5

No.	A	B	C	D
101	Ⓐ	Ⓑ	Ⓒ	Ⓓ
102	Ⓐ	Ⓑ	Ⓒ	Ⓓ
103	Ⓐ	Ⓑ	Ⓒ	Ⓓ
104	Ⓐ	Ⓑ	Ⓒ	Ⓓ
105	Ⓐ	Ⓑ	Ⓒ	Ⓓ
106	Ⓐ	Ⓑ	Ⓒ	Ⓓ
107	Ⓐ	Ⓑ	Ⓒ	Ⓓ
108	Ⓐ	Ⓑ	Ⓒ	Ⓓ
109	Ⓐ	Ⓑ	Ⓒ	Ⓓ
110	Ⓐ	Ⓑ	Ⓒ	Ⓓ
111	Ⓐ	Ⓑ	Ⓒ	Ⓓ
112	Ⓐ	Ⓑ	Ⓒ	Ⓓ
113	Ⓐ	Ⓑ	Ⓒ	Ⓓ
114	Ⓐ	Ⓑ	Ⓒ	Ⓓ
115	Ⓐ	Ⓑ	Ⓒ	Ⓓ
116	Ⓐ	Ⓑ	Ⓒ	Ⓓ
117	Ⓐ	Ⓑ	Ⓒ	Ⓓ
118	Ⓐ	Ⓑ	Ⓒ	Ⓓ
119	Ⓐ	Ⓑ	Ⓒ	Ⓓ
120	Ⓐ	Ⓑ	Ⓒ	Ⓓ
121	Ⓐ	Ⓑ	Ⓒ	Ⓓ
122	Ⓐ	Ⓑ	Ⓒ	Ⓓ
123	Ⓐ	Ⓑ	Ⓒ	Ⓓ
124	Ⓐ	Ⓑ	Ⓒ	Ⓓ
125	Ⓐ	Ⓑ	Ⓒ	Ⓓ
126	Ⓐ	Ⓑ	Ⓒ	Ⓓ
127	Ⓐ	Ⓑ	Ⓒ	Ⓓ
128	Ⓐ	Ⓑ	Ⓒ	Ⓓ
129	Ⓐ	Ⓑ	Ⓒ	Ⓓ
130	Ⓐ	Ⓑ	Ⓒ	Ⓓ

Part 6

No.	A	B	C	D
131	Ⓐ	Ⓑ	Ⓒ	Ⓓ
132	Ⓐ	Ⓑ	Ⓒ	Ⓓ
133	Ⓐ	Ⓑ	Ⓒ	Ⓓ
134	Ⓐ	Ⓑ	Ⓒ	Ⓓ
135	Ⓐ	Ⓑ	Ⓒ	Ⓓ
136	Ⓐ	Ⓑ	Ⓒ	Ⓓ
137	Ⓐ	Ⓑ	Ⓒ	Ⓓ
138	Ⓐ	Ⓑ	Ⓒ	Ⓓ
139	Ⓐ	Ⓑ	Ⓒ	Ⓓ
140	Ⓐ	Ⓑ	Ⓒ	Ⓓ
141	Ⓐ	Ⓑ	Ⓒ	Ⓓ
142	Ⓐ	Ⓑ	Ⓒ	Ⓓ
143	Ⓐ	Ⓑ	Ⓒ	Ⓓ
144	Ⓐ	Ⓑ	Ⓒ	Ⓓ
145	Ⓐ	Ⓑ	Ⓒ	Ⓓ
146	Ⓐ	Ⓑ	Ⓒ	Ⓓ

Part 7

No.	A	B	C	D
147	Ⓐ	Ⓑ	Ⓒ	Ⓓ
148	Ⓐ	Ⓑ	Ⓒ	Ⓓ
149	Ⓐ	Ⓑ	Ⓒ	Ⓓ
150	Ⓐ	Ⓑ	Ⓒ	Ⓓ
151	Ⓐ	Ⓑ	Ⓒ	Ⓓ
152	Ⓐ	Ⓑ	Ⓒ	Ⓓ
153	Ⓐ	Ⓑ	Ⓒ	Ⓓ
154	Ⓐ	Ⓑ	Ⓒ	Ⓓ
155	Ⓐ	Ⓑ	Ⓒ	Ⓓ
156	Ⓐ	Ⓑ	Ⓒ	Ⓓ
157	Ⓐ	Ⓑ	Ⓒ	Ⓓ
158	Ⓐ	Ⓑ	Ⓒ	Ⓓ
159	Ⓐ	Ⓑ	Ⓒ	Ⓓ
160	Ⓐ	Ⓑ	Ⓒ	Ⓓ
161	Ⓐ	Ⓑ	Ⓒ	Ⓓ
162	Ⓐ	Ⓑ	Ⓒ	Ⓓ
163	Ⓐ	Ⓑ	Ⓒ	Ⓓ
164	Ⓐ	Ⓑ	Ⓒ	Ⓓ
165	Ⓐ	Ⓑ	Ⓒ	Ⓓ
166	Ⓐ	Ⓑ	Ⓒ	Ⓓ
167	Ⓐ	Ⓑ	Ⓒ	Ⓓ
168	Ⓐ	Ⓑ	Ⓒ	Ⓓ
169	Ⓐ	Ⓑ	Ⓒ	Ⓓ
170	Ⓐ	Ⓑ	Ⓒ	Ⓓ
171	Ⓐ	Ⓑ	Ⓒ	Ⓓ
172	Ⓐ	Ⓑ	Ⓒ	Ⓓ
173	Ⓐ	Ⓑ	Ⓒ	Ⓓ
174	Ⓐ	Ⓑ	Ⓒ	Ⓓ
175	Ⓐ	Ⓑ	Ⓒ	Ⓓ
176	Ⓐ	Ⓑ	Ⓒ	Ⓓ
177	Ⓐ	Ⓑ	Ⓒ	Ⓓ
178	Ⓐ	Ⓑ	Ⓒ	Ⓓ
179	Ⓐ	Ⓑ	Ⓒ	Ⓓ
180	Ⓐ	Ⓑ	Ⓒ	Ⓓ
181	Ⓐ	Ⓑ	Ⓒ	Ⓓ
182	Ⓐ	Ⓑ	Ⓒ	Ⓓ
183	Ⓐ	Ⓑ	Ⓒ	Ⓓ
184	Ⓐ	Ⓑ	Ⓒ	Ⓓ
185	Ⓐ	Ⓑ	Ⓒ	Ⓓ
186	Ⓐ	Ⓑ	Ⓒ	Ⓓ
187	Ⓐ	Ⓑ	Ⓒ	Ⓓ
188	Ⓐ	Ⓑ	Ⓒ	Ⓓ
189	Ⓐ	Ⓑ	Ⓒ	Ⓓ
190	Ⓐ	Ⓑ	Ⓒ	Ⓓ
191	Ⓐ	Ⓑ	Ⓒ	Ⓓ
192	Ⓐ	Ⓑ	Ⓒ	Ⓓ
193	Ⓐ	Ⓑ	Ⓒ	Ⓓ
194	Ⓐ	Ⓑ	Ⓒ	Ⓓ
195	Ⓐ	Ⓑ	Ⓒ	Ⓓ
196	Ⓐ	Ⓑ	Ⓒ	Ⓓ
197	Ⓐ	Ⓑ	Ⓒ	Ⓓ
198	Ⓐ	Ⓑ	Ⓒ	Ⓓ
199	Ⓐ	Ⓑ	Ⓒ	Ⓓ
200	Ⓐ	Ⓑ	Ⓒ	Ⓓ

はじめての
TOEIC® L&R テスト
全パート徹底対策

- 即効薬(攻略ポイント)のまとめ
- 重要単語・表現リスト
- 模擬試験　問題

# 別冊もくじ

この別冊には、模擬試験の問題に加えて、本書の復習や試験直前対策にも使える情報をまとめました。移動中や外出先でもすぐにパッと開ける薄さとサイズなので、ぜひ持ち運んで使ってください。

もくじ

即効薬 ① 〰 p.28

1人なら動詞に注意！

1人の人物がメインで写っている写真は、まず**人物の動作**をチェック。選択肢が流れたら**動詞の部分に集中して聞き**、写真での動作と合っているかを確認しよう。

正解 (A) He's looking at documents.
「見ている」ので○

(B) He's putting on a knit hat.
「身に着けているところ」ではないので✕

(C) He's typing on a keyboard.
「タイプしている」わけではないので✕

(D) He's writing with a pen.
「書いている」わけではないので✕

↑男性は何をしているかな…？

即効薬 ② 〰 p.30

複数人の共通点・相違点探し！

複数の人物が写っているときは、**その人物たちの共通点と相違点**をチェック。選択肢では、主語がOne of the men/women/people などであれば「相違点」がポイント、Some ～/They など複数であれば「共通点」がポイントになる。

(A) One of the men is taking off an apron.
2人ともエプロンを外す動作はしていないので✕

(B) One of the men is carrying boxes.
2人とも箱を運んでいないので✕

正解 (C) Some workers are working in the kitchen.
2人とも厨房で作業しているので○
➡「共通点」がポイント

(D) Some workers are serving customers.
そもそもお客さんがいないので✕

↑この人たちに共通しているところは？
違っているところは？

 即効薬 ③ p.32

物の状態・場所を把握！

人のいない風景写真は、写っている物が「どんな状態」で「どこにあるのか」をチェック。音声が流れる前に写真を見ておき、「状態」と「場所」をセットで確認しよう。

↑それぞれの物はどんな状態？
どこにある？

(A) A drawer has been left open.
引き出し✖＋開いている✖

(B) A table is covered with a cloth.
テーブル〇＋布で覆われている✖

正解 (C) A teapot is placed next to the vase.
ティーポットが「置かれている」〇＋「花瓶の横」〇

(D) A door is being cleaned.
ドア〇＋掃除中✖

 即効薬 ④ p.34

無人ならbeingは不正解！

人が写っていない写真でbeingが聞こえたら不正解と判断してOK。現在進行形の受動態＜be being -ed＞は「～されているところだ」という意味なので、その動作を行っている最中の人物がいなければ成り立たない。

←人は見当たらない…

(A) The road is **being** repaired.
「補修されている」最中ではないので✖

(B) The brick wall is **being** painted.
「塗装されている」最中ではないので✖

(C) Some lamps are lined up in a row.
複数の街灯〇＋並んでいる✖

正解 (D) Some bicycles have been parked.
複数の自転車〇＋停められている〇

 即効薬 ❶ p.48

文頭の疑問詞を聞き逃すな！

最初に流れてくる発言は、**文頭によく注意して聞こう**。WH疑問文の場合は、文頭の疑問詞を聞き取れているかどうかが大きなカギを握る。 中でも、**when**と**where**を聞き間違えないように注意。

When did the new restaurant open near your house?

(A) We're currently out of milk.

正解 (B) I think it was last week.

(C) It is on Everett Street.

↑文頭を**where**と聞き間違えると、こちらを選んでしまう！

 即効薬 ❷ p.50

似た音の単語が出てきたら間違い！

似ている音や同じ音が含まれる選択肢は間違いであることが多い。Part 2で頻出のひっかけパターンなので押さえておこう。

Should we rent a truck?

(A) The front tire needs to be repaired.

(B) Could you lend me that book?　　　rentとlendの音が似ている！

正解 (C) Yes, but we have to talk with our manager.

即効薬③  p.52

notや付加疑問文の文末は無視！

Don't you ～?やDidn't you ～?のような否定疑問文は、否定形に惑わされず、Do you ～?やDid you ～?に変換して考えればOK。付加疑問文も、文末のisn't it?のような部分は無視しよう。

Didn't you clean up the waiting room?

正解 (A) Yes, I did yesterday.

(B) Thanks for waiting for me.

(C) The storeroom and the lobby.

Do you ～?でもDidn't you ～?でも「掃除したのかどうか」を聞いていることは変わらない！

即効薬④  p.54

素直に答えない応答に注意！

聞かれている内容に直接答えていなくても、相手の質問の意図や状況をくみ取り、それに応じた回答となっていれば正解になる。

Where can I find the produce section?

正解 (A) I'll take you there. ── 「どこ」と聞かれて「場所」を答えていないけど正解！

(B) About a few weeks ago.

(C) Sure, that sounds great.

即効薬 ①　p.76

冒頭で話の目的・テーマを掴もう!

話の**目的**や**テーマ**を問う問題の根拠は、**冒頭で述べられる**ことが多い。設問を先読みしてこのタイプの問題があれば、冒頭に特に注意して聞くようにしよう。

▼ 話の目的・テーマを問う設問文の例

- What is the conversation mainly about?
  この会話は主に何についてですか。

- What are the speakers discussing?
  話し手たちは何について話し合っていますか。

- Why is the man calling?
  男性はなぜ電話しているのですか。

- What is the talk mostly about?
  話は主に何についてですか。

- What is the purpose of the talk?
  話の目的は何ですか。

即効薬 ❷  p.80

言い換えキーワードを見抜こう!

本文の語句や表現が、**設問や選択肢では言い換えられている**ことがあるので注意
しよう。設問や選択肢では、より抽象的な概念の単語に言い換えられるパターン
も多い。(別冊p.19もチェック!)

▼ 設問文と選択肢

Who is Helen Miller?

(A) A sales representative

(B) A client

正解▶ (C) A job applicant

(D) An accountant

A job applicant「求職者」
≒ candidate「候補者、志願者」

▼ 会話文(一部)

…Helen Miller is by far the best candidate. …

即効薬 ❸ p.84

設問文から会話を予測!

設問文の先読みで、話の内容の**ヒントとなる情報**を押さえよう。設問文によっては、
放送文を聞く前から話の内容を予測できることもある。

▼ 設問文

Why does the man want to return the desk?

男性はなぜデスクを返品したいと思っていますか。

会話を聞かなくても、
男性が返品をしたがっている
ことが分かる!

 p.88

「次の行動」は話の最後を聞く!

"**~ do next?**"の設問文は、放送文の話の後の行動を問う問題。3問目に出題されることが多く、**最後の発言が根拠になる**可能性が高い。

▼「次の行動」を問う設問文の例

- What will the man probably do next?
  男性はおそらく次に何をしますか。
- What will the woman most likely do next?
  女性は次に何をすると考えられますか。
- What will the speakers do next?
  話し手たちは次に何をしますか。
- What will the listeners most likely do next?
  聞き手は次に何をすると考えられますか。

 p.92

前後の発言から、意図を掴もう!

発言の意図を問う問題のヒントは、その**発言の前後**にある。設問の先読みで発言の内容を確認し、放送が始まったら話の流れを意識して聞くようにしよう。

▼ 発言の意図を問う設問

Why does the speaker say, "She needs no introduction"?

正解 ▶ (A) Ms. Creamer is well known.
(B) Ms. Creamer will not appear.
(C) Ms. Creamer will introduce herself.
(D) Ms. Creamer is a mystery guest.

▼ トーク文（一部）

…Our first guest this morning is Leanne Creamer. She needs no introduction. She's been in the news a lot recently following her amazing world-record swim in the 100-meter freestyle championships in Singapore last week….

> 引用された発言の後…
> 「クリーマーさんは水泳の選手権で世界新記録を樹立した」
> ➡クリーマーさんは有名!

即効薬⑥ p.96

事前に図表の要素を把握!

設問を先読みするだけでなく、**図表も事前に確認する**ようにしておこう。図表に
どのような要素が載っているのかをチェック。

①見出し、②曜日、③日付、④開始/終了時間
という4つの要素がある!

Part 5 の即効薬

即効薬①  p.128

同じ品詞なら組み合わせで選べ!

選択肢に並んでいる単語の品詞を確認。**全て同じ品詞なら、空所前後の語句と組み合わせて意味が通るもの**を選ぼう。

The library has been easily ------- since the city council implemented a plan to increase the number of buses.

(A) affordable
(B) dedicated
正解 (C) accessible ← easily accessibleで「(場所に)アクセスしやすい」となる!
(D) practical

即効薬② p.130

「語尾だけ違い」は前後を見よ!

選択肢に**語尾だけが異なる単語**が並んでいたら、**空所の前後をチェック**すればOK。品詞の種類と働きを理解していれば、すぐに解答できる。

It took a long time for every member of the board to reach a ------- decision on budget allocation.

(A) finally
(B) finalize
正解 (C) final 空所直後の名詞decision「決定」を修飾する
(D) finals 形容詞final「最終的な」が適切!

10

即効薬 ③  p.132

動詞は主語・時制・態！

同じ動詞の変化形が並んでいる問題は、「**主語**」「**時制**」「**態**」の３つの観点から正解を絞り込もう。
- 主語…主語に対応する動詞はあるか＋主語は３人称単数か
- 時制…現在・未来・過去、いつの話なのか
- 態　…「する」側か「される」側か

It has been announced that the critical thinking workshop ------- due to a schedule conflict with the instructors.

正解▶ (A) will be postponed ── 主語 workshop「研修会」は、延期「される」もの
　　　(B) to postpone 　　　　➡動詞部分は受動態（be 動詞＋過去分詞）に！
　　　(C) is postponing
　　　(D) postponed

即効薬 ④ p.134

接or前は空所の後ろで判断！

前置詞や接続詞が並ぶ問題は、**空所の後ろ**を見れば正解が選べる。後ろが名詞あるいは名詞句（名詞のかたまり）であれば前置詞、節（主語＋動詞）になっていたら接続詞が正解だ。

The new products of Mackenna gained a good reputation among consumers ------- their latest functions.

　　　(A) though
正解▶ (B) due to 　　空所の後ろ their latest functions は名詞句
　　　(C) because 　➡前置詞が適切！
　　　(D) despite

 Part 6 の **即効薬**

即効薬 ① p.160

文を入れる問題は、前後の文だけ確認!

文を選ぶ問題では、**空所の前後の文**をチェック。前後の文の内容から、話の流れが自然につながるものが正解だ。

▼ 本文(一部)

The Santos Fairgrounds have been sold to one of the state's largest land developers, which has plans to tear down all of the original structures to make way for a set of apartment buildings. -------....₂

▼ 選択肢

2.

(A) Several developers are bidding on the project.

(B) It is unclear what the land will be used for.

正解 ▶ (C) The plan has already been approved by the city.

(D) The annual fair will continue to take place there.

> 空所前の文で述べられている「建設計画」
> ➡(C)のThe planはこの「建設計画」を指す!

即効薬 ② p.166

つなぎ言葉は前後の文を見て選べ!

つなぎ言葉を選ぶ問題は、**空所前後の文との関係性**がポイント。逆接になっているのか、具体例を挙げているのか、あるいは因果関係を表しているのかなど、文と文の関係性を掴もう。

▼ 本文(一部)

...From December 10 to January 19, one of our Huntington College janitorial staff members will be on an extended vacation. -------, we will be short of one staff member during this period. ...₆

▼ 選択肢

6.

正解 ▶ (A) Therefore

(B) Lastly

(C) Otherwise

(D) For example

> 空所前「スタッフの1人が長期休暇に入る」
> ➡(A)「そのため」
> ➡空所後「この期間1人スタッフが足りなくなる」

即効薬①　p.190

全体に関する設問は冒頭を見る!

文書のトピックや目的など**文書全体に関わる内容を問う問題**は、文書の冒頭に根
拠が述べられている**ことが多い。冒頭から根拠を探し出し、それを言い換えた選
択肢があるか確認しよう。

▼ 全体の内容を問う設問文の例

- What is the topic of the text-message chain?
  テキストメッセージのやりとりのトピックは何ですか。

- What is the article mainly about?
  記事は主に何についてですか。

- What is the purpose of the letter?
  手紙の目的は何ですか。

- Why did Ms. Uchida send the e-mail?
  ウチダさんはなぜEメールを送りましたか。

- For whom is the advertisement most likely intended?
  広告は誰に向けられたものだと考えられますか。

Part 7 の即効薬

即効薬 ②  p.196

NOT問題は1つずつ検証!

設問文にNOTと書かれている**NOT問題**は、**選択肢を1つずつ本文と照らし合わせて確認**する。本文に書かれていないものが正解となるので、本文に記載があるものは正解候補から外していこう。

▼ 設問文と選択肢

What feature of the gloves is NOT addressed in the report?

(A) The price

(B) The design

(C) The popularity

正解 (D) The durability

① (A) を検証　…➡記載あり!
本文:the more competitively priced product「より価格競争力のある」

② (B) を検証　…➡記載あり!
本文:have been popular for so long「長く愛用されている」

③ (C) を検証　…➡記載あり!
本文:The modern look「その現代的な見た目」

即効薬 ③ p.202

差出人・受取人は要チェック!

Eメールやメモ、手紙などは「**誰が誰に向けて書いているのか**」を確認するようにしよう。ヘッダー部分や本文の最後の署名などをチェック。

▼ メモのヘッダー部分

From: We Ying Wu, CEO
To: Lane Myers, Factory Manager
Date: Monday, June 2
Re: Changes

CEO「最高責任者」のウィ・イン・ウーさんが、
Factory Manager「工場長」の
レーン・マイヤーズさんに向けて書いている!

 即効薬④ p.208

表の要素は必ずチェック!

文書内の表には設問の根拠が含まれていることがほとんど。表の項目を見て、何の要素が含まれているのかを確認しよう。

期間 → ← 地域 →

Option	Rural Areas	Suburbs	Urban Areas
6 Months	$6,000	$11,000	$15,000
1 Year	$11,000	$15,000	$22,000
18 Months	$15,000	$22,000	$34,000
3 Years	$22,000	$34,000	$50,000

 即効薬⑤ p.218

時・場所・条件に注意して読もう!

複数の文書を参照して解く**クロス問題**では、「時」「場所」「条件」が根拠を見つけるためのポイントとなる。文書内にこの3つのどれかが出てきたら、意識して覚えておこう。

▼「時」がポイントのクロス問題の例
文書2(手紙)には…
we will complete the work on 25 July
「7月25日に作業を完成させる予定」

文書3(請求書)の「完了日」の欄には…
Completion date: 24 July
「完了日:7月24日」

> もともとは7月25日完了予定だったけど、実際は7月24日に完了している
> ➡予定よりも早く作業が終わった

重要単語・表現リスト

Part 1 頻出の名詞

☐☐	brick	れんが
☐☐	potted plant	鉢植え
☐☐	ladder	はしご
☐☐	shelf	棚
☐☐	cupboard	戸棚
☐☐	drawer	引き出し
☐☐	artwork	芸術品、絵画
☐☐	windowpane	窓ガラス
☐☐	vase	花瓶
☐☐	ceiling	天井
☐☐	stairs	階段
☐☐	utensil	台所用品
☐☐	garment	衣服、衣類
☐☐	awning	日よけ
☐☐	doorway	出入口
☐☐	railing	手すり
☐☐	briefcase	ブリーフケース（書類かばん）
☐☐	bulletin board	掲示板
☐☐	lawn mower	芝刈り機
☐☐	workstation	仕事机

✏ Part 1 で出る動作や状態の表現

☐☐	examine	〜を調べる
☐☐	look at 〜	〜を見る
☐☐	point at 〜	〜を指さす
☐☐	put on 〜	〜を身に着ける（動作）
☐☐	wear	〜を着ている（状態）
☐☐	take off 〜	〜を外す、〜を脱ぐ
☐☐	*be* displayed	展示されている
☐☐	*be* placed	置かれている
☐☐	*be* parked	停められている
☐☐	face	〜に面している
☐☐	hang	〈絵などが〉掛かる、〜をつるす
☐☐	lean against 〜	〜に寄りかかる
☐☐	*be* occupied	使用されている
☐☐	assemble	〜を組み立てる
☐☐	arrange	〜をきちんと並べる、〜を配置する
☐☐	*be* lined up	並べられている
☐☐	stack	〜を積み重ねる
☐☐	reach for 〜	〜に手を伸ばす
☐☐	reach into 〜	〜の中に手を伸ばす
☐☐	search through 〜	〜の中を探す
☐☐	gather	集まる、〜を集める
☐☐	page through 〜	〜のページをばらばらめくる
☐☐	*be* mounted on 〜	〜に取り付ける
☐☐	plug in 〜	〜をコンセントに差し込む

重要単語・表現リスト

🖋 Part 5, 6 頻出の前置詞・接続詞・副詞

前置詞

☐☐	because of ～	～の原因で
☐☐	due to ～	～の原因で
☐☐	in spite of ～	～にもかかわらず
☐☐	despite	～にもかかわらず
☐☐	prior to ～	～の前に
☐☐	without	～なしで
☐☐	except for ～	～を除いて
☐☐	during	～の間に

接続詞

☐☐	because	～なので
☐☐	as	～なので
☐☐	although, though	～にもかかわらず
☐☐	even though ～	～ではあるが
☐☐	however	しかしながら
☐☐	while	～する間に、～である一方で
☐☐	given that ～	～ということを考慮すると
☐☐	as soon as ～	～するとすぐに
☐☐	in case ～	～の場合には
☐☐	once	いったん～すると

副詞

☐☐	therefore	その結果、それゆえに
☐☐	nevertheless	それにもかかわらず

	in the meantime / meanwhile	その間に
☐☐	in the meantime / meanwhile	その間に
☐☐	otherwise	さもなければ
☐☐	besides	その上、さらに
☐☐	additionally	さらに
☐☐	in addition	さらに
☐☐	lastly	最後に
☐☐	also	〜もまた
☐☐	in fact	実際は
☐☐	instead	その代わりに
☐☐	similarly	同様に
☐☐	likewise	同様に
☐☐	for example	例えば
☐☐	fortunately	幸運なことに
☐☐	unfortunately	残念ながら

✏ 語句の言い換えパターン（広い意味⇔具体的な意味）

	広い意味の語句	具体的なものを指す語句
☐☐	vehicle「乗り物」	car「車」、bus「バス」、truck「トラック」
☐☐	material「資料」	handout「配布資料」、brochure「パンフレット」、booklet「小冊子」
☐☐	relative「親族」	family「家族」、aunt「おば」、cousin「いとこ」
☐☐	meal「食事」	breakfast「朝食」、lunch「昼食」、dinner「夕食」
☐☐	beverage「飲み物」	coffee「コーヒー」、tea「紅茶」、water「水」
☐☐	street「通り」	walkway「歩道」、side walk「歩道」

☐☐	document「書類」	résumé「履歴書」、cover letter「添え状」、application form「申込用紙」
☐☐	device「装置」	mobile phone「携帯電話」、camera「カメラ」、tablet「タブレット端末」
☐☐	improve「〜を改良する」	modify「〜を修正する」、revise「〜を改訂する」
☐☐	work「作品」	painting「絵画」、artwork「芸術作品」
☐☐	colleague「同僚」	supervisor「上司」、boss「上司」、subordinate「部下」
☐☐	venue「開催地」	conference center「会議場」、convention center「会議場」
☐☐	medical institution「医療機関」	clinic「診療所」、hospital「病院」
☐☐	accommodations「宿泊施設」	hotel「ホテル」、inn「小旅館」、lodging「宿」
☐☐	furniture「家具」	desk「机」、chair「椅子」、cabinet「棚」
☐☐	appliance「電化製品」	refrigerator「冷蔵庫」、fridge「冷蔵庫」、microwave oven「電子レンジ」、air conditioner「エアコン」、vacuum cleaner「掃除機」

🔖 語句の言い換えパターン（似た意味を持つ語）

☐☐	専門家	expert, specialist
☐☐	最新の	latest, state-of-the-art
☐☐	会社	company, firm, business, corporation
☐☐	小包	parcel, package, packet, pack
☐☐	集会	meeting, gathering
☐☐	イベント	event, party, function
☐☐	写真	photograph, photo, picture
☐☐	職場	office, workplace
☐☐	〜を雇う	hire, employ
☐☐	志願者	applicant, candidate

☐☐	講座	seminar, workshop, lecture, session, course

押さえておきたい職業・職種

☐☐	real estate agency	不動産業者
☐☐	travel agency	旅行代理店
☐☐	printer	印刷業者
☐☐	mechanic	機械工
☐☐	dentist	歯医者
☐☐	pharmacist	薬剤師
☐☐	moving company	引っ越し業者
☐☐	courier	宅配業者
☐☐	plumber	配管工
☐☐	accountant	会計士
☐☐	lawyer	弁護士
☐☐	author	著者
☐☐	novelist	小説家
☐☐	librarian	司書、図書館員
☐☐	journalist	ジャーナリスト、報道記者
☐☐	tour guide	ツアーガイド
☐☐	curator	学芸員
☐☐	editor	編集者

押さえておきたい部署名・役職名

☐☐	human resources department (HR)	人事部
☐☐	advertising department	宣伝部

重要単語・表現リスト

☐☐	sales department	営業部
☐☐	accounting department	経理部
☐☐	marketing department	マーケティング部
☐☐	technology department	技術部
☐☐	purchasing department	購買部
☐☐	administrative department	管理部
☐☐	president	社長
☐☐	vice president	副社長
☐☐	director	重役
☐☐	manager	（部門の）長
☐☐	supervisor	上司
☐☐	spokesperson	広報担当者
☐☐	receptionist	受付
☐☐	secretary	秘書
☐☐	board of directors	役員会
☐☐	chief executive officer (CEO)	最高経営責任者

✐ オフィスに関する語句

☐☐	photocopier / copier	コピー機
☐☐	printer	プリンター、印刷機
☐☐	file cabinet	書類整理棚
☐☐	supply room	備品室
☐☐	break room	休憩室
☐☐	office supply	オフィス用品
☐☐	laptop	ノートパソコン

	projector	プロジェクター
☐☐	stationery	文房具、事務用品
☐☐	memo	社内連絡メモ
☐☐	meeting room	会議室
☐☐	headquarters / head office	本社
☐☐	branch office	支店
☐☐	identification card	身分証明書

✒ 会議に関する語句・フレーズ

	distribute the agenda	協議事項を配る
☐☐	take the minutes	議事録をとる
☐☐	file documents	書類を整理する
☐☐	hand out materials	資料を配る
☐☐	give[deliver] a presentation	プレゼンテーションを行う
☐☐	discuss a matter	問題について話し合う
☐☐	make an agreement	契約を結ぶ、合意する
☐☐	sign a contract	契約書に署名する
☐☐	launch a project	プロジェクトを開始する
☐☐	implement new measures	新しい対策を実施する
☐☐	sales figure	売上高
☐☐	sales report	営業報告書
☐☐	annual report	年次報告書
☐☐	within the budget	予算内で
☐☐	last quarter	直前の四半期
☐☐	table of contents	目次

☐☐	video chat meeting	ビデオチャット会議

✎ 求人や職に関する語句・フレーズ

☐☐	educational background	学歴
☐☐	job opening	求人
☐☐	job seeker	求職者
☐☐	candidate for the position	職への応募者
☐☐	successful applicant	合格者
☐☐	permanent employee	正社員
☐☐	part-time job	非常勤の仕事
☐☐	full-time job	常勤の仕事
☐☐	recruit new employees	新入社員を採用する
☐☐	offer a position	地位を与える
☐☐	apply for a job	仕事に応募する
☐☐	send a résumé	履歴書を送る
☐☐	job interview	就職面接
☐☐	telephone interview	電話面接
☐☐	cover letter	添え状
☐☐	a letter of reference	推薦状
☐☐	employee benefit / benefits package	福利厚生

✎ メールで使われるフレーズ・表現

☐☐	To all employees	全従業員へ
☐☐	To whom it may concern	担当者様
☐☐	Thank you for your inquiry.	お問い合わせいただきありがとうございます。

☐☐		I am writing regarding ～.	～に関してメールを書いています。
☐☐		Please let me know if ～.	もし～なら、私に知らせてください。
☐☐		I look forward to hearing from you.	ご連絡お待ちしております。
☐☐		Should you have any questions or concerns,	もし質問や懸念がございましたら、
☐☐		Best regards,	敬具
☐☐		Yours sincerely,	敬具
☐☐		Sincerely yours,	敬具
☐☐		forward an e-mail	Ｅメールを転送する
☐☐		at your earliest convenience	都合がつき次第
☐☐		attached form	添付の書類

🖊 出張や宿泊に関する語句・フレーズ

☐☐		business trip	出張
☐☐		travel overseas	海外旅行をする
☐☐		travel expenses form	出張費用書
☐☐		trip itinerary	旅行日程
☐☐		book[reserve] a room	部屋を予約する
☐☐		hotel arrangements	ホテルの手配
☐☐		reservation date	予約日
☐☐		flight ticket	航空券
☐☐		round-trip ticket	往復券
☐☐		baggage claim	手荷物受取所
☐☐		departure time	出発時間
☐☐		arrival time	到着時間

	direct flight	直行便
☐☐	flight delay	フライトの遅れ
☐☐	cancel a flight	フライトをキャンセルする

🖊 パーティーやイベントに関する語句

	venue	会場
☐☐	fund-raising	資金集め
☐☐	reception	受付
☐☐	attendee	参加者
☐☐	refreshment	軽食
☐☐	luncheon	昼食会
☐☐	banquet hall	宴会場
☐☐	farewell party	送別会
☐☐	centerpiece	中央に置く装飾品
☐☐	caterer	ケータリング業者
☐☐	anniversary celebration	記念式典
☐☐	grand opening	グランドオープン
☐☐	awards ceremony	授賞式

🖊 物流や配送に関する語句・フレーズ

	logistics	物流
☐☐	wholesale	卸売り
☐☐	retail	小売り
☐☐	shipping date	発送日
☐☐	standard shipping	通常配送

	express mail	速達便
☐☐	shipment status	配送状況
☐☐	track an order	注文を追跡する
☐☐	estimated delivery date	予定配達日
☐☐	delivery cost	配送費
☐☐	overnight delivery	翌日配送
☐☐	bulk order	大口注文
☐☐	package	小包
☐☐	parcel	小包
☐☐	warehouse	倉庫
☐☐	supplier	供給者、供給会社
☐☐	missing item	紛失物

✎ メッセージやチャットの表現

	Sure.	もちろん。
☐☐	That's right.	その通りです。
☐☐	I'm 〜 from	(部署名など) からきた〜です。
☐☐	I see.	なるほど。
☐☐	I'll see you then.	ではそのときに。
☐☐	Sounds great.	良いですね。
☐☐	Got it.	わかりました。
☐☐	Let me check.	確認させてください。
☐☐	How about 〜?	〜はどうですか。
☐☐	What's up?	どうしましたか。

お店や施設に関する語句・フレーズ・表現

☐☐	How can I help you?	どのようなご用件でしょうか。
☐☐	sales representative	販売員
☐☐	loyal customer	常連客
☐☐	first-time customer	初めてのお客様
☐☐	have ～ in stock	～が在庫にある
☐☐	out of stock	在庫がない
☐☐	product line	製品ライン
☐☐	opening hours / business hours	営業時間
☐☐	temporarily closed	一時閉店
☐☐	refurbish	～を改装する
☐☐	renovation	修繕、改装
☐☐	tenant	テナント
☐☐	mall	ショッピングモール
☐☐	merchandise	商品
☐☐	cash register	レジ係
☐☐	get a discount	割引を受ける
☐☐	gift certificate	商品券
☐☐	coupon	クーポン
☐☐	competitive price	競争価格、低価格
☐☐	refund	返金

模擬試験

【時間配分】
- リスニングセクション　　約45分間
  ➡リスニング音声　◀)) 048〜105
- リーディングセクション　75分間
  ➡リスニング終了後、ご自身で時間を測って解きましょう。

【必要なもの】
- マークシート（本冊のp. 368にあります）
- 腕時計
- 筆記用具（鉛筆と消しゴム）

解き終わったら丸付けをし、解説を読んでしっかりと復習しましょう。

※解答解説：p. 253 〜　解答一覧：p. 365

注1：Directions（各Part冒頭の指示文）は本番とは異なる英文を使用しておりますが、指示内容は同じです。

注2：ページの関係で、Part 3とPart 4のGO ON TO THE NEXT PAGE（次のページに進む指示）が本番よりも
　　　数回多く入っています。実際はPart 3で2回、Part 4で1回ですので、あらかじめご了承ください。

LISTENING TEST

In the Listening test, your ability to understand spoken English will be tested. The Listening test has four parts and will last approximately 45 minutes. Directions are given for each part. You need to mark your answers on the answer sheet. Nothing must be written in your test book.

PART 1

Directions: In this part, you will hear four statements about a picture printed in your test book. After hearing the statements, you must select the one statement that best describes what can be seen in the picture. Then mark your answer on your answer sheet. The statements will be spoken only one time and will not be written in your test book.

Answer (A), "He's wearing a jacket," best describes the picture. You should mark answer (A) on your answer sheet.

1.

2.

GO ON TO THE NEXT PAGE ▶

3.

4.

5.

6.

GO ON TO THE NEXT PAGE

PART 2

Directions: In this part, you will hear a question or statement followed by three responses. All of them will be spoken in English and will not be written in your test book. They will be spoken only one time. Select the best response to each question or statement and mark answer (A), (B), or (C) on your answer sheet.

7. Mark your answer on your answer sheet.

8. Mark your answer on your answer sheet.

9. Mark your answer on your answer sheet.

10. Mark your answer on your answer sheet.

11. Mark your answer on your answer sheet.

12. Mark your answer on your answer sheet.

13. Mark your answer on your answer sheet.

14. Mark your answer on your answer sheet.

15. Mark your answer on your answer sheet.

16. Mark your answer on your answer sheet.

17. Mark your answer on your answer sheet.

18. Mark your answer on your answer sheet.

19. Mark your answer on your answer sheet.

20. Mark your answer on your answer sheet.

21. Mark your answer on your answer sheet.

22. Mark your answer on your answer sheet.

23. Mark your answer on your answer sheet.

24. Mark your answer on your answer sheet.

25. Mark your answer on your answer sheet.

26. Mark your answer on your answer sheet.

27. Mark your answer on your answer sheet.

28. Mark your answer on your answer sheet.

29. Mark your answer on your answer sheet.

30. Mark your answer on your answer sheet.

31. Mark your answer on your answer sheet.

PART 3

Directions: In this part, you will hear some conversations between two or more people. You must answer three questions about what is said in each conversation. Select the best response to each question and mark answer (A), (B), (C), or (D) on your answer sheet. The conversations will be spoken only one time and will not be written in the test book.

32. What are the speakers discussing?

   (A) A business card
   (B) A Web site
   (C) A smartphone application
   (D) A product catalog

33. What does the woman say about the design?

   (A) Some information is missing.
   (B) It is outdated.
   (C) Production costs will be high.
   (D) It has been approved.

34. Who most likely is Mr. Day?

   (A) An accountant
   (B) A salesperson
   (C) A graphic designer
   (D) An office manager

35. Why is the man calling?

   (A) To offer a position
   (B) To recommend a colleague
   (C) To change a reservation
   (D) To thank a supplier

36. What is the problem?

   (A) A device is malfunctioning.
   (B) An order has not arrived.
   (C) Some costs are too high.
   (D) Some guests were not invited.

37. What does the man say about his meeting?

   (A) It has been canceled.
   (B) Some invitations were returned.
   (C) A whiteboard is needed.
   (D) Some people will be absent.

GO ON TO THE NEXT PAGE

38. Where most likely are the speakers?

(A) At a bus terminal
(B) At an airport
(C) At a shopping center
(D) At a travel agency

39. What is the man looking for?

(A) A schedule
(B) A passport
(C) A catalog
(D) A cart

40. What does the man ask the woman about?

(A) A project budget
(B) A storage facility
(C) A client's name
(D) A food preference

41. What are the speakers mainly discussing?

(A) Locations for an event
(B) Designs for a building
(C) Arrangements for a party
(D) Tickets for an exhibition

42. Why does the man say, "I am supposed to go to a flower shop after work"?

(A) To invite a colleague to go shopping
(B) To explain some missing items
(C) To confirm an amendment to a plan
(D) To recommend a money-saving idea

43. What does the man ask about?

(A) A train schedule
(B) A start time
(C) The availability of parking
(D) The weather forecast

44. What does the woman ask the man to do?

(A) Pick up visitors
(B) Deliver some goods
(C) Carry out some repairs
(D) Update some software

45. How did the man get to work today?

(A) By train
(B) By bus
(C) By car
(D) By bicycle

46. What does the woman suggest the man do?

(A) Place an order
(B) Hand in a receipt
(C) Send an e-mail
(D) Use a taxi

47. What are the speakers mainly discussing?

(A) A return policy
(B) Some floor damage
(C) The yearly schedule
(D) A cleaning service

48. What does the woman ask the man to do?

(A) Test some products
(B) Send a memo
(C) Measure a room
(D) Arrange a meeting

49. What does the woman say she will do tomorrow morning?

(A) Negotiate a price
(B) Rearrange some furniture
(C) Print out some documents
(D) Contact a repairperson

GO ON TO THE NEXT PAGE

50. Where is the conversation most likely taking place?

(A) In a research facility
(B) In a hospital
(C) In a dental clinic
(D) In a factory

51. Why is the woman surprised?

(A) She has met the men before.
(B) Some equipment was removed.
(C) The men arrived early.
(D) Her computer has been updated.

52. What does the woman offer to do?

(A) Show some photographs
(B) Have a staff member provide guidance
(C) Prepare some refreshments
(D) Reschedule a meeting

53. Who is the man?

(A) A taxi driver
(B) A cleaner
(C) A receptionist
(D) A food server

54. Why does the woman say, "We have a meeting from one o'clock"?

(A) She does not have much time.
(B) She will discuss a matter later.
(C) She will see a certain colleague.
(D) She wants the man to attend the meeting.

55. What is the woman asked to do?

(A) Change a reservation
(B) Take part in a contest
(C) Try something new
(D) Complete a survey

56. What is the film about?

(A) A musician
(B) An author
(C) An explorer
(D) An inventor

57. What do the women say about the film?

(A) It was very expensive to produce.
(B) It has some famous actors.
(C) It is not showing at cinemas anymore.
(D) It would not be interesting to children.

58. What will the man most likely do next?

(A) Call a friend
(B) Make a reservation
(C) Read a review
(D) Access the Internet

59. Who most likely are the speakers?

(A) Delivery drivers
(B) Event planners
(C) Auto mechanics
(D) City officials

60. What has Mr. Smith asked the man to do?

(A) Speak with a client
(B) Purchase a vehicle
(C) Calculate a price estimate
(D) Attend a meeting

61. What does the woman say about Kurtz Auto Parts Store?

(A) It offers discounts.
(B) It makes deliveries.
(C) It has a local office.
(D) It is open until late.

GO ON TO THE NEXT PAGE

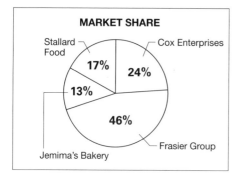

MARKET SHARE

Stallard Food 17%
Cox Enterprises 24%
13%
46%
Jemima's Bakery
Frasier Group

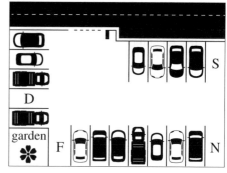

S

D

garden ✽   F   N

62. What are the speakers mainly discussing?

(A) A business acquisition
(B) Productivity numbers
(C) An advertising budget
(D) Energy efficiency

63. Look at the graphic. Which company has been growing rapidly?

(A) Cox Enterprises
(B) Stallard Food
(C) Frasier Group
(D) Jemima's Bakery

64. Why is the man against the woman's suggestion?

(A) The figures are not dependable.
(B) He wants to try a cheaper solution.
(C) A new law will be announced.
(D) Some clients have come back.

65. Who most likely is the man?

(A) An interior decorator
(B) An architect
(C) A photographer
(D) A fashion designer

66. Look at the graphic. Where will the woman most likely park her car?

(A) In Space D
(B) In Space F
(C) In Space N
(D) In Space S

67. What does the woman say about Ms. Boorman?

(A) She has prepared some plans.
(B) She was recently hired.
(C) She will be taking some photographs.
(D) She will be traveling by train.

Hotel Options

Hotel	Location
The Reedus Hotel	Comstock
The Norman Tower	Gatlin
The McGillicutty Lodge	Harper
The Dundee Inn	Stanton

68. What time does the woman say she would like to leave?

(A) At 6:30 A.M.
(B) At 7:00 A.M.
(C) At 7:30 A.M.
(D) At 8:00 A.M.

69. Look at the graphic. At which hotel will the speakers most likely stay?

(A) The Reedus Hotel
(B) The Norman Tower
(C) The McGillicutty Lodge
(D) The Dundee Inn

70. What does the man remind the woman to do?

(A) Reserve some accommodations
(B) Pack some equipment
(C) Purchase some tickets
(D) Invite a colleague

GO ON TO THE NEXT PAGE

Directions: In this part, you will hear some talks given by single speakers. You must answer three questions about what is said in each talk. Select the best response to each question and mark answer (A), (B), (C), or (D) on your answer sheet.

The talks will be spoken only one time and will not be written in your test book.

---

71. Where does the talk most likely take place?

(A) At a book reading
(B) At a planning meeting
(C) At a factory tour
(D) At a seminar

72. Who is scheduled to speak?

(A) A council employee
(B) A financial expert
(C) A salesperson
(D) A politician

73. What are audience members encouraged to do?

(A) Take notes
(B) Register for an event
(C) Purchase tickets
(D) Ask questions

74. What has been ordered?

(A) Cleaning products
(B) Electrical appliances
(C) Cooking ingredients
(D) Office stationery

75. What problem does the speaker mention?

(A) There is a shortage of stock.
(B) A delivery has been delayed.
(C) A shipment was damaged.
(D) Some staff members are absent.

76. What is the listener asked to do?

(A) Update a Web site
(B) Speak to a manager
(C) Visit the post office
(D) Check an e-mail message

77. What type of event is being advertised?

(A) A fitness club open day
(B) A launch event for a new service
(C) The opening of a tourist attraction
(D) The celebration of an anniversary

78. What can new members receive?

(A) Some health advice
(B) An invitation
(C) A piece of clothing
(D) Some tickets

79. Why does the speaker say, "That's not all"?

(A) The business has multiple locations.
(B) The business offers other benefits.
(C) The business also helps the local community.
(D) The business serves many kinds of clients.

80. What kind of business is Pink's?

(A) A hardware store
(B) A fashion store
(C) A landscaping company
(D) A production company

81. What has Pink's done recently?

(A) Hired some new workers
(B) Changed its business hours
(C) Opened a new location
(D) Tried some online advertising

82. What are listeners invited to do on Sunday?

(A) Get some special discounts
(B) Join a fashion show
(C) Attend a gardening workshop
(D) Learn about business management

GO ON TO THE NEXT PAGE

83. Who is the talk intended for?

(A) Fashion designers
(B) Store clerks
(C) Construction workers
(D) Council employees

84. What will take place this Friday?

(A) A contract will be awarded.
(B) A building will be demolished.
(C) A clearance sale will be held.
(D) A television program will be broadcast.

85. What does the speaker recommend listeners do?

(A) Update their online profiles
(B) Help clean a storage facility
(C) Purchase some protective clothing
(D) Carry out some equipment maintenance

86. Why has the speaker called the meeting?

(A) To report on a product's sales figures
(B) To announce a change of policy
(C) To introduce an expert
(D) To explain a new product

87. What did the survey find out about the frozen dinners?

(A) Sales have been increasing.
(B) Their appearance is unattractive.
(C) The preparation time is too long.
(D) Some complaints have been received.

88. Why does the speaker say, "that isn't enough"?

(A) A product needs to be improved.
(B) A survey had too few details.
(C) A focus group was too small.
(D) A price needs to be raised.

89. Who is Rhod Davies?

(A) An event planner
(B) A popular singer
(C) A weatherperson
(D) A radio announcer

90. What are listeners asked to do when they call?

(A) Tell their nickname
(B) Ask a question
(C) Say a song name
(D) Choose a gift

91. What will the winner receive?

(A) A music album
(B) An autographed photograph
(C) A prepaid card
(D) Tickets to a show

92. What is the speaker calling about?

(A) Increasing a department budget
(B) Hiring some additional workers
(C) Transportation for a visitor
(D) Paperwork for a new employee

93. According to the speaker, what will take place tomorrow?

(A) Some construction work
(B) A training session
(C) A farewell party
(D) Some product testing

94. Why does the speaker say, "I'll get on it"?

(A) He will take a flight.
(B) He will join a committee.
(C) He will arrange a party.
(D) He will resolve an issue.

GO ON TO THE NEXT PAGE

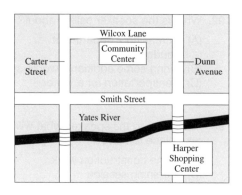

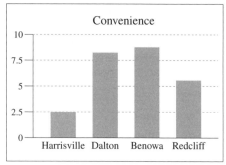

95. According to the speaker, what happened on the weekend?

(A) The business received a large order.
(B) A grand opening was held.
(C) There was some inclement weather.
(D) Some construction work commenced.

96. What have the listeners been allowed to do?

(A) Postpone some work
(B) Get reimbursements for meals
(C) Take company equipment home
(D) Go home early

97. Look at the graphic. Where will the listeners most likely go first?

(A) To Carter Street
(B) To Wilcox Lane
(C) To Smith Street
(D) To Dunn Avenue

98. Who most likely is the speaker?

(A) A consultant
(B) An accountant
(C) A college professor
(D) A sales manager

99. What does the speaker say she has done?

(A) Visited a competitor
(B) Approved a purchase
(C) Hired some workers
(D) Conducted a survey

100. Look at the graphic. Which store manager does the speaker say she would like to hear from?

(A) The Harrisville store manager
(B) The Dalton store manager
(C) The Benowa store manager
(D) The Redcliff store manager

This is the end of the Listening test. Turn to Part 5 in your test book.

NO TEST MATERIAL ON THIS PAGE

READING TEST

In the Reading test, you will read a variety of texts and answer several different types of reading comprehension questions. The Reading test has three parts and will last 75 minutes. Directions are given for each part. You are encouraged to answer as many questions as possible within the time allowed.

You need to mark your answers on the answer sheet. Nothing must be written in your test book.

PART 5

Directions: In each of the sentences below, a word or phrase is missing. Select the best word or phrase from four choices to complete the sentence. Then mark the letter (A), (B), (C), or (D) on your answer sheet.

101. Mr. Iwanaga received an e-mail with an ------- with the details about the final interview for Canister Editing.

(A) attachment
(B) attached
(C) attach
(D) attachable

102. Lucentdream.com started waiving shipping ------- in order to compete against the rival companies in Europe.

(A) packages
(B) charges
(C) dates
(D) strategies

103. The board of directors will discuss a crucial project that will determine the fate of ------- company.

(A) they
(B) their
(C) them
(D) themselves

104. Users of Timeout Tec's new phone are satisfied with its sturdy and durable -------.

(A) demand
(B) warranty
(C) flavor
(D) surface

105. The expert ------- which social media platform would be most effective for the next promotional event.

(A) analytic
(B) analytically
(C) analysis
(D) analyzed

106. Mr. Anderson expressed his appreciation to the members of his team for their ------- effort.

(A) disappointing
(B) informative
(C) considerable
(D) resistant

107. ------- lawyers can give you advice on everything you're worried about for free only this week.

(A) Qualification
(B) Qualifying
(C) Qualify
(D) Qualified

108. When you receive the delivery from us, first please confirm that it ------- the item you ordered.

(A) has contained
(B) contained
(C) contains
(D) will contain

109. The hardware store which was ------- opened in the business district offers gardening supplies.

(A) currently
(B) quickly
(C) recently
(D) narrowly

110. The sales representatives encourage customers to fill ------- the questionnaire on their new products to measure the degree of their satisfaction.

(A) with
(B) of
(C) up
(D) out

111. Hondo Car Shine offers ------- cleaning and maintenance services to customers at a very competitive rate.

(A) and
(B) either
(C) but
(D) both

112. It is essential for you to obtain permission from your direct ------- when taking a long vacation.

(A) supervisory
(B) supervisor
(C) supervision
(D) supervise

113. The customers are asked to choose which salesperson they think is ------- helpful.

(A) exceptionable
(B) exception
(C) exceptional
(D) exceptionally

GO ON TO THE NEXT PAGE

114. Sky Electricity has announced that it will ------- with Presto, Inc. in October next year.

(A) acquire
(B) merge
(C) provide
(D) verify

115. Spicebox Nook Store has no ------- experience recalling of defective products.

(A) original
(B) eligible
(C) upcoming
(D) previous

116. Mr. Wales is ------- that he can make the charity function successful because he has prepared it elaborately.

(A) confident
(B) confidential
(C) confidentiality
(D) confidence

117. The Human Resources Department makes strong efforts to ------- superior personnel, which results in corporate profits.

(A) notify
(B) inspect
(C) hire
(D) deduct

118. The kitchen appliances of Bubba's Kitchen became so popular ------- they were featured on the TV program nationwide.

(A) although
(B) as soon as
(C) in spite of
(D) except for

119. Mr. Davidson was ------- to complete the construction project for the enormous shopping mall ahead of schedule.

(A) delighted
(B) voluntary
(C) enjoyable
(D) loyal

120. Ms. Bright began to subscribe ------- the Highney Daily Press in order to obtain useful information about the town.

(A) on
(B) with
(C) to
(D) of

121. The ------- list of the artists who have been nominated for the RJF Awards will be published online tomorrow.

(A) last
(B) lately
(C) latest
(D) late

122. Wawel Law Firm introduced new accounting software ------- the problem of many errors on expense reports.

(A) addresses
(B) to address
(C) address
(D) is addressing

123. The plan for building a bridge over the Charlotte River is progressing -------.

(A) typically
(B) heavily
(C) fluently
(D) steadily

124. M2k Company ------- for sixty percent of the sales in the musical instruments industry for twenty years.

(A) is accounted
(B) account
(C) will account
(D) has accounted

125. Cloozy Cleaners is considering its marketing strategy carefully ------- it also has some disadvantages.

(A) until
(B) since
(C) so that
(D) despite

126. Those ------- apply for the vacant position at Sunnyland Hotel will be required to have three years of experience in the industry.

(A) who
(B) anyone
(C) which
(D) it

127. ------- national awards were given to Kenzo Kikuchi, who directed the movie *Sweet Homies*.

(A) Each
(B) Several
(C) Every
(D) Much

128. The cafeteria will be temporarily closed until the end of this month ------- renovations.

(A) even
(B) because
(C) due to
(D) past

129. The estimate that the moving company gave Ms. Arnett ------- labor costs.

(A) purchases
(B) negotiates
(C) authorizes
(D) includes

130. The staff member in charge noticed that her task was ------- than she had expected at first.

(A) challenger
(B) challenged
(C) more challenging
(D) most challenging

GO ON TO THE NEXT PAGE

Directions: In the following texts, a word, phrase, or sentence is missing. There are four answer choices for each question below the text. You need to select the best answer to complete the text and mark the letter (A), (B), (C), or (D) on your answer sheet.

Questions 131-134 refer to the following e-mail.

To: Russ Tully <rtully@vanceways.com>
From: Danni Robinson <drobinson@whiterealestate.com>
Date: September 12
Subject: Pool filter
Attachment: ⫽ quotation

- -

Dear Mr. Tully,

PoolPro, the pool cleaning company that does the monthly pool filter - - - - - - - at
131.
your property at 10 Marden Court, has informed us that the filter is in need of

replacement. It is not possible to simply repair it. - - - - - - -. PoolPro has provided a
132.
price estimate for the provision and installation of a - - - - - - -. It is a bit higher than
133.
we would have expected, and I am approaching a couple of other pool cleaners

to get a better price. I - - - - - - - you again when I have an update.
134.
Sincerely,

Danni Robinson – Rental Manager
White Real Estate

---

131. (A) maintain
(B) maintaining
(C) maintainable
(D) maintenance

132. (A) The water quality is unfit for
your tenants to swim in.
(B) We will have them set up a new
one immediately.
(C) Please contact your supplier
about a replacement.
(D) We advise that you do not
swim in it this week.

133. (A) backup
(B) shelter
(C) replacement
(D) conversion

134. (A) contacted
(B) will contact
(C) were contacting
(D) have been contacted

Questions 135-138 refer to the following article.

Starcross Hall Reopens

For many years, Starcross Hall was one of Brisbane's most popular venues for live musical entertainment. Five years ago, it was forced ------- by the city after
135.
failing a safety inspection. -------. A 50-story office building was then erected on
136.
the site. Since then, Brisbane City has been sorely lacking a concert venue in the city center.

This month, Starcross Hall will have its grand reopening. The ------- of the Hoyts
137.
Shopping Center provided the owners with a perfect opportunity. In a matter of months, the interior was converted into a concert venue ------- seating for as
138.
many as 3,000.

---

135. (A) closing
　　 (B) to close
　　 (C) closure
　　 (D) being closed

136. (A) Millions of dollars have been spent on a renovation project.
　　 (B) There is no longer sufficient interest to warrant such a business.
　　 (C) The owners chose to demolish the building and sell the land.
　　 (D) The company received financial assistance from the city council.

137. (A) closure
　　 (B) demolition
　　 (C) announcement
　　 (D) expansion

138. (A) of
　　 (B) to
　　 (C) as
　　 (D) with

GO ON TO THE NEXT PAGE

Lakeside Inn

Spend your next vacation at Lakeside Inn. Thanks to partnerships with many local -------, we are able to offer some exciting travel packages at unbelievable
139.
prices. ------- ever-popular golf package includes 18 holes of golf at Beaumont
140.
Greens and dinner at the club's award-winning restaurant for just $320. You may also choose from the theater package, the historical tour package, or the theme park package. All ------- five-star overnight accommodations, breakfast at the
141.
wonderful Shoreline Restaurant, and transportation to and from Lakeside Inn.

Learn more by visiting the Web site at www.oregonlakesideinn.com. -------. Just
142.
mention your business registration number when you make your booking.

17 Terrace Avenue, East Portland, Oregon
TEL 207 555 8342

---

139. (A) attractions
(B) attractive
(C) attract
(D) attractively

140. (A) My
(B) Their
(C) Your
(D) Our

141. (A) reserve
(B) include
(C) attend
(D) consider

142. (A) We hope you enjoyed your stay with us.
(B) The attractions are all on the hotel's grounds.
(C) We offer big discounts for corporate clients.
(D) There is an additional charge for meals.

Questions 143-146 refer to the following memo.

To: All employees
From: Mitch Walters
Date: June 10
Subject: Uniforms

Dear All,

In order to enhance our corporate image, management has recently ------- to
143.
supply staff members with a uniform. We understand that most people prefer to

keep their clothing sizes private. -------, we have arranged a system whereby
144.
employees can order their uniforms directly from the supplier's Web site. Please

use the username and password at the bottom of this page to log in to the Web

site. You will be directed to an order form where you can input your name and

size preference.

-------. After that date, it will be compulsory for staff members to ------- them
145. **146.**
whenever they are on duty.

Regards,

Mitch Walters

---

143. (A) decision
(B) decidedly
(C) decided
(D) decisive

144. (A) Nevertheless
(B) Therefore
(C) Besides
(D) Ever since

145. (A) The store will remain open until
June 19.
(B) The clients will receive a
reasonable discount.
(C) The cost will be calculated on a
monthly basis.
(D) The uniforms will be delivered
on June 23.

146. (A) wear
(B) apply
(C) conceal
(D) consider

Directions: In this part you will read a selection of texts, such as e-mails, advertisements, and instant messages. Each text or set of texts is followed by several questions. You need to select the best answer for each question and mark the letter (A), (B), (C), or (D) on your answer sheet.

Questions 147-148 refer to the following notice.

Notice:

Welcome to Hansen National Park

- Please only set up tents at the designated campsites. The creek area should be avoided because there is a danger of flooding.

- We advise that you contact the park rangers' office to let us know your names, telephone numbers, and the intended duration of your visit.

- Please take away any garbage with you. There is a recycling plant in Bryson City that will accept garbage at no charge. Further information is available from www.brysoncity.gov/recycleplant/

147. For whom is the notice most likely intended?

(A) Campers
(B) Park rangers
(C) Bryson City residents
(D) Council workers

148. What are readers advised to do?

(A) Contact the Bryson City Council
(B) Purchase a copy of a map
(C) Visit the creek area
(D) Provide their contact details

Questions 149-150 refer to the following text-message chain.

Sofia Giordano 10:50 A.M.
I'm at the car dealership looking at vans. There is one I'd like you to take a look at. It's a great deal, and the van is perfect for us.

Walter White   10:53 A.M.
Can you send me the details?

Sofia Giordano 10:54 A.M.
Sure. It's a KFR Durovan. I'll take some photos. The van is like new. It's only been driven a few thousand kilometers. And it's just $15,000!

Walter White   10:59 A.M.
I'd better look at those photographs.

---

149. Why does Ms. Giordano start the text-message chain?

(A) She cannot find Mr. White's van.
(B) She believes they should buy a vehicle.
(C) She has made an appointment to meet Mr. White.
(D) She wants to receive some photographs.

150. At 10:59 A.M., why does Mr. White write, "I'd better look at those photographs"?

(A) He has viewed Ms. Giordano's photographs.
(B) He has visited the car dealership.
(C) He thinks the price is attractive.
(D) He plans to cancel his appointment.

GO ON TO THE NEXT PAGE

Do you need a professional narrator or voice actor for your project?

Trinity Associates represents hundreds of talented narrators, voice actors, announcers, newsreaders, and presenters. Our extensive connections within the entertainment industry enable us to match our highly qualified performers with jobs that showcase their skills perfectly. Visit our Web site to hear samples of our client's work. You can contact one of our helpful agents to discuss your needs. We can generally negotiate a price and schedule the work within 48 hours of your first contact. Trinity Associates even has its own recording studio and highly qualified audio engineers. It is a speedy and economical way to outsource the audio production of an entire project. Visit us at www.trinityassociates.com to learn more.

151. What is being advertised?

(A) A news program
(B) An awards ceremony
(C) A talent agency
(D) A jewelry store

152. What is indicated about Trinity Associates?

(A) It has offices in several cities.
(B) It was recently founded.
(C) It is open 24 hours a day.
(D) It can create audio tracks.

Questions **153-154** refer to the following Web page.

https://www.beaumontshelters.co.uk ▶

| Home | **Portable Bathrooms** | Tents | Kitchen Vans | ▲ |

Portable Bathroom Service

Do you need a temporary bathroom for your business or special event? Beaumont Shelters has an amazing selection of portable bathrooms to suit any need. Our luxury models are perfect for professional people to use while their offices are being remodeled, but we also have simple and highly durable options perfect for outdoor events such as concerts or marathons. Our portable bathrooms comply with all national and local regulations, and we also take care of emptying, cleaning, and sanitation. Our helpful sales staff will help you obtain any permits required by your local government bodies.

Ready for a price quote? Our salespeople are waiting to take your call between 9:00 A.M. and 6:00 P.M. Monday to Friday. Click the 'Home' tab for our contact details.

When you call, be sure to have the following information ready so that we can make an accurate recommendation.

1. The location of your event. (Please also mention the type of land — grass, dirt, asphalt, etc.)
2. The size of the group attending the event or project.
3. The duration of your event or project.

▼

153. What is implied about Beaumont Shelters?

(A) It is a family-owned business.
(B) It has clients in a variety of fields.
(C) It has recently expanded.
(D) It can provide catering.

154. What information is NOT required when requesting a price estimate?

(A) An address
(B) The number of users
(C) Project budget
(D) The rental period

GO ON TO THE NEXT PAGE

Questions 155-157 refer to the following article.

Collinwood's railroad system is to start accepting payments using mobile phone technology from this May. While other major cities around the country have already installed the necessary equipment to allow commuters to pay for their trips using their mobile phones, Collinwood has only been accepting cash payments. According to railroad management, the decision to wait was mostly financial. "As with any new technology, the early models are usually very expensive and prone to failure," explained regional manager Ted Redmond. "Our new ticket machines were only a quarter of the cost, and those savings will be reflected in ticket prices."

Commuters have expressed a variety of opinions. "I feel embarrassed about how long it takes us to adopt new things", said Hana Norberry, "Peterson residents have been able to purchase tickets with their phones for years." Others felt that the option was not important enough for the railroad to spend money on. Indeed, only 12 percent of Peterson residents use the phone-pay option. Many people claim that more frequent trains, better quality seats, and free wireless Internet would be far more effective ways to improve the service.

155. What is the purpose of the article?

(A) To announce the opening of a new railroad line
(B) To explain the decision of a transportation company
(C) To promote commuting by rail to local residents
(D) To describe a process for speeding up transportation

156. How does Ms. Norberry feel about the plans?

(A) A change has come too late.
(B) The costs will be too high.
(C) People do not understand the purpose.
(D) They were not well explained.

157. The word "ways" in paragraph 2, line 13 is closest in meaning to

(A) routes
(B) characteristics
(C) methods
(D) habits

Questions 158-160 refer to the following e-mail.

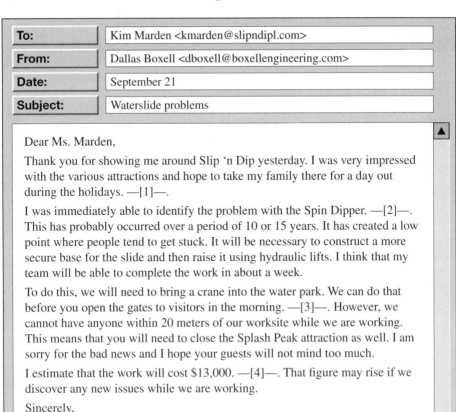

To:	Kim Marden <kmarden@slipndipl.com>
From:	Dallas Boxell <dboxell@boxellengineering.com>
Date:	September 21
Subject:	Waterslide problems

Dear Ms. Marden,

Thank you for showing me around Slip 'n Dip yesterday. I was very impressed with the various attractions and hope to take my family there for a day out during the holidays. —[1]—.

I was immediately able to identify the problem with the Spin Dipper. —[2]—. This has probably occurred over a period of 10 or 15 years. It has created a low point where people tend to get stuck. It will be necessary to construct a more secure base for the slide and then raise it using hydraulic lifts. I think that my team will be able to complete the work in about a week.

To do this, we will need to bring a crane into the water park. We can do that before you open the gates to visitors in the morning. —[3]—. However, we cannot have anyone within 20 meters of our worksite while we are working. This means that you will need to close the Splash Peak attraction as well. I am sorry for the bad news and I hope your guests will not mind too much.

I estimate that the work will cost $13,000. —[4]—. That figure may rise if we discover any new issues while we are working.

Sincerely,
Dallas Boxell

158. Who most likely is Ms. Marden?

(A) An architect
(B) An engineer
(C) A professional athlete
(D) An amusement park manager

159. What does Mr. Boxell indicate about the problem?

(A) It will require a partial closure of Ms. Marden's business.
(B) It has occurred at the busiest time of year.
(C) It will be very costly to resolve.
(D) It was reported by one of the business' clients.

160. In which of the positions marked [1], [2], [3], and [4] does the following sentence best belong?

"The earth under one part of the structure appears to have sunk about 300 millimeters."

(A) [1]
(B) [2]
(C) [3]
(D) [4]

GO ON TO THE NEXT PAGE

Questions 161-163 refer to the following schedule.

http://www.baartzcentralpark.com/events/msfest

The 19th Annual Baartz Music and Song Festival
Baartz Central Park
Sunday, August 12

10:30 A.M. – 12:00 NOON

Baartz Annual Song Contest
The popular annual song contest will be held in the main tent. Amateur artists will play original songs, which will be judged by a panel of local experts. View the Web site to learn more about the audition process, www.baartzasc.com. Winners will be announced immediately after the Open Mic event.

12:00 NOON – 1:30 P.M.

Charity Concert
Famous musicians will perform a charity concert in the main tent. The proceeds will be divided evenly among several charity organizations. The concert will be headlined by Boston Banditos, who have just finished their successful concert tour of North America. Click here to purchase tickets from our online store.

11:00 A.M. – 2:00 P.M.

Hilltop Lunch
Local restaurants will be serving food and drinks from stalls set up atop Mulberry Hill in Baartz Central Park. You will be able to choose from various international cuisines with prices starting at just $4.

1:30 P.M. – 4:00 P.M.

Open Mic
A team of professional audio engineers will set up speakers, microphones, and lighting for anyone interested in demonstrating their skills to audiences. Admission is free, but there will only be seating for 200 people. Come early so you don't miss out.

There is limited parking at the venue, so visitors are encouraged to use the city's new light-rail system. Otherwise, you can leave your car at Coleman Field and take a shuttle bus from there to Baartz Central Park. More information is available online, or you can visit the 19th Annual Music and Song Festival Organizers' office at Baartz City Hall on Hilton Avenue.

161. Where can visitors see professional musicians?

(A) At the song contest
(B) At the charity concert
(C) At the hilltop lunch
(D) At the open mic

162. When will the competition winner be announced?

(A) At 11:00 A.M.
(B) At 1:00 P.M.
(C) At 2:00 P.M.
(D) At 4:00 P.M.

163. What is implied about Baartz City?

(A) It will host the music and song festival for the first time.
(B) It attracts many visitors from around the world.
(C) It is accepting construction bids for its city hall.
(D) It has recently added a new transportation system.

GO ON TO THE NEXT PAGE

Paulson Publishing
63 Dyer Street
Northampton N4 4ER
England

12 November

Taiga Ohashi
323 Veradale Street
Mount Gambia, South Australia 5290
Australia

Dear Mr. Ohashi,

I am writing to let you know that our board of directors has unanimously decided to offer you the position of Chief Editor at Paulson Publishing. Naturally, we appreciated your eye for detail and dedication to the company when you worked here as an editorial assistant 15 years ago. That, as well as your outstanding achievements at Wallaby Publishing in South Australia, made you a natural choice.

We understand that it will take you a couple of weeks to set up a home here in England, and we appreciate the difficulty of the move. As we discussed in your interview, we can only afford to pay 40 percent of your shipping fees from Australia to the UK. Please submit any receipts when you report to work on your first day.

To help you start work here smoothly, I will e-mail you some documents such as a copy of our publishing schedule and our business plan for the next five years. Please reply to this e-mail as soon as you receive it so that I know you have it. All of the attached documents are to be kept strictly confidential.

Please let me know if there is anything I can do to make the transition any easier for you.

Sincerely,

Gene Heisenberg

Gene Heisenberg
Human Resources — Paulson Publishing

164. What is the purpose of the letter?

(A) To formally offer an applicant a position
(B) To announce a change in company policy
(C) To recommend a candidate for a position
(D) To congratulate a writer on a successful publication

165. What does the letter indicate about Mr. Ohashi?

(A) He is a member of a professional association.
(B) He was previously employed by Paulson Publishing.
(C) He traveled to England for his job interview.
(D) He will be required to open a new office.

166. What is suggested about Paulson Publishing?

(A) It has been operating without a chief editor for an extended period.
(B) It provides financial assistance when people move to take up positions.
(C) It is in the process of establishing branch offices in multiple countries.
(D) It primarily publishes educational materials.

167. What is Mr. Ohashi asked to do next?

(A) Electronically sign a document
(B) Register for an online service
(C) Acknowledge receipt of some documents
(D) Write a job description for an advertisement

GO ON TO THE NEXT PAGE

Questions 168-171 refer to the following online chat discussion.

[**—**] [**✕**]

▲

Clyde Smirnoff [1:30 P.M.]:
I'd like to have a meeting this afternoon to discuss some changes to the performance.

John Ross [1:34 P.M.]:
I'm busy until 3:00, but I don't think we should be making changes at this late date.

Maddie Dean [1:35 P.M.]:
I have time after 4:00. I suppose you got some suggestions from Sandra Day after she watched our rehearsal.

Clyde Smirnoff [1:37 P.M.]:
That's right, Maddie. She's been directing theatrical productions for over 30 years, so I think we should consider her recommendations.

Priti Bellucci [1:42 P.M.]:
Hi everyone. I value Ms. Day's input, but the dancers have only just learned their routines. Any changes could lead to big mistakes at the premiere.

Clyde Smirnoff [1:45 P.M.]:
Thanks, Priti. That's something we can discuss at the meeting. I'll e-mail you all a copy of her notes so that you can consider them in advance. By the way, Priti, when will you have time?

Priti Bellucci [1:48 P.M.]:
Sorry, Clyde. I don't have anything on this afternoon. I have to leave by 5:00, though. Just let me know when you've made a decision.

Clyde Smirnoff [1:50 P.M.]:
OK, Priti. Will do. Let's all work around Maddie's schedule, shall we?

Maddie Dean [2:12 P.M.]:
I've just looked at the document you e-mailed us. I see why you wanted to have a meeting. Her points are quite persuasive.

John Ross [2:37 P.M.]:
I'll be a couple of minutes late. Don't start without me.

▼

---

168. Who most likely is Mr. Smirnoff?

(A) A theater critic
(B) A marketing director
(C) A theater director
(D) A dance choreographer

169. Why is Bellucci concerned about making changes?

(A) They have not been approved by management.
(B) They will be expensive to carry out.
(C) They are not popular with audience members.
(D) They might cause errors to occur.

170. At 2:12 P.M., why does Ms. Dean write, "I see why you wanted to have a meeting"?

(A) She watched a rehearsal video.
(B) She agreed with Ms. Day's notes.
(C) She read a negative review.
(D) She thinks a deadline is too soon.

171. What time will the meeting most likely be held?

(A) At 3:00 P.M.
(B) At 4:00 P.M.
(C) At 5:00 P.M.
(D) At 6:00 P.M.

GO ON TO THE NEXT PAGE

—[1]—. For almost 50 years, Armstrong Group has been providing the most dependable and well-considered investment advice to both individuals and corporate clients. With offices in major cities in Europe, Asia, and North America, we can draw on the experience and expertise of our employees from a wide variety of backgrounds. It is this diversity that has made Armstrong Group one of the largest financial planning and investment advice firms in the world.

Since the company's inception, we have grown at a rate of four to six percent year on year, and projections from independent analysts suggest that this will continue for the foreseeable future. —[2]—. Our Beijing office has recently opened a department for negotiation agents to help our clients in North America and Europe get the best deals from the most reliable manufacturers in Asia. —[3]—.

In the next few months, we will be releasing our latest financial program — a powerful algorithm created to detect wasted resources and bring them to the attention of senior management. It has already helped us reduce our running costs by 10 percent, and we expect it to quickly become universally adopted. —[4]—.

ARMSTRONG GROUP

172. What is the purpose of the information?

(A) To describe a company's performance outlook
(B) To explain the reason for a recent disruption in service
(C) To announce the appointment of a new company president
(D) To advertise career opportunities at a newly established company

173. What is NOT a service of Armstrong Group?

(A) Financial planning for individuals
(B) Investment advice for businesses
(C) Recruitment advice
(D) Negotiation assistance

174. What is indicated about Armstrong Group?

(A) It uses software to identify areas of inefficiency.
(B) It employs people with backgrounds in engineering only.
(C) It offers new clients a free consultation.
(D) It advertises its services on social media.

175. In which of the positions marked [1], [2], [3], and [4] does the following sentence best belong?

"Interest in this service has been so strong that we are in the process of setting up a similar division in our Hong Kong office."

(A) [1]
(B) [2]
(C) [3]
(D) [4]

GO ON TO THE NEXT PAGE

Faraday Research Facility — Positions Available	
Posting Number:	7834893
Date Of Posting:	6 May
Section:	Data Processing
Position Title:	Junior Programmer
Qualifications:	Level 5 Programming Certificate Three years of experience working for a research facility Accreditation for transporting and storing dangerous chemicals A driver's license
Job Description:	Creating software applications that can analyze the results of the data produced by our research teams. Working with other members of the section to find faults and rectify them quickly. Creating diagnostic software to locate and resolve issues with the factory equipment.
Send Résumé To:	Human Resources Faraday Research Facility 2831 Pillsbury Road Constantine, QLD 4289
Additional Information:	Applicants will be interviewed by a member of the human resources team to verify their suitability for the position. A second round of interviews will be held with the head of the specific department.

To:	Ralph Lowes <rlowes@jobsnow.com>
From:	Sandra Pennyworth <spennyworth@faradayresearch.com>
Date:	7 May
Subject:	Posting Number 7834893

Dear Mr. Lowes,

Thank you so much for placing the advertisement on www.jobsnow.com. This morning, I was contacted by Tina Rosen, an employee of ours who was also referred to us by jobsnow.com. She expressed interest in the position. It turns out that she has obtained the relevant qualifications via night classes. We have decided to offer her the position and employ someone new to take her current position. Is it possible to alter the current advertisement to incorporate the changed job description and requirements? As we have paid in advance, we are hoping that we can simply switch out the job description and other information and avoid any additional expenses.

I am waiting for the relevant information from the head of the customer service team. I will send it to you on 8 May. In the meantime, it is important that you take down the advertisement immediately as we will be forced to process the applications of anyone who applies. Also, this time please mention that it is necessary to bring references from past employers. I often find that applicants fail to bring that when I speak to them in the initial interview.

Sincerely,

Sandra Pennyworth
Faraday Research Facility

176. What is NOT listed as a requirement of the job?

(A) A university degree
(B) Relevant work experience
(C) A chemical handler's license
(D) Driving qualification

177. What is the purpose of the e-mail?

(A) To announce a change in policy
(B) To complain about poor service
(C) To explain a process
(D) To request an amendment

178. What has Ms. Rosen probably been studying since she started working at Faraday Research?

(A) Management
(B) Programming
(C) Finance
(D) Engineering

179. When does Ms. Pennyworth need Mr. Lowes to take action to avoid a problem described in the e-mail?

(A) On May 5
(B) On May 6
(C) On May 7
(D) On May 8

180. In what department does Ms. Pennyworth most likely work?

(A) In Customer Service
(B) In Programming
(C) In Human Resources
(D) In Accounting

GO ON TO THE NEXT PAGE

Welcome to the Orient Hotel Tokyo!

We hope you will enjoy your stay at Tokyo's most luxurious and oldest hotel. The Orient Hotel Tokyo is located in the heart of the historic Ginza area. We offer complimentary walking tours of the surrounding streets every morning at 10:00 A.M. Why not join us after enjoying a buffet breakfast in the Skyline Restaurant on the Hotel's top floor? Prices for the buffet breakfast start at just JPY 2,000!

If you're planning a trip to any of our wonderful attractions, you can find Ginza Station just 200 meters from our front door. There are train and bus services that can take you anywhere in the Kanto Region.

To:	Jon Richardson <jrichardson@blueduck.com>
From:	Takako Odanaka <todanaka@orienthoteltokyo.com>
Date:	September 17
Subject:	Your stay

Dear Mr. Richardson,

It was our great honor to welcome you back to the Orient Hotel Tokyo. I hope that you will stay with us again when you are next in town.

Yesterday, we received a parcel from Nileways Online Store. It is addressed to you care of the hotel. It arrived a couple of hours after you checked out, and we were unable to contact you on the mobile number you left with us.

According to hotel policy, we can only keep guests' items for a week. You checked out this morning, which means that we are supposed to forward it by September 24. That is a Sunday, so we will wait until the end of the following day before taking action. As you are a frequent guest, we would be happy to forward the package to your home or anywhere else in Japan. Please send me your preferred address at your earliest convenience.

Sincerely,

Takako Odanaka
Manager — Orient Hotel Tokyo

181. For whom is the card intended?

    (A) A travel agent
    (B) A hotel guest
    (C) A transportation provider
    (D) A hotel manager

182. According to the card, what is available for free?

    (A) Admission to an attraction
    (B) A bus service
    (C) A gourmet dinner
    (D) A guided tour

183. Why did Ms. Odanaka write to Mr. Richardson?

    (A) To inform him of a delivery
    (B) To thank him for some advice
    (C) To advise him of an arrival time
    (D) To invite him to a special event

184. When is the deadline for Mr. Richardson to reply?

    (A) September 16
    (B) September 17
    (C) September 24
    (D) September 25

185. What is NOT implied about the Orient Hotel Tokyo?

    (A) There is a restaurant on one of the hotel's upper floors.
    (B) The hotel offers a shuttle bus to the city center.
    (C) The hotel has been around for a long time.
    (D) Public transportation is within walking distance.

GO ON TO THE NEXT PAGE

This report was compiled by Peterson Research at the request of Holtzman Foods as a part of an investigation into the feasibility of opening a branch in Rutherford. The researchers concluded that it would be poor timing for the company to invest there now. Six months ago, Fielding Organics, a store with which Holtzman Foods is in direct competition, opened a store on Dunlop Street in Rutherford. We were unable to obtain any data on the store's sales figures. Therefore, we had an employee from Dunst Analytics stationed across the street to count the number of customers entering. The results were disappointing. Though each shopper did leave the store with a large amount of groceries, there were not enough shoppers to make the business viable. We suggest reassessing Rutherford in two or three years, when the population has had time to grow. There may be enough people to warrant the opening of another health food store then.

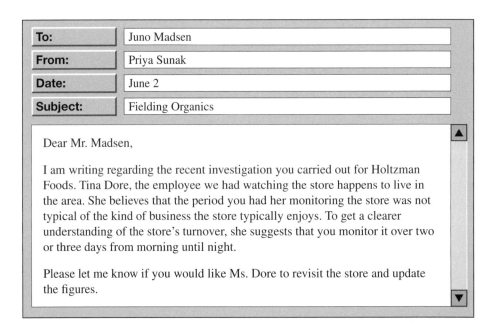

To:	Juno Madsen
From:	Priya Sunak
Date:	June 2
Subject:	Fielding Organics

Dear Mr. Madsen,

I am writing regarding the recent investigation you carried out for Holtzman Foods. Tina Dore, the employee we had watching the store happens to live in the area. She believes that the period you had her monitoring the store was not typical of the kind of business the store typically enjoys. To get a clearer understanding of the store's turnover, she suggests that you monitor it over two or three days from morning until night.

Please let me know if you would like Ms. Dore to revisit the store and update the figures.

Holtzman Foods'
Rutherford Store

To celebrate the grand opening of our tenth store and
our tenth year in business, we are offering up to 50 percent off
everything in our Rutherford Store,
Shop 123 at the Glendale Mall, Ross Street, Rutherford.

There are prizes for lucky shoppers including tickets for special events
such as our monthly in-store cooking classes and product demonstrations.

Visit our home on the Web for more information!
www.holtzmanfoods.com

186. What is the purpose of the investigation?

(A) To evaluate the potential of a business venture
(B) To determine the cost of construction
(C) To confirm the value of a building
(D) To examine the availability of shop space

187. What does the report imply about Fielding Organics' Rutherford Store?

(A) It is under new management.
(B) It has a long history.
(C) It was refurbished.
(D) It is not profitable.

188. Where does Ms. Sunak most likely work?

(A) At Peterson Research
(B) At Dunst Analytics
(C) At Fielding Organics
(D) At Holtzman Foods

189. What is implied about Ms. Dore?

(A) She lives in Rutherford.
(B) She usually shops at Holtzman Foods.
(C) She will attend a briefing.
(D) She works at Peterson Research.

190. What is mentioned about Holtzman Foods?

(A) It has been in business for twenty years.
(B) It is offering discounts at all locations.
(C) It regularly hosts special events.
(D) It will launch a new line of items next month.

GO ON TO THE NEXT PAGE

To: Design Team Managers
From: Helena Frampton
Date: Thursday, July 19
Subject: Marketing ideas
Attachment: 📎 schedule

Dear Team Managers,

We have hired a marketing firm called Splendid Aura to help promote the new line of gardening tools. Two representatives from the firm will be visiting us on Monday next week. I would like the head of the design team for each product to attend the meeting relevant to them. Please take a look at the attached schedule and make sure that you are available at the designated time.

The firm is generally known for its work in online advertising through social media. Over the weekend, I would like you to keep that in mind and consider how we might promote your products.

Our own head of marketing will attend each meeting.

Sincerely,

Helena Frampton — Greenbo CEO

Meetings — Monday July 23 — Meeting Room 3

Time	Attendees	Topic
10:00–11:00	Mal Harding, Greta Hays, Ted Van	Electric Lawnmower
11:10–12:10	Mal Harding, Donald Black	Hedge clippers
2:00–3:00	Mal Harding, Sandy Max, Col White	Battery Leaf Blower
3:10–4:10	Mal Harding, Emil Yakov	Power Wheelbarrow

If you need to reschedule, please contact Ms. Frampton as early as possible. If you are unavailable on Monday, you will be expected to visit the Splendid Aura offices in Dunhurst.

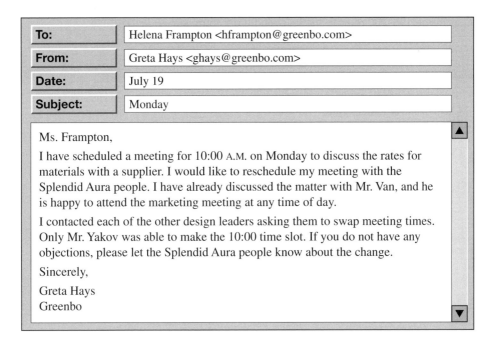

To:	Helena Frampton <hframpton@greenbo.com>
From:	Greta Hays <ghays@greenbo.com>
Date:	July 19
Subject:	Monday

Ms. Frampton,

I have scheduled a meeting for 10:00 A.M. on Monday to discuss the rates for materials with a supplier. I would like to reschedule my meeting with the Splendid Aura people. I have already discussed the matter with Mr. Van, and he is happy to attend the marketing meeting at any time of day.

I contacted each of the other design leaders asking them to swap meeting times. Only Mr. Yakov was able to make the 10:00 time slot. If you do not have any objections, please let the Splendid Aura people know about the change.

Sincerely,

Greta Hays
Greenbo

191. What is the main purpose of the memo?

(A) To advertise a product
(B) To explain a policy
(C) To announce a meeting
(D) To introduce a new colleague

192. What is suggested about Splendid Aura?

(A) It will soon move to Dunhurst.
(B) It has done work for Greenbo before.
(C) It is known for its printing business.
(D) It specializes in online advertising.

193. Who most likely is Mal Harding?

(A) A representative from Splendid Aura
(B) The head of the Greenbo marketing department
(C) A head of a Greenbo design team
(D) The CEO of a garden tool manufacturer

194. What has Ms. Hays scheduled for Monday morning?

(A) Design changes
(B) Production schedules
(C) Staff vacations
(D) Price negotiations

195. What time does Ms. Hays hope to discuss the marketing plans?

(A) At 10:00
(B) At 11:10
(C) At 2:00
(D) At 3:10

GO ON TO THE NEXT PAGE

Questions 196-200 refer to the following order form, survey, and e-mail.

Kirova Automotive Parts
23 Scottsdale Drive, Stockton, CA 95201
Order Form

Client: Salinger Tire and Auto
Address: 545 River Road, Stockton CA 95201
Contact person: Walter Orta
Order date: September 14

Part Number	Description	Price
HH67323	Heinlein Hawk Front brake line	$35.40
	TAX	$3.54
	TOTAL	**$38.94**

Free delivery for businesses within the central Stockton area.

Salinger Tire and Auto
545 River Road
Stockton CA 95201

Thank you for relying on Salinger Tire and Auto for the maintenance of
your valuable automobile.

We like to make sure we are still meeting the needs of our clients in every way possible.
Please take a few minutes to fill out this survey. Every person who submits one is in the
running for a year of free maintenance work from Salinger Tire and Auto.

	Unsatisfactory	Satisfactory	Excellent
Friendliness of the staff		✗	
Cleanliness of the customer lounge			✗
Price of maintenance work		✗	
Quality of the replacement vehicle	✗		

Was this your first time using Salinger Tire and Auto? Yes __✗__ No _____
How did you learn about us? Word of mouth: _____ Magazine: __✗__ Newspaper: _____.
Name: **Romesh Patel**   E-mail: **rpatel@musicheadpro.com**
Additional comments:
When I left the vehicle with your mechanics, I was told that it would be ready the following day.
I called your office on Wednesday afternoon and was informed by Mr. Orta that he had not yet
ordered the brake line. I was forced to wait another day to get my car back. My car is a rare
Heinlein Hawk, which I had intended to enter into the Stockton Classic Car Auction. I failed to
get it there in time and missed a valuable opportunity to sell it.

Please drop off this survey when you come to the counter to pay your bill.

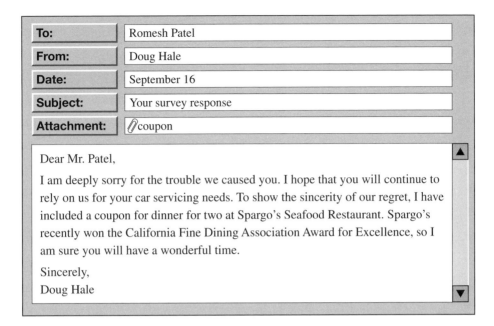

To:	Romesh Patel
From:	Doug Hale
Date:	September 16
Subject:	Your survey response
Attachment:	⫻coupon

Dear Mr. Patel,

I am deeply sorry for the trouble we caused you. I hope that you will continue to rely on us for your car servicing needs. To show the sincerity of our regret, I have included a coupon for dinner for two at Spargo's Seafood Restaurant. Spargo's recently won the California Fine Dining Association Award for Excellence, so I am sure you will have a wonderful time.

Sincerely,

Doug Hale

196. For whom is the survey intended?

(A) A motor mechanic
(B) A vehicle owner
(C) A supplier
(D) An auctioneer

197. What is NOT implied about Mr. Patel?

(A) He spent longer than expected in the customer lounge.
(B) He was unhappy with the car temporarily provided by Salinger Tire and Auto.
(C) He has a chance of winning a year's worth of free maintenance work.
(D) He saw an advertisement for Salinger Tire and Auto in a magazine.

198. When did Mr. Patel leave his car with Salinger Tire and Auto?

(A) On September 13
(B) On September 14
(C) On September 16
(D) On September 17

199. Where does Mr. Hale most likely work?

(A) At Stockton Classic Car Auction
(B) At Kirova Automotive Parts
(C) At Salinger Tire and Auto
(D) At Spargo's Seafood Restaurant

200. What is mentioned about Spargo's Seafood Restaurant?

(A) It regularly conducts surveys of its customers.
(B) It is affiliated with Kirova Automotive Parts.
(C) It provides free delivery to addresses in Stockton.
(D) It was recognized by an industry group.